民法の事例問題を解けるように
なるのは何故難しいのか

── 認知科学の知見から民法の学びを考える ──

執 行 秀 幸 著

信 山 社

目　次

Ⅰ　は じ め に ……………………………………………………… 3

　1　本稿の目的 …………………………………………………… 3

　2　背　　景 ……………………………………………………… 3

　3　認知科学等の知見を参考にすることの意義 …………… 5

　4　本稿の限界 …………………………………………………… 7

　5　本稿の構成概要 …………………………………………… 8

Ⅱ　認知科学等の知見 ……………………………………………… 21

　1　認知心理学，認知科学とは ……………………………… 21

　2　記憶のメカニズム ………………………………………… 23

　　⑴　記憶の基本メカニズム ……………………………… 24

　　⑵　短 期 記 憶 …………………………………………… 25

　　⑶　長 期 記 憶 …………………………………………… 26

　3　手続き的知識の獲得 ……………………………………… 69

　　⑴　手続き的知識・スキルとは ………………………… 70

　　⑵　手続き的知識・スキルの獲得に必要なもの ……… 73

　　⑶　スキル獲得の段階 …………………………………… 74

　　⑷　練　　習 ……………………………………………… 77

　　⑸　フィードバック ……………………………………… 84

　　⑹　民法学習と手続き的知識 …………………………… 87

　4　学習の転移 ………………………………………………… 90

　　⑴　転移概念と転移の難しさ …………………………… 91

　　⑵　転移が困難な理由 …………………………………… 92

　　⑶　転移を促進する要因・方法 ………………………… 95

　　⑷　民法学習と転移 …………………………………… 101

iii

目　次

5　ワーキングメモリ ··· 102
　(1)　ワーキングメモリとは ··· 103
　(2)　ワーキングメモリのモデル ··· 104
　(3)　ワーキングメモリの容量 ·· 106

6　熟達者と初心者 ··· 109
　(1)　熟達者を考える意義 ··· 109
　(2)　熟達者の特徴 ··· 111
　(3)　民法熟達者の特徴 ··· 119
　(4)　民法熟達者の問題解決・学習と認知メカニズム ············· 122
　(5)　民法学習の目標 ·· 123
　(6)　民法に関する高度に構造化された知識の構築 ·················· 124
　(7)　民法学習と熟達者研究 ··· 133

7　認知負荷理論 ··· 135
　(1)　認知負荷理論を取り上げる意義 ····································· 135
　(2)　内在的負荷と外在的負荷 ·· 135
　(3)　内在的負荷 ··· 136
　(4)　外在的負荷 ··· 137
　(5)　認知負荷理論からみた民法学習のあり方 ······················· 141

8　メ タ 認 知 ··· 143
　(1)　メタ認知とは ··· 144
　(2)　メタ認知の機能 ·· 153
　(3)　メタ認知の難しさ ··· 155
　(4)　メタ認知を促す学習活動 ·· 157
　(5)　民法学習におけるメタ認知に関する認知科学の知見の意義 ··· 161

Ⅲ　認知科学の知見からみた民法学習のあり方 ···················· 253
　簡単な振り返りと本稿の目的の確認 ···································· 253
　1　民法の事例問題を解けるようになるのは何故難しいのか ····254

目　次

2　認知科学の知見からみた民法学習……………………………255
(1)　ワーキングメモリの制限に対する工夫……………………255
(2)　知識の構造化………………………………………………255
(3)　手続き的知識の自動化……………………………………256
(4)　メタ認知の意識化…………………………………………256

Ⅳ　結　　語……………………………………………………257

執行秀幸先生の認知科学の知見に基づく
民法学習法の要約と解説………………………［加賀山茂］…259

民法の事例問題を解けるようになるのは
何故難しいのか

── 認知科学の知見から民法の学びを考える ──

I　はじめに

1　本稿の目的

　民法の事例問題が解けるようになるためには民法をどのように学んだらよいであろうか。これまで，民法の学び方について多く論じられてきた。また，民法を学ぶ者も教える者も，民法の学び方につき，それぞれの考え方をもっているといえよう。このような中にあって，本稿にあっては，民法の学び方を考える際，認知心理学・認知科学の知見がきわめて重要であるという前提にたったうえで，認知科学等の知見を参考に，民法の事例問題を解けるようになることの難しさを明らかにしたうえで，民法の事例問題を解けるようになるには，民法をどのように学んだらよいかを考えてみようとするものである1)。もっとも，本稿で，民法の学び方を詳細に具体的に論じようとするものではない。学習に関する認知科学等の知見からみえてくる民法の学び方を中心に，しかも，その基本的あり方を中心に明らかにしようとするものである。

　まずは，このようなテーマを論ずる「背景」，「認知科学等の知見を参考にする意義」，「本稿の限界」，「本稿の構成」について述べよう。

2　背　　景

　何かを本当に学んだといえるためには，すでに学んだことに基づき，まだ見たことがない問題を解けるようになることだといえよう2)。このことからすれば，法科大学院で民法を学ぶ重要な目標は，基本的には，これまでに見たことがない民法に関する事例問題を，さらには，実務において遭遇する新たな問題を解決できるようにすること（以下，単に「民法の事例問題を解く」という。）にあるといえよう3)。だが，民法の事例問題を解けるようになるこ

3

Ⅰ　はじめに

とは，学生にとって，一般に，きわめて難しい[4]。しかも，法科大学院にあっては，授業時間の制約があり，授業で，民法（事例問題を解くことに関することを含め）のすべてを「教える」ことは不可能である。たとえ，すべてを理想的に「教えられた」としても，教えられた学生が，教えられたことを直ちに，すべて理解するとともに記憶し，しかも民法の事例問題をどのようなものでも解けるようになると考えることは非現実的であろう。その場合にあっても，学生は，授業中に主体的に学ばなければならないし，さらに予習をしたり復習をしたりして学ばなければ，民法の事例問題を解けるようにはならないであろう。また，法科大学院等で民法をどのように教えるかを考える際にも，学生はどのように学ぶことによって，民法の事例問題を解くことができるようになるかということを理解することが重要といえよう[5]。そもそも，教育における重要な目標は，「自立した学習者を育てることといえよう[6]」。その意味で，民法の事例問題が解けるようになるには，どのように学んだらよいかが重要な問題といえよう。

　ところが，民法の事例問題を解けるようになるには，どのように学んでいけばよいか，わが国では，スタンダードな民法や法律の学習法が必ずしも確立されていないように思われる[7]。そこで，学生は，それぞれ，様々な学習方法をとっているようである[8]。かつて司法試験受験界で行われていたが，なくなかったかのように思われる典型論点の「模範」論証を暗記し，民法の事例問題に対処しようとする方法も残っているようである[9]。しかも，実証的なものではないが，法科大学院で民法ができる学生と苦労している学生を観察すると，一般的な「能力」は全く関係ないと断言はできないかもしれないが，両者の相違は「学び方」によるところが大きいと思われる[10]。

　以上のような状況からすると，学生自ら「民法をどのように学んだらよいか」がきわめて重要であることから，筆者は，このことを授業で機会あるごとに学生諸君に考えてもらうようにしてきた[11]。また，筆者自身も，これらにつき考え，論文等で，その検討結果を明らかにしてきた[12]。その際，学習の基礎理論を提供する認知心理学等も参考にした[13]ものの，必ずしも十分なものとはいえない。そこで，本稿では，認知心理学，認知科学等の知見のうち，民法の学び方に関係するものにつき，やや網羅的かつ詳しく論じ

た上で，それらの知見を参考にして，民法の事例問題を解けるようになることは何故難しいのかをも考えながら，民法の事例問題を解けるようになるには，どのように学んでいったらよいのかを考えていくことにしたい[14]。

3　認知科学等の知見を参考にすることの意義

　もっとも，認知心理学・認知科学の知見を参考にすることは，奇をてらったものでしかないのではないかと考え，その意義に疑問をもたれる方も少なくないであろう[15]。しかし，人が何かを学ぶ際に，そのメカニズムや学び方（認知心理学等では「学習方略」という。）について，認知心理学・認知科学等で多くの重要な知見が明らかにされてきており[16]，その知見は，民法をはじめ法律を学ぶ際にも重要なものといえよう。もっとも，それらの領域の専門家でない方，特に，学生は，それらの専門書や論文等を読み解き必要な知識を学ぶ機会は少なく，しかも，そのことは簡単なことではないため，その知見が必ずしも広く知られてきていないと思われる[17]。たしかに，学生や一般向けの書籍で，学習のメカニズム・学び方に関する認知科学等の知見を取り上げるものも多く現れており[18]，専門家でないわれわれも，そのことを知る機会が増大している。諸外国にあっては，法律学を学ぶうえでも，学習に関する認知科学等の知見に注目がなされてきている[19]。だが，これらも，最近のことでしかない。しかも，民法をはじめ法律をどのように学んだらよいかについて多くの文献があるが，若干の例外はあるものの，認知心理学，認知科学の知見を参考とするものはなく，認知心理学，認知科学という言葉も，そこには見つけることはできない。そもそも，民法はじめ法律を学ぶ者，その教育に携わる者は，意識的にせよ無意識的にせよ，民法や法律をどのように学んだらよいかについて，何らかの考えをもっていると思われる[20]。しかも，それは長い時間をかけて形成されたもので，その考えに自信を持っている場合が少なくないであろう。

　このような現状からすると，民法を学ぶうえで，認知心理学・認知科学の知見が重要だと聞いたとしても，疑いの目でみることは，もっともなことといえよう。そこで，詳細は後に論ずるとしても，ここで，結論を先取りして，

Ⅰ　はじめに

認知心理学・認知科学の知見の意義の一部をごく簡単に説明しておきたい。

　民法の事例問題が解けるようになるには，民法の知識を理解し記憶する必要があろう。また，それに基づき，いわば問題解決を行っていく必要がある。問題解決にあたっては事案を分析し，関係条文を発見し，要件をあげ事案にあてはめ，必要とあれば解釈を行っていけるよう学習していく必要がある。要するに，そこでは，記憶，理解，問題解決，推論など心・脳の働きの中の認知が問題となっている。そして，これらの人間の認知機能につき，認知心理学，認知科学等において，長年，実証的な科学的な研究がなされてきており，最近にあって，その進展が著しい。むろん，まだまだ明らかでない点も少なくないが，それらの研究につきかなりの蓄積が見られ，今日，どのような学びであれ，人が学ぶ際に，より効果的に学ぶためには，それらの知見を参考とすることが望まれよう。

　たしかに，民法の事例問題が解けるようになるには，民法の基本的な知識を使えなければならない。関係条文以外，何も見ることができないとすれば，基本的とはいえ，膨大ともいえる知識は頭になければならない。そのためには，それらの知識は記憶されている必要がある。このことは，認知科学等の知見からしても同様である。だが，その際，闇雲に覚えればよいというものではない。なぜなら，われわれは誰でも，頭の中で情報を繰り返し唱えていない限り，基本的に4項目程度以上の情報を短時間でも記憶することは困難で，しかも，その情報の意味を理解せずに丸暗記したものは，長く記憶にとどめることも難しいからである。では，膨大な民法の知識をどのようにしたら長く記憶にとどめておくことができるのか。この点も認知科学等の知見で明らかにされてきている。また，事例問題を解くには，事案を読んで関係条文を発見したり，解釈・適用をおこなったりする必要があるが，それらは，ワーキングメモリで処理される。だが，その容量はきわめて限定されている。そこで，学ぶ際には，そのことを考慮して，いろいろ工夫をしていかなければならない。しかし，そもそも，事案を読んで関係条文を発見したり，解釈・適用を行ったりできるようになるには，どのように学んだらよいのであろうか。これらの点も認知科学の知見が参考になる。これらは必ずしも一般的には十分には知られていないと思われる。そこで，これらにつき，さらに

詳しく知ることにより，民法を，より効果的に学ぶことができるであろう。

　もっとも，認知心理学・認知科学等の知見の有用性に対しては，人により学び方はさまざまであり，各自の好みに応じたスタイルにより効果的な学習方法は異なるのではないかとの意見もありえよう。認知科学等にあっても，同様な見解がないではない[21]。しかし，最近の多くの研究によれば，そのような見解は，実証研究により裏付けられていないという[22]。人は学ぶためのさまざまな知性が備わっており，「学びの幅を広げる」ほうが，高い学習効果が得られるとの指摘がなされている[23]。

4　本稿の限界

　ただ，認知科学等は筆者の専門外の領域であり，専門家の目からみれば，当該知見を正確に理解していなかったり，思わぬ誤りを犯したりする可能性があることは否定できない。そこで，注で可能な限り，その根拠を示すとともに詳細に文献を引用することにしたい。また，人がどのように学ぶのか，また，どのように学ぶことが効果的かについて，認知科学等で，現在，すべて明らかになっているわけではなく，その限界も考えられる。さらには，効果的な学び方か否かは，本来は，実証的研究によって明らかにすることが好ましい[24]。だが，本稿では，民法の学び方を，認知科学等の知見から推論していくものでしかない。

　本稿は，以上のような限界があるが，それにもかかわらず，本テーマを認知科学等の知見を参考に検討することは，そのことによって，これまで十分認識されてこなかった点が明らかになり，民法の学び方を考えるにあたり，重要な意義があるものと考える。また，結果的に，これまで主張されている考え方とほとんど変わりがないものがある[25]としても，それとは別の考え方もありうるであろうことから，認知科学等の知見にもとづき，実証的・理論的に明らかにすることは十分意味があろう。むろん，そのこと自体も，本稿の目的であることから，最終的には，その判断は，本稿の読者に委ねられる。

I　はじめに

5　本稿の構成概要

　民法の事例問題を解けるようになるために民法を学ぶことは，初心者に
とって，なぜ難しいのか。どのように学んでいったらよいのか。これらに関
する限りで，まずは，学習に関する認知心理学，認知科学等の知見のポイン
トを，記憶のメカニズムを中心に見ていこう。その後，それらの知見を参考
にして，民法をどのように学んでいったらよいのかを考えていく。そして，
最後に，まとめるとともに，今後の課題をも指摘したい。

〔注〕

1)　ドイツの刑法学者，法哲学者，法情報学者であるフリチョフ・ハフト教授は，
1983年4月に，Einführung in das juristische Lernen を出版され，その5版
が平野敏彦教授の翻訳により『レトリック法律学学習法』というタイトルで
1992年10月に木鐸社から刊行されている。第一章では，「コンピュータと人
間の脳——似ているところと違うところ」という視点で，認知心理学で明らか
になった人の記憶の基本構造等が論じられ（同書15-28頁），短期記憶の保存
容量は制限され，最大でも七つで，これに応じて，プログラムは短くなけれ
ばならない（同書17頁），また，学習素材をしっかりと保持するために長期
記憶につなぎとめておかなければならない等が指摘されている。第二章「ア
クティブに学習する」で，そのためには，学生はアクティブに学習する必要
があるとして，その具体的な内容を論じている（同書29-44頁）。これらから
しても，ハフト教授は，このドイツにおける最初の「法律学の学習のしかた
を書いた本」を，今日でいう認知心理学，認知科学の知見をも参考にして書
かれているとみてよいであろう（むろん，ハフト教授は法哲学者であり，ご
自身の法哲学的見解もその本の基礎となっていよう。）。その意味で，本書は，
世界的にみても，認知科学を参考にした法律学の学習書として，パイオニア的
存在であり画期的な著作といえよう。筆者自身，この本を最初に読んだときに
大いに刺激を受け，法律学の学習における認知心理学，認知科学の重要性を認
識したのである。なお，ハフト教授の，Einführung in das juristische Lernen
は，現在，7版が出されている。7版は，後記を付け加えた以外変更ないとさ
れているが，5版と比較すると，かなり改訂がなされている。もっとも，構造
的な思考，通常事例思考については，変わっていないようである。なお，ハ
フト教授の基本的考え方については，平野敏彦「法律学における構造思考と
通常事例方法——F・ハフトの法律学的レトリークから」広島法学10巻4号

〔注〕

743 頁が大変参考になる。また，鈴木宏昭「法創造教育の実践と評価の指針
――Haft の学習モデルと認知的学習論の観点から」(www.meijigakuin.ac.
jp/~yoshino/clmp/files/2003suzuki.pdf　2019 年 12 月 13 日最終閲覧) は，認
知科学者の立場から，ハフト教授の見解が，認知科学の見地から重要な意味
を持つことを明らかにしている。

　なお，これまで認知心理学の知見が，民法や法律学において注目されてこ
なかったわけではない。たとえば，山本敬三教授は，「民法における法的思
考」田中成明編『現代理論法学入門』224 頁以下 (法律文化社，1993) で，民
法における法的思考を考えるにあたって，認知心理学・認知科学におけるス
キーマ理論 (同 227-228 頁)，スクリプト (同 235-236 頁) を参照している。
また，「法的思考の構造と特質――自己理解の現況と課題」岩村正彦編『岩波
講座現代の法 15――現代法の思想と方法』231 頁以下 (岩波書店，1997) で，
「法的知識の構造論」を検討するにあたり，スキーマ論を参考にして「法的ス
キーマ」を論ずる (前掲 258-260 頁)。他方，大村敦志教授は，『典型契約と
性質決定』(有斐閣，1997) で，人間はなぜ類型思考をせざるを得ないのかを
人間の認知構造に即して理解するために，認知科学のカテゴリー論を援用す
る (同書 318-323 頁)。さらには，青井秀夫『法思考とパタン』(創文社，
2000) は，法律学的思考における類型の問題を検討するものであるが，「第五
章　裁判官の法適用」(同書 188-281 頁) につき，「最近の認知科学の成果」
を手がかりに検討がなされている。そこでは，従来の「類型」にかわり，「パ
タン」という認知科学のキーワードを使って，パタンに関する法思考が方法
論的にいかなる意義と役割をもっているかを分析される。

　以上と異なり，本稿と同様，民法教育・学習の視点から，認知心理学・認
知科学を参考とする論考もこれまでみられる。法学教育・民法学習のあり方
につき，加賀山茂『契約法講義』19 頁以下 (日本評論社，2007)，同『現代民
法学習法入門』90 頁以下 (信山社，2007) は，認知心理学の記憶に関する知
見を参照している。花本広志「法学教育における臨床教育の意義について――
学習科学の知見から」法曹養成と臨床教育 2 号 26 頁 (2009) は，認知心理学
を含めた最近の学習科学の知見 (特に，記憶の仕組み，知識獲得過程，構成
主義の学習観，転移〔同 31-41 頁〕) を紹介して臨床法学教育の重要性を明ら
かにする。

2)　このことは，その表現は，「熟達化 (mastery)」，「資質能力 (competency)」，
「転移 (transfer)」等異なるが，あらゆる学習理論において基本的な目標であ
るという (*See* Michael Hunter Schwartz et al., Teaching Law by Design:
Engaging Students from the Syllabus to the FinalExam 4 〔2009〕)。

3)　*See* Schwartz et al., *supra note* 2, at 4.

I　はじめに

4)　民法の事例問題を解くことが最も難しいかどうかは別として，長年，学生
に民法を教えてきた経験でしかないが，それほど異論はないものと思われる。

5)　SCHWARTZ ET AL., *supra note* 2, at 3 では，ロースクールで教員は，どのよう
に教えたらよいかがテーマになっているが，最初に効果的な学び方に関する
学習理論が取り上げられている。それは，著者らの視点からすると，「教える
ことは，それが，有意義な学習をもたらす場合にのみ効果があったといえる」
と考えるからだとする。

6)　植阪友理「メタ認知・学習観・学習方略」市川伸一編『現代の認知心理学
5　発達と学習』172 頁（北大路書房，2010）。植阪論文 183 頁は，「自立」は，
学習者がだれにも頼らずひとりで学習することを想定しているわけではなく，
「つまずきを自分自身で明確化し，必要ならば他者にも支援を求められること
が自立した学習者といえるだろう」という。本稿でも，「自立」をそのような
意味に解したい。植阪論文は，メタ認知・学習観・学習方略の視点から自立
した学習者に求められる力や，自立した学習者を育てる試みを紹介する。な
お，花本・前掲（注 1）30 頁は法科大学院の目標を「自立した学習者たる法
曹」を育成することにあるとする。また，同 29 頁注で引用されているが，米
国学術研究推進会議編著（森敏昭・秋田喜代美監訳）『授業を変える——認知
心理学のさらなる挑戦』（"HOW PEOPLE LEARN: BRAIN, MIND. EXPERIENCE AND
SCHOOL"〔JOHN BRANSFORD ET AL eds., 2000〕の翻訳）5 頁（北大路書房，
2002）が，「単に知識を教えることではなく，考え方の枠組みを自ら創り出す
ことができ，有意義な問題を自分で見つけ出すことができ，様々な教科の内
容を深く理解することを通して生涯にわたって学び続けることのできる自立
した学習者の育成が，これからの教育目標とされるべき」という。

7)　わが国の法科大学院が設立される際に，法科大学院における教育のあり方・
方法が議論され（日弁連法務研究財団編『フォーラム次世代法曹教育（JLF
叢書）』（商事法務研究会，2000），同『法科大学院における教育方法（JLF 叢
書）』（商事法務，2003），同『日本型ロースクールにおける教育方法（JLF 叢
書）』（商事法務，2005）等），特に，法科大学院での授業は講義形式ではなく，
アメリカ合衆国のロースクールで特に 1 年次の授業でなされてきたソクラテ
スメソッドの導入が議論され，少なからず，わが国の法科大学院の授業方法
に影響を与えてきたといえよう。だが，「人が学ぶということはどういうこと
か」，「法律をどのように学ぶべきか」，ということについては十分議論されな
かったように思われる。
　　アメリカでは，授業や法律の学び方の伝統的な基本理念は，「法律家のように
考える（Thinking Like a Lawyer）」である（*See* ANN M.BURKHART & ROBERT
A. STEIN, HOW TO STUDY LAW AND TAKE LAW EXAMS IN A NUTSHELL, 48-49

〔1996〕〔法的問題かその他の問題かを問わず，問題解決をきわめて適切にな
すことができる批判的分析技法を身につけること〕；Barry Friedman & John
C. P. Goldberg, Open Book: Succeeding on Exams from the First Day of Law
School 5-6〔2011〕〔具体的には，「依頼者に法的アドバイスをすることが出
来る力」だという〕；Kenneth J. Vandevelde, Thinking Like a Lawyer: An
Introduction to Legal Reasoning 1 (2d ed. 2011); Lynn Bahrych, Jeanne
Merino, Beth Mclellan, Legal Writing and Analysis in A Nutshell 59-60
(5th ed. 2017)。See Larry O. Natt Gantt II, *Deconstructing Thinking Like a
Lawyer: Analyzing the Cognitive Components of the Analytical Mind*,
Cambell L. Rev. (2007))。

　　授業外で，学生が法律をどのように学ぶべきかについて基本的なスタンダー
ドがあるように思われる。つまり，予習段階では，ケースメソッドの授業の
準備として，判例を読み，その判例を要約する（See Burkhart & Stein, op.
cit., at 100-119），授業後には，授業でのノートと判例の要約での復習，アウ
トラインの作成，グループ学習があげられているのが一般的である（See
Burkhart & Stein op. cit., at 134-148; Friedman & Goldberg, op. cit., at 135-
171）。そして，法的問題を解決するにあたっては，伝統的には，IRAC (Issue,
Rule, Application, Conclusion) の視点から分析検討することが薦められる
（See Friedman & Goldberg, op. cit., at 25-33；John C. Dernbach, Writing
Essay Exams to Succeed in Law School (Not Just to Survive), 31 (4th ed.
2014))。もっとも，これらの学び方も伝統的なもので，最近では，実証的な
有効な学び方を明らかにしようとの研究がなされ，さらには，学生向けの書
籍でも，認知科学の知見が反映されている書籍もみられるようになっている
（注20の文献参照）。

8)　　表面的なものでしかなく，しかも筆者の個人的な観察によって得られたも
のでしかないが，つぎのようにいえようか。もっぱら自分で何度も本を読む
ことを中心に学んでいく。授業の予習・復習を中心に学習を進め，予習・復
習する際には，授業で配布されるメモや教科書・判例解説を読んで学ぶとと
もに，期末対策として期末テストの過去問を検討する。市販の解説付き事例
問題の参考書を参照する場合も少なくないように思われる。既修者では，予
備校の教材を中心に学んでいると思われる学生もみられた。その他，民法全
体のポイントが整理された参考書，論点が整理された参考書をもっている者
も少なくない。さらには，グループを作り，期末試験対策，司法試験の過去
問の検討会を開いていることも多いようである。判例付き六法に多くの情報
を書き込み，それを持ち歩き学ぶ，あらゆる情報を詳細にノートにまとめて
学ぶ。論点主義的な勉強。多様である。ただ，未修者の学生の中には，かな

I　はじめに

り時間をかけて勉強しているようであるが，どのように学んだらよいかわからず，苦労している学生も少なくないように思われた。学び方は，まったく初めて民法を学ぶのか，すでに法学部でかなり民法を学んだことがあるのか，学年，受験回数等でも異なるであろう。通常，試行錯誤をしながら，自分なりの勉強方法を確立していくのが一般的であろうか。ただ，教科書を読むといっても，漫然と読む，理解するように読む，自分で予想しながら読む，事例問題を解くときに，そこに書かれていることは，どのような場面でどのように役立つかを考えながら読む等，実質的な学び方は異なる。つまり，具体的に何を目指して学ぶかが重要であるが，外からは必ずしも明確にはわからない。

9)　このような方法は「論証パターン」と呼ばれていたようである。中央大学法科大学院での限られた経験でしかないが，法科大学院の初期の頃には，そのような勉強方法をとっている学生が少なくなかったように思われる。最近でも，本人は，そのような勉強方法は妥当でないと思いつつ，なかなか抜け出せない学生もみられた。この「論証パターン」の歴史と現在の動きについては，川崎直人『司法試験論文過去問演習　民法——実務家の事案分析と答案作成法』360-366頁（法学書院，2018）が興味深い。

10)　大きな違いは次の点にあるように思われる。苦労する学生は，自分の知識や他の民法の知識と関連づけて学ばないため，知識が断片的である。また，十分理解しないで覚えようとするので，記憶するにも苦労するし，覚えたと思われるものも，すぐに忘れてしまったり曖昧なものとなったりするため，法科大学院では一般的な「見たことがない事例問題」になかなか対処できない。これに対して，かなりできる学生は，授業で学んだ知識が自らの知識とも，既に学んだ知識とも関連づけられている。しかも，個々の知識も，関連する全体の構造も十分理解して学習していることから忘れにくくなっている。学ぶ際に，その知識がどのような事例問題を解くときに，いつ，どのような場面で使われるかも考えれている。それゆえ，学んだ知識が十分使える知識となっている。計画的に学んでおり，自分の学習状況もチエックし柔軟に対応できる。このようなことから，新たな事例問題にあっても十分対応できるようになっている。

11)　また，「基礎演習」や「テーマ演習」では，そこで民法の学び方を考えてきた。1年生の「基礎演習」では，民法を構造的に学ぶ重要性を学んでもらった。また，2，3年生が対象の「テーマ演習」では，民法解釈の方略の考え方・作り方を民法の判例・学説を素材に考えてもらった。

12)　拙稿「法的問題解決の序論的考察——法解釈の方略」中央ロー・ジャーナル第4巻第3号3頁以下（2007），拙稿「法規範対立ケースにおける民法規範

〔注〕

の衝突(1)-(5)」中央ロー・ジャーナル 11 巻 3 号 39 頁（2014），同 12 巻 1 号 69 頁（2015），12 巻 3 号 59 頁（2015），同 13 巻 1 号 3 頁（2016），同 13 巻 4 号 23 頁（2017），拙稿「民法の事例問題解決と ICT 活用」www.juce. jp>archives>taikai_2017（2019 年 12 月 13 日最終閲覧）。

13) 拙稿・前掲（注 12）中央ロー・ジャーナル第 4 巻第 3 号 4-5 頁，46-47 頁参照。そこでは，「複雑な未知の法的問題」解決にあっては，「構造化された法的知識」と「構造化された適切な方略（strategy）」が必要である（同 4 頁）として，認知心理学の知見を参考にして，ごく簡単に，それらが必要である理由をごく簡単に述べる（同 4-5 頁）とともに，注 6 および注 7 で，限られた範囲で，認知心理学等の文献をあげ，そこで述べられていることを手短に紹介したにとどまり，十分なものでなかった。

14) むろん，これまで，民法の学び方につき論じられてこなかったわけではない。最近にあっても民法の学習について，すぐれた著作は少なくない。たとえば，米倉明『民法の聴きどころ』（成文堂，2003），渡辺達徳『民法 渡辺道場』（日本評論社，2005），星野英一『民法のもう一つの学び方〔補訂版〕』（有斐閣，2006），伊藤滋夫『民事法学入門』（有斐閣，2012），加賀山茂『現代民法学習法入門』（信山社，2007），金井高志『民法でみる法律学習法』（日本評論社，2011）等がある。また，弥永真正『法律学マニュアル〔第 2 版〕』（有斐閣，2005），陶久利彦『法的思考のすすめ［第 2 版］』（法律文化社，2011），横田明美『カフェパウゼで法学部を 対話を見つける〈学び方〉』（弘文堂，2018），小野秀誠『法律学習入門 プレゼンテーション対応型』（信山社，2019），横田明美・小谷昌子・堀田周吾『法学学習 Q & A』（有斐閣，2019），山下純司・島田聡一郎・宍戸常寿『法解釈入門』（有斐閣，2013）参照。ゼミでの学び方については，田高寛貴＝原田昌和＝秋山靖浩『リーガル・リサーチ＆リポート』（有斐閣，2015）〔法律学お文章の作り方やゼミの進め方，法令，判例，文献の調査方法を解説する〕等がある。ほとんどは，認知科学等の知見を参考にするものではない。だが，前述のように，その知見をも参考にするものも，若干みられる（加賀山茂『現代民法 学習法入門』91 頁-95 頁（信山社，2007））。

15) 民法を学ぶということは，民法の各種制度や各条文の趣旨，要件，効果，当該条文の論点に関する判例・学説を学ぶことで，それらを十分理解して記憶すればよいだけの話で，それ以上，ことさら難しいことを考える必要はない。また，それらの民法の知識を使って民法の事例問題を解くことは，簡単ではないかもしれないが，ともかく多くの過去問を何度も練習して書き方を学べばよいのであって，小難しいことを考える時間があれば，ともかく一つでも多くの民法の知識を記憶し，多くの過去問を解いて書き，その書き方を学ん

13

I　はじめに

でいけばよいだけの話ではないか。このように考えられる方も少なくないで
あろう。

16)　認知心理学の知見が学習や教育にどのような意味をもつかにつき簡潔に論
ずるものとして，秋田喜代美「認知心理学は学習・教育の実践と研究に何を
もたらしたのか」市川編・前掲書（注6）2-27頁，藤村宣之「学校教育と認
知心理学の発展」子安増生・楠見孝・齊藤智・野村理朗編『教育認知心理学
の展望』187-207頁（ナカニシヤ出版，2016）。

17)　栗田佳代子東京大学総合教育研究センター特任准教授は，スーザン A. ア
ンブローズほか（栗田佳代子訳）『大学における『学びの場』づくり　よりよ
いティーチングのための7つの原理』（玉川大学出版部，2014）(SUSAN
A.AMBROSE ET AL., HOW LEANING WORKS SEVEN RESEARCH－BASED PRINCIPLES
FOR SMART TEACHING〔2010〕の翻訳。学習にかかわる原理を科学的方法に基
づいた研究成果から導かれた形で紹介する重要な文献。）の「訳者あとがき」
（264頁）で，「心理学や教育学の研究者の手による研究成果が現場の先生たち
には届いていないように感じていました。実際のところ論文等雑誌等に見ら
れる研究の知見の多くは，断片的かつ難解で利用可能な形の知としては提供
されていないのが実情だと思います」という。認知科学が「学校教育への貢
献が最も期待できる学術領域でありながら，昨今の教育論議での影が薄」く，
「教育論議の全体的な風潮としては，脳科学者，評論家，教育関係者の（とき
に乱暴な）発言に押されてしまっているように感じられる」との指摘もある
（今尾敦・多賀秀継「特集『学校教育と認知科学』の編集にあたって」認知科
学16巻3号265頁〔2009〕）。アメリカにおいても，2008年に発表された論文
では，「認知科学者は学習過程の解明に大きな進歩をもたらしたが，法学教育
者はこの研究をほとんど知らない」とされている（Deborah J. Merritt, *Legal
Education in the Age of Cognitive Science and Advanced Classroom
Technology*, 14 B.U.J. SCI. & TECH. L. 39, 40〔2008〕）。

18)　高校生向け，ないし中高生向けのものが少なくない。たとえば，市川伸一
『勉強法が変わる本　心理学からのアドバイス』（岩波ジュニア新書，2000）
（高校生向けのものであるが，当時の認知心理学の学習理論にもとづき，英語
や数学の学び方をわかりやすく論じている。），池谷裕二『高校生の勉強法』
（東進ブックス，2002），市川伸一『勉強法の科学——心理学から学習を探る』
（岩波書店，2013）（学習に関する認知心理学の理論が分かりやすく書かれて
いる。大学生，一般人向けの書籍を高校生向けにやさしく書き直されたもの。），
麻柄啓一『じょうずな勉強法　こうすれば好きになる』（北大路書房，2002）
（中高生向けに，きわめてやさしく認知心理学等の知見に基づき「じょうずな
勉強法」が書かれている。），西林克彦『あなたの勉強法はどこがいけないの

か？』（ちくまプリマー新書，2009）（知識のあり方を，認知心理学から，わかりやすく説明する。），海保博之『学習力トレーニング』（岩波ジュニア新書，2004）（認知心理学の知見をもとに，望ましい勉強法とトレーニング法を示す。），池谷裕二『受験脳の作り方　脳科学で考える効率的学習法』（新潮文庫，2011）（『高校生の勉強法』を最新の科学的観点から改訂，文庫化したもの。）等がある。

　一般向けと思われるものには，稲垣佳世子・波多野誼余夫『人はいかに学ぶか　日常的認知の世界』（中公新書，1989）（人を「みずから学ぶ存在」との認知心理学にもとづく学習観にもとづく教育方法を論ずる。），西村克彦『間違いだらけの学習論――なぜ勉強が身につかないか』（新曜社，1994）（伝統的な学習論を認知心理学の見地から批判的に考察する。），安西祐一郎『心と脳――認知心理学入門』（岩波新書，2011）（認知心理学の基礎的考え方・方法，歴史，現状と将来の課題をわかりやすく論ずる。），市川伸一『考えることの科学――推論の認知心理学への招待』（中公新書，2011）（人の推論を認知心理学の知見から紹介するもの。），池谷裕二『記憶力を強くする　最新脳科学が語る記憶のしくみと鍛え方』（ブルーバックス，2014），苧坂満里子『ものわすれの脳科学　最新の認知心理学が解き明かす記憶の不思議』（ブルーバックス，2015）（ワーキングメモリに関する認知心理学の最新の知見をわかりやすく説く。），今井むつみ『学びとは何か―〈探求人〉になるために』（岩波書店，2016）（認知科学の視点から，生きた知識の学び方を論ずる。）。

　より実践的なものとしては，主として翻訳書であるが，以下のような多くの著作がある。ベネディクト・キャリー（花塚恵訳）『脳が認める勉強法――「学習の科学」が明かす驚きの真実』（BENEDICT CAREY, HOW WE LEARN〔2014〕の翻訳）（ダイヤモンド社，2015）（伝統的な学習方法を批判的に考察して学習科学に基づく効果的な学習法を指摘する。著者はニューヨークタイムズ，サイエンスレポーター。），ピーター・ブラウン，ヘンリー・ローディガー，マーク・マクダニエル（依田卓巳訳）『使える脳の鍛え方――成功する学習の科学』（PETER C. BROWN ET AL., MAKE IT STICK: THE SCIENCE OF SUCCESSFUL LEARNING（2014）の翻訳）（NTT出版株式会社，2016）（科学的根拠に基づいた学習の仕方を提案するもの。ブラウン氏は著述家・小説家，後の二人はワシントン大学心理学部教授），アーリック・ボーザー『Learn Better 頭の使い方が変わり，学びが深まる6つのステップ』（ULRICH BOSER, LEARN BETTER〔2017〕の翻訳）（英知出版株式会社，2018）（著者は，米国先端政策研究所シニアフェロー。実証的研究にもとづき，本質的な「学び方」を提示する。），アート・マークマン（早川麻百合訳）『スマート・シンキング　記憶の質を高め，必要なときに取り出す思考の技術』（ART MARKMAN, SMART THINKING

15

I　はじめに

(2012) の翻訳) (阪急コミュニケーションズ，2013) (認知科学の知見をもとに，「思考のスキル」を身につける方法を指摘。著者はテキサス大学の認知心理学者。)。

　この領域の専門家でない者が，学習理論を学ぶうえで役立つもので，より学術的なものとしては，米国学術研究推進会議・前掲 (注6)，今井むつみ・野島久雄・岡田浩之『新　人が学ぶということ―認知学習論からの視点』(北樹出版，2012) (認知科学の知見にもとづき，「生きた知識の学習」とは何か，どのようにしたら「生きた知識」を身につけることができるかを問い直す。)，アンブローズほか・前掲書 (注17))，三宮真智子『メタ認知で学ぶ力〉を高める　認知心理学が解き明かす効果的学習法』(北大路書房，2018) (メタ認知に関する知見を学び，「学ぶ力」を高めようとするもの。)，大島純・千代西尾祐司編『主体的・対話的で深い学びに導く　学習科学ガイドブック』(北大路書房，2019) (「教養としての学習科学の入門書」)。

　われわれは，教育や学習方法につき直観や経験に頼る傾向がある。これに対して，YANA WEINSTEIN & MEGAN SUMERACKI WITH OLIVER CAVIGLIOLI, UNDERSTANDING HOW WE LEARN: A VISUAL GUIDE, 2-29 (2019) は次のようにいう。教育分野における認知心理学の目的は教師，学生等の利害関係者が科学的に最も効果的であることが実証されていることを行うことを奨励することにある。だが，むしろ検証されていない理論など，「やや疑わしいものが教育の流行を生み出している」(*Id.* at 9)。「医学においては，個人的な直観と専門的知識のどちらに信頼を置くべきかにつき長い論争があったが，幸い，科学的専門知識が勝利しつつあるように思われる。ところが，不幸なことに，教育にあっては，このことは当てはまらない。むしろ，教師，両親，学生のいずれにあっても，最もよい学習はどのようなものかにつき直観に頼ることを好む」(*Id.* at 28)。だが，直観に頼ることは，教師にとっても学生にとっても好ましいものでない可能性がある。とはいえ，「直観に反し科学的な調査結果を受け入れることは簡単ではないが，教育や学習の実践を改善するために役立ちうる」(*Id*)。

19)　アメリカにおいても，法学教育，法律学習にあって認知心理学・認知科学の知見の有用性が認識されてきているが最近のことである。たとえば，網羅的ではないが，これまで，次のような論文がある。

　Paul T. Wangerin, *Learning Strategies for Law Students*, 52 ALBANY L. REV. 471 (1988) (ロースクールの学生に対して，教育心理学および学習理論に基づく学習方略のガイダンスを提供する。)；Stefan H. Krieger, *Domain Knowledge and the Teaching of Creative Legal Problem Solving*, 11 CLINICAL L. REV. 149 (2004) (最近の認知心理学の研究，特に医学教育における臨床スキルの上達

を検証するいくつかの実証的研究の検討から，スキルを教える教員のほとんどが軽視してきた実体法上の法理の基本的な知識が，効果的な法的実務の学習にとって前提条件であるとする。); Merrit, supra, note 17（学習過程に関する認知科学の発展は著しいが，法学教育に携わる者は，その成果をほとんど認識していないし，また，学習テクノロジーを控えめにしか使っていないとして，法学教育における認知科学の知見と，学習テクノロジーの有用性を明らかにしようとする。); Hillary Burgess, *Deepening the Discourse Using the Legal Mind's Eye: Lessons from Neuroscience and Psychology that Optimize Law School Learning*, 29 QUINNIPIAC L. REV. 1 (2010)（ロースクールに適用される学習理論に関する理論的科学的文献を紹介し，「法律家のように考える」方法を理解するために視覚教材・視覚的練習が役立つとして，具体例を多く上げる。); Tonya Kowalski, *True North: Navigating for the Transfer of Learning in Legal Education*, 2010 SEATTLE U.L.REV. 51 (2010)（ロースクールのカリキュラムを統合するために転移理論をきわめて詳細に検討する。); Larry O. Natt. Gantt, II, *The Pedagogy of Problem Solving; Applying Cognitive Science to Teaching Legal Problem Solving*, 45 CREIGHTON L. REV. 699 (2012)（ロースクールで法的問題解決をどのように教えることができるかを考えるにあたり認知心理学・教育心理学の知見をもとに検討する。); Shailini Jandial George, *Teaching The Smartphone Generation: How Cognitive Science Can Improve Learning in Law School*, 66 MAINE L. REV. 164 (2013)（今日のロースクール学生はデジタルネイティブ世代で，入学時には前世代よりも読解力・推論スキルが弱いことから生ずる問題があるとし，その問題を，認知学習理論に基づき，どのように対処したらよいかを明らかにする。); Shaun Archer ET AL., *Reaching Backward and Stretching Forward: Teaching for Transfer in Law School Clinics*, 64 JOURNAL OF LEGAL EDUCATION 258 (2014)（教えた内容の転移を促進する技法を論ずる。); Jennifer M. Cooper, *Smarter Law Learning: Using Cognitive Science to Maximize Law Learning*, 44 CAP. U. L. Rev. 551 (2016)（再読，詰め込み，丸暗記のような効果的でない学習法が使われているとの調査を紹介した後，より賢い法律学習のために認知科学の活用方法を提案する。); Elizabeth Adamo Usman, *Making Legal Education Stick: Using Cognitive Science to Foster Long-Term Learning in the Legal Writing Classroom*, 29 GEO. J. LEGAL ETHICS, 355 (2016)（認知科学における4つの驚くべき発見を取り上げ，それらが法律文書作成の授業にどのような意味をもつかを明らかにする。); Jennifer M. Cooper & Regan A. R.Gurung, *Smarter Law Study Habits: An Empirical Analysis of Law Learning Strategies and Relationship with Law GPA*, SAINT LOUIS U. L. J.

Ⅰ　はじめに

361（2018）（ロースクールの学生の学習習慣の実証的な研究である。自己テスト〔self-testing〕，自己クイズ〔self-quizzing〕，精緻化方略〔elaborative strategies〕を通じて法を実際に適用することは，ロースクールでの学業の成功と相関関係があるが，法を実際に適用せず，判例を読んだり要約したりすること，批判的に読まないこと，ルールを丸暗記することはロースクールでの学業の成功と負の相関関係にあることを明らかにする。）.

　なお，SCHWARTZ ET AL., *supra note* 2 は，アメリカのロースクールにおける法学教育に関するすぐれた理論書・実用書であるが，そこでは，まず，「効果的な学習に関して知っていること」として，認知学習理論（Cognitive learning Theory）の他，構成主義学習理論（Constructivist Learning Theory），成人学習理論（Adult Learning Theory），自己調整学習理論（Self-Regulated Learning Theory）を簡潔に紹介する（*Id.* at 3-12）。また，MARYBETH HERALD, YOUR BRAIN AND LAW SCHOOL: A CONTEXT AND PRACTICE BOOK（2014）は，「法律家のように考える方法」をマスターするには，学習と思考の原理に関するかなりの知識を必要とするとして，認知科学・いわゆる脳科学等の最新の知見にもとづき，「脳はどのように学ぶか」（how the brain learns），および「考える方法」の視点から，ロースクールで学生がどのように学んだらよいかを解説する。また，MICHAEL HUNTER SCHWARTZ & PAULA J. MANNING, EXPERT LEARNING FOR LAW STUDENTS（3d. ed. 2018）や BRETT A. BRSSEIT ET AL. APPLIED CRITICAL THINKING & LEGAL ANALYSIS: PERFORMANCE OPTIMIZATION FOR LAW STUDENTS AND PROFESSIONALS（2017）も，認知科学の知見や学習理論の視点をかなり取り入れている。また，ドイツでは注 1 であげた，Fritjof Haft, Einführung in das juristische Lernen（7. Aufl., 2015）がある。

20)　学習観には，「学習とはどのようなものか」という広義のものと，「どのような勉強の仕方が効果的かについての個人レベルの信念」といった狭義のものとがあり，後者については研究の蓄積がある。その研究をふまえると，「意味を考えながら覚えることを重視したり，途中過程を理解することを重視したりする，いわゆる認知主義的学習観を持った学習者は，効果的な学習方法を利用しやすい傾向があり，その結果として，学習成果も高くなることがうかがえる」が，「丸暗記やとにかくたくさんの問題をこなすことを大切だと考える，いわゆる非認知主義的学習観の強い学習者」は，学習成果もあがりにくいとの指摘がある（植阪・前掲（注 6）178 頁。

21)　青木久美子「学習スタイル概念と理論──欧米の研究から学ぶ」メディア教育研究第 2 巻第 1 号 197 頁（2005），鈴木克明・美馬のゆり編著『学習設計マニュアル──「おとな」になるためのインストラクショナルデザイン』12-21 頁（北大路書房，2018）。

〔注〕

22)　*See* WEINSTEIN & SUMERACKI, *supra* note18, at 35-36.

23)　*See* BROWN ET AL., *supra* 18, at 4（ブラウンほか・前掲書（注 18）10 頁）.

24)　アメリカにあっても，法律学の効果的な学習方法に関する実態調査はごく最近のことである。*See* Cooper & Gurung, *supra* note 19.

25)　たとえば，「覚えるためには理解が必要」で，「理解すれば自然に覚えるもの」（星野英一『心の小琴に』〔有斐閣，1987〕147-148 頁）との見解をあげることができよう。このような見解は一般的，ないし，よく見られるものといえよう。たしかに，認知科学の知見でも，記憶する際に理解が重要であるという点は，この見解と一致していよう。ただ，理解とはなにか，理解すると，自然と覚えるか否かは別として，なぜ覚えやすくなるのかという問題があろう。また，理解よりも，まずは，覚えることが重要だというような主張も聞く。その意味で，この点につき認知科学では，どのように解されているのかを知ることは有益であろう。

Ⅱ　認知科学等の知見

　認知心理学，認知科学は新しい学問であり，法律を学ぶ者にとっても，また，法律を教える教員や実務家にとっても，一般に十分には知られていないものと思われる。そこで，まず，「認知心理学・認知科学とは」どのような学問なのかを簡単に説明したい。その上で，民法の学習を考えるうえで，認知心理学・認知科学の知見として重要な「記憶のメカニズム」につき，民法の授業や民法を学ぶ際の例をあげながら，できるだけポイントを絞ってみていこう。同じく「記憶のメカニズム」に入れるべきものと思われるが，民法の事例問題を解くときに重要な役割を果たしている「ワーキングメモリ」については独立して取り上げ，ワーキングメモリが，どのような機能をはたしており，民法の事例問題を解く際に，いかなる意味をもつのかについて論じていく。その後，認知科学等の知見からすると，民法の事例問題を解けるようになるには，どのような難しさがあるのかという視点で整理することにしたい（「認知科学等の知見からみた民法学習の難しさ」）。むろん，ベテランの民事裁判官のようなプロ中のプロ（認知科学では「熟達者」という。）は，複雑な初めて見る事例問題をそれほど困難なく解くことができよう。では，なぜ，熟達者は，初心者と異なり，それほど困難なく複雑な初めて見る事例問題を解くことができるのか（「熟達者は初心者とは何が異なるのか」）。この点についての，認知科学等の知見を明らかにする。そのことによって，われわれが，複雑な初めて見た民法の事例問題を解けるようになるためには，どのように学んだらよいかを知ることができると考えられるからである。

1　認知心理学，認知科学とは

　認知心理学，認知科学とはどのような学問か，そこでは学習に関して，ど

Ⅱ　認知科学等の知見

のようなことが考えられているのか，まず簡単にみておこう。

　認知心理学は比較的新しい学問分野で，1950 年後半に成立したと言われている[26]。認知心理学が登場する前は，学習に関する理論[27]として，行動主義心理学の考え方が一般的であったという[28]。20 世紀前半，人間はどのように考えているのか等についても研究もなされていたが，自分で自分の頭の働きを観察する「内観法」に頼らざるをえなく，科学的でないと考えられ，行動主義心理学は，外から観察できる行動のみを研究対象とすべきとしたのである。そこでは，人間の学習も，動物の学習（調教）と本質的に同一とみる。そして，刺激が与えられ望ましい反応には報酬が与えられ望ましい行為が強化されて学習がなされていくと考えられている。

　これに対し，認知心理学は，コンピュータと同様，人間の頭を一種の「情報処理システム[29]」としてとらえ[30]，情報処理メカニズムを科学的に解明することを目指す。つまり，「人間が世界をいかにして認識し，世界についての知識を獲得し使用できるのかという問題を取り扱う[31]」。認知心理学は「考えることの科学[32]」だともいわれている。人間の認知機能である注意，記憶，知識の表象（「外界の事象を代表する心的なもの[33]」），言語，問題解決，推論等が研究対象とされてきている。学習に関しては，学習者には，既に学んだ知識があり，その「知識の変容」を学習とみる[34]。そして，人は好奇心から主体的に学ぶと捉える[35]。なお，認知心理学と関連する学問として神経科学・脳科学がある。そこでは，人間が知的活動を行うときに，脳のどこがいつどのように働くかを，いわばミクロ的に明らかにしようとするものである。だが，神経科学・脳科学から教育や学習のあり方を論ずる見解もあるが，現在のところは，より慎重な見解が有力のように思われる[36]。

　認知心理学の主たる研究方法は，実験と観察だという[37]。実験では，頭の中で何が起こっているかの仮説を立て，実験で検証していく。認知心理学上の理論をコンピュータに組み込み，動作を確認するコンピュータ・シュミレーション[38]も重要な方法となっているという。さらには，1980 年代中盤には，脳の研究の影響により，大きく変貌を遂げつつあるという[39]。認知心理学に人工知能研究を含めて論じられることもあるが，人工知能研究を認知科学[40]，さらには，両者を総称して認知科学と呼ぶことも少なくないよ

22

うである 41)。

　本稿で取り上げる「知見」は，一般に認知心理学における「知見」といってよいと思われる。だが，同じような「知見」が認知科学の「知見」として論じられていることも少なくない。認知科学は認知心理学を包含するものと一応，解されているようであるが，両者を同じものと解する専門家も少なくないようで，両者の関係は必ずしも明確でない。そこで，認知心理学・認知科学の「知見」とすることも考えるが，ここでは，一応，認知科学の「知見」とすることにしたい。ただ，具体的にどのような学習が効果的かに関する実証的研究も少なくない。これらは，「学習科学 42)」という研究分野に入ることになるのではないかと思われるが，必要に応じて，それらの研究をも参考にしていきたい 43)。

　なお，本稿では，学ぶ主体として，主として法科大学院の学生を念頭において書いており 44)，最終的には，その学生らが民法をどのように学んだらよいかを考えるわけである。だが，当然のことながら，学生らは講義や演習，さらには学生同士の勉強会で学んだり，自分で教科書や参考書を読んだり，練習問題・試験問題を解いたり，さらには，模擬裁判，インターンシップ等で学ぶであろう。しかし，最終的には，独力で民法の事例問題を解けるようになる必要があり，そのためには，どのように学んでいったらよいかにつき，自分自身で考えていかなければならであろう。その意味で，学生らが，実際にどのように学んでいる場合であれ，本稿での分析は，意義があると考えている。

2 記憶のメカニズム

　民法に関する事例問題を解けるようになるには，民法に関する基本的なものに限っても，大量の知識が頭になければならない。つまり記憶されていなければならない 45)。だが，記憶するだけでは十分でなく，必要な時に使えるようになっている必要もある。このことが，まず，初心者にとって簡単ではない。授業に真剣に取り組んでも，教科書を一度読んでも，必要な知識が直ちに身につくものでない。一般に，学んでも直ぐに忘れてしまうのではな

Ⅱ　認知科学等の知見

いか。しかも，授業で学んだことを覚えることができるとしても，民法に関する必要な知識のすべてを覚えることは不可能なように思われる。

　では，人の記憶のメカニズムはどうなっているのか。また，そのようなメカニズムからすると，大量の知識をどのようにすれば，記憶でき，使えるようになるのであろうか。民法の学習をも念頭においてみていこう。

(1)　記憶の基本メカニズム

　認知科学にあっては，人の記憶過程は，情報処理の考え方にもとづき，情報処理の言葉で，「覚える」，「記憶を保つ」，「思い出す」をそれぞれ，符号化，貯蔵（保持），検索と一般に呼ぶ。しかも，記憶には，基本的に，感覚記憶，短期記憶，長期記憶があり，次のようなメカニズムをもっていると考えられている[46]。

　教員が授業で話しをすると，ごくわずかな時間（視覚情報1秒程度，聴覚情報2秒程度[47]），学生はその記憶を保持する。しかも，その記憶量はごくわずかである[48]。これが感覚記憶[49]である。そして，その中で注意が向けられた情報だけが短期貯蔵庫に送られる[50]。これが短期記憶である[51]。短期記憶も，頭の中で繰り返し唱えてリハーサルを続けていなければ，保持期間はかなり短い。1分以内，多くは数十秒でしかない[52]。これに対して，短期記憶の中から特に記憶しておくべきと判断されたものは，短期貯蔵庫から長期貯蔵庫へと転送され，かなり長く情報を保持できる。後に，長期貯蔵庫にある情報が必要となった場合には，再び短期貯蔵庫に戻され，頭の外に出力される。

　しかし，民法の事例問題を解くような場合，事案からの情報とともに，長期貯蔵庫にある，事案の解決に必要な情報を短期貯蔵庫に戻し，それらの情報を一時的に記憶にとどめ保持しながら，解釈をしたり，事案への適用をしたりしなければならない。このように，認知活動にあって，情報を一時的に保持しながら，同時に，それらの情報を処理しなければならないことが少なくない。これを，短期記憶の概念でうまく捉えられないため，情報の一時的な保持と能動的な処理を合わせ行う複合的なシステムとして「ワーキングメモリ（作動記憶・作業記憶[53]）」という概念が提唱され，一般的に認められて

いる54)。

　この記憶メカニズムには，大量の基本的な民法の知識を記憶して，必要が
あれば取り出し，あてはめや解釈等の情報処理を行うという視点からすると，
いろいろ制約がある。どのような制約があるかを中心に，さらに，制約を克
服する方法も含めて，認知科学上の知見を，さらに，やや詳しく見ていくこ
としよう55)。

(2) 短期記憶

　前述のように，当該情報が短期貯蔵庫に入るには，その情報だけに注意が
向けられていなければならない。たとえば，授業中，ある学生が他のことを
考えていたりする56)と，教員が全員に質問を投げかけ，その後に，その学
生にあてても，何の質問をされたのかわからないという事態が生じうる。そ
れは，われわれの注意容量には限界があり，どれか一つの対象に絞って注意
を集中させなければ，うまく情報処理ができないからである57)。

　だが，注意が向けられた情報だとしても，当然には，短期貯蔵庫に入ら
ない。短期記憶の容量は，極めて限定されているからである。かつては
「7±2」と考えられていたが，現在では，4程度と解す見解が有力である58)。
たとえば，00345205630を記憶する必要があるとき，数字が11個であるので，
そのまま記憶しようとすると，短期貯蔵庫に入るのは困難である。だが，
4程度という，その単位は，数字や文字の数ではなく，チャンク（意味のあ
るまとまり）だと解されている。そこで，00345205630を憶える際，そのま
ま丸暗記するのではなく，003－4520－5630とすれば，003が架空のＺ地域
の市外局番だと仮定し，4520，5630はたまたま，それぞれ，友人ＡとＢの
電話暗号の一部で記憶されているものであったとすると，003（Ｚ），4520
（Ａ），5630（Ｂ）として，ＺＡＢとすれば，簡単に短期貯蔵庫に入ることが可
能となろう。

　だが，前述のように，短期記憶となったとしても，リハーサルを行ってい
なければ，それは短時間で消失する。リハーサルとは，憶えておきたい情報
を口に出して，あるいは，口に出さずに頭のなかで，唱え続けることである。
だが，一般に，授業中にリハーサルをすることは困難である。民法の授業に

Ⅱ　認知科学等の知見

あっては，初心者は，次々に新しい情報が出てくるので，その知識があっても，リハーサルを行う余裕はない。そこで，通常，たとえ，授業での情報が短期記憶となっても，授業が終わる頃には，ほとんどの記憶は消失してしまっているであろう。そこで，情報を長く保持し，後に使えるようにするには，長期記憶へ移す必要がある。

　民法にあっては，学ばなければならない知識は複雑かつ膨大で，それらを漫然と憶えようとすれば，4チャンクを超える可能性が高い。たとえば，授業で，民法の重要な判例が取り上げられ，詳しく説明されたとしよう。受講生の一人は，授業中も授業後も，十分理解できなかったので，長い判旨を，文章のまま憶えることにしたとする。そして，その判旨が，その学生にとって，4チャンク以上であれば，いくら努力をしても，そもそも短期貯蔵庫にも入らない。そこで，長期記憶となることもない。

　要するに，長く記憶にとどめるためには，民法の知識を短期記憶から長期記憶に定着させる必要がある。だが，そもそも，感覚記憶が短期記憶になるには，当該情報を，集中して聴いたり読んだりしなければならない。また，記憶する内容が4チャンク程度でなければならない。むろん，短期記憶となっても，自動的に長期記憶となるものでない。そこで，どのようにすれば，長期記憶となるかが重要な課題となる。

(3)　長 期 記 憶
①　長期記憶の特徴・種類

　長期記憶にあっては，長期にわたり覚えておくべき情報は保持され[59]，その容量の限界は事実上ないと考えられている[60]。そこで，民法の事例問題が解けるように学ぶためには，短期貯蔵庫にある知識を長期貯蔵庫に転送することが不可欠であるため，その方法がここでの重要な検討課題である。しかし，当該情報が長期貯蔵庫にあっても，検索できず，当該情報を使うことができない場合も起こりうる。そこで，どのような場合に検索できなくなるのか。そうならないためには，どのような方法があるかを知る必要がある。

　なお，長期記憶には，保持する情報の内容により，宣言記憶（言語化できる記憶）と手続き記憶（必ずしも言語化できるとはいえない，技能，スキルなど

26

一連の手続きの記憶）に大別できる。宣言記憶には，エピソード記憶と意味記憶がある。エピソード記憶とは，いつ，どこでという情報を伴う自己の経験の記憶であり，意味記憶とは，いつ覚えたのかわからなくなっている，一般的知識（定義・概念・法則等）の記憶である。昨日，民法の授業で質問されてどのように答えたかという記憶はエピソード記憶であり，後日，その授業で学んだものであるが，授業中のことを忘れてしまったが，そこで学んだ民法の知識の記憶は，まさに意味記憶である。さらには，民法の事例問題において，詳細な事案を読んで関係条文を指摘できる，解釈，あてはめをなすことができ，事例問題を解くことができるという認知的な技能の記憶は，手続き記憶である。

　以下では，主として意味記憶を中心に，長期記憶のメカニズムをみていくことにする。手続き的記憶固有の問題に関しては，後に検討することにしたい。

②　長期貯蔵庫への転送

　前述のように，民法を学ぶ際，確実に記憶するには，短期貯蔵庫にある知識を長期貯蔵庫に転送しなければならない。一般に，確実に記憶するために，何度も，教科書を読んだり，試験問題を解いたり，ノートを整理したり，各自で，さまざまな工夫がなされていよう。認知科学においては，効果的に長期貯蔵庫へ転送する方法（記憶方略）としては，一般に，次のような指摘がなされている。

　意味を考えたり，他の情報との関係を考えたりせずに，記憶したいことを何度も頭の中で，または口に出して反復すること，つまり維持リハーサルは，長期貯蔵庫への転送には，極めて非効率であることが，最近の研究でも明らかとなっている [61]。むしろ，その意味を深く考える意味的処理，その精緻化（覚える情報に他の情報を付加すること），体制化（情報を何らかの形で分類・整理すること），イメージ化（言語的な情報だけでなくイメージ的な情報も同時に提示すること）によって，より効果的に短期記憶を長期記憶に定着させることができる [62]。

　リハーサルのような単純な反復を中心とする方略のことを「浅い処理の方略」，精緻化や体制化のように深い水準で認知処理を行う方略を「深い処理

Ⅱ　認知科学等の知見

の方略」と呼ぶこともあるという 63)。このような言葉を使えば，浅い処理よりも深い処理を行ったほうが記憶の定着がよいということになる 64)。なお，意味的処理や，体制化を含めて「精緻化」と呼ばれることもあるようである 65)。

　i　精緻化・体制化

　精緻化とは，覚える情報に他の情報を付け加えることであり，たとえば，民法 709 条を学ぶ際，その趣旨や，そこでの要件の意味を考えたり調べたり，その条文が適用される典型的な事例を考え，説明したりすることがあげられよう。つまり，その規定や要件の存在意義，その規定がどのような場面で，どのように使われるか，各要件，効果の解釈，さらには，その規定の典型例での説明と結びつけられると，その規定の理解が深まることになろう。また，たとえば，不法行為に関する関連条文の民法 709 条，民法 714 条，民法 715 条，民法 717 条，民法 718 条，民法 719 条を学ぶ際，個々の条文をバラバラに学ぶのでなく，相互の関連性を十分認識して整理して構造化することが体制化である。つまり，民法は，不法行為にもとづく損害賠償請求権の発生原因として，一般不法行為と特殊不法行為を定めており，民法 709 条が一般不法行為を定め，民法 714 条以下が，特殊不法行為を規定する。民法 714 条以下の条文は，さらに，①他人の監督者の責任に関する規定，②物の管理者の責任に関する規定，③複数主体による不法行為に関する規定に分けられる。そして，①には，民法 714 条（責任無能力者の監督者の責任），民法 715 条（使用者責任），②には，民法 717 条（土地工作物責任），民法 718 条（動物占有者責任）が，③には，民法 719 条（共同不法行為）がある。このように，体制化する，つまり構造化することにより，それぞれの規定をより深く理解することができるといえよう。

　しかし，精緻化であれ体制化であれ，情報を増やすことになる。一般的に考えると，余分な情報を増やすよりも，記憶すべきことだけを記憶した方が効率的なように思われるであろう。では，なぜ，情報を増やすことが記憶の助けになるのか。そのことによって，記憶すべき項目に関する表象のネットワークを豊かにすることになる。そこで，精緻化が記憶するに効果的なのは，あとで思い出す，つまり検索する際の手がかりが豊富となることからと解さ

28

れているという[66]。構造化についても同様な指摘がある[67]。もっとも，言葉のリストを記憶する際，それぞれの言葉を階層化された構造とすることによって，バラバラに記憶するよりも，それぞれの言葉の意味のニュアンスが強調され，リストの学習を単純化し，次に思い出すための枠組みを提供することから，全く同じ言葉にあっても，容易に学ぶことも，思い出すこともできるようになる可能性があるとの指摘がある[68]。上記の不法行為の例は，言葉のリストとは異なるが，構造化することにより，不法行為の各条文の共通点と相違点が明確になるとともに，思い出すための構造が提供されるという意味で，先の指摘が妥当するのではないか。

　なお，人が行った精緻化を聞くよりも，学習者自身で精緻化を行った方が，記憶成績がよいことが明らかになっている[69]。それは，学習者のよく知っていることがらが付け加えられ，それはよく知っているため思い出しやすいからだという[70]。これと関連して，他者から与えられた情報より，自分自身が生成した情報の方が記憶に優れていることが実証的に明らかにされている[71]。また，自己説明（新しい情報を理解するために自分自身に対して説明を生成すること[72]），たとえば，数学，物理の問題を解く際に，学生が問題解決過程を言語化するようなことをなすことによって，より理解が深まり成績が向上することも実証されている[73]。自己説明に関するこれまでの分析を統合し，より高い見地から分析した最近の研究[74]によれば，自己説明は，ほとんどの分野で，しかも宣言的知識であれ手続き的知識であれ，有益な効果が認められ，最も効果的なのは，学んでいる者が説明して，その後，その修正が促された場合であるという[75]。

　このことは，民法を学ぶ上でもきわめて重要である。民法の各条文の趣旨・要件・効果や当該事例問題をどのように解いていくかを自らが説明することにより，それらを深く理解して長期記憶に定着することができるからである。

ⅱ　イメージ・具体例

　言語で記憶するよりも絵やイメージの方が記憶しやすく，記憶成績がよいことは知られている[76]。それは，言葉は意味的にしか覚えられないのに対して，絵やイメージは，意味だけでなく，イメージによっても記憶すること

Ⅱ　認知科学等の知見

ができるからだと考えられている 77)。そこで，言語とととともに，絵やイメージをも使って記憶する方が記憶しやすく記憶成績がよいことは実証されている 78)。視覚化の方法はさまざまである。インフォグラフィック（電車の路線図のように，情報，データ，知識を視覚的にわかりやすいかたちで表現したもの），漫画，図表，フローチャート等がある 79)。

　われわれは，抽象的概念を理解することは難しく，抽象的な情報よりも，具体的な情報の方が記憶しやすいことが明らかにされている 80)。抽象的概念を理解することが困難なのは，新しいことを既に知っていることとの文脈で，われわれは理解することと関係する。つまり，われわれが知っていることの大部分は具体的なものであるため，新しい抽象的な概念を理解することは困難で，しかも，その抽象的な概念を新たな状況下で使うことも難しいというわけである 81)。

　そのことが，抽象的概念で構成されている民法を初心者が学ぶことの難しさの重要な理由である。民法を初めて学ぶ際，民法の教科書で抽象的な概念の定義が書かれており，それを読んでも理解することは難しい。たとえ，定義を理解せずに丸暗記したとしても，民法の具体的な事例問題を解く際に，その概念を使うことは困難であろう。

　抽象的概念を学ぶには，その具体例で学ぶことが効果的であることが明らかとされている 82)。もっとも，その具体例は学ぶ者にとり身近なものでなければならない 83)。その具体例が，その者が既に知っているものでなければ，当該抽象的概念を理解することができないからである。以上からすれば，民法は抽象的概念から構成されていることから，民法の概念を学ぶ際，自分にとって極めて身近な具体例で学ぶ必要がある。たとえば，物権を学ぶ際には，その典型例である「この教科書を自らが所有している」というような例で学べば物権を理解しやすい。個々の概念だけでなく，個々の条文を理解する際にも，その条文が想定している，自らにとって身近な典型的な具体例で学ぶと，その条文を理解できる。たとえば，民法176条や民法177条を学ぶにあたって，あまり身近とはいえないかも知れないが，不動産の二重売買がなされた具体例で各条文を学ぶことにより理解できよう。その際，不動産の二重売買の具体例を図に書いて，自分自身で説明すれば，さらに深く理解でき，

民法 176 条や民法 177 条の趣旨や要件・効果に関する知識が長期記憶に定着することになるであろう。

　これらのことは，民法を学ぶ際に，一般になされているともいえるかも知れない。しかし，認知科学の知見から，具体例で考える，図を使って考える，自分で説明することが，深く理解したり，長期記憶に定着させたりするために重要な学習方略であることを十分認識することができれば，より多くの場合に，しかも積極的に，それらの学習方略を使うことになろう[84]。その意味で，上記の認知科学の知見は重要なものといえよう。

　〈追記〉本稿は，2019 年 3 月 13 日開催の筆者の最終講義の趣旨と大きく変わるものではないが，その際に十分参照する余裕のなかった認知科学等の文献を検討した上で，最終講義の内容を深く掘り下げたものである。最終講義のために準備した原稿にコメントをいただき，また最終講義当日にもコメントをいただいた獨協大学の花本宏志教授にこの場をお借りして感謝申し上げたい。また，当日，参加し，ご質問いただいた大貫裕之先生はじめ，ご参加いただいた諸先生，多くの方々にも御礼申し上げたい。

③　最近の研究成果

　民法の事例問題を解けるようになるには，そのために必要な知識を記憶しなければならない。そこで，まず，記憶の基本的なメカニズをみた後，記憶に関し，次のようなことが明らかになった。必要な知識を記憶するとしても，その記憶は，ごく短時間しか保持されない短期記憶では十分でなく，長期間保持される長期記憶となっている必要がある。そのためには，意味を理解せず機械的に反復学習をしても効果的ではなく，より効果的な方略は精緻化，体制化，イメージ化・具体例の使用である。もっとも，精緻化等にあっても，学習者自身が考えたり，自ら説明したりすれば，さらに効果的になると解されている。

　以上と関連して，最近，これまでの学習方略に関する多くの研究を分析し，その有効性を体系的にまとめた重要な研究が現れている[85]。その結論は，その後の，世界中の多くの研究によっても支持されているという[86]。そこで問題とされているのは一般的な学習方略の有効性であるが，その中でも，

Ⅱ　認知科学等の知見

長期記憶の保持の促進等，記憶に関する有効性が中心的なものといえよう87)。そのため，上記の研究結果を，ここで取り上げることにしたい。もっとも，これまで述べたことと重複する点があるので，できるだけ重複しないようにポイントを絞って，その研究で取り上げられている学習方略に関して，この研究の後に現れた文献をも参考にしてみていくことにする。

ⅰ　研 究 概 要

　この研究では，比較的使いやすく，多くの学生が使える学習方略，さらには学生が多く使っている10種類の学習方略が取り上げられている。その上で，その学習方略が，学習条件，学習者の特性，学習内容，基準課題（想起，問題解決など）にかかわらず，その学習方略は一般的に効果的かという視点から評価がなされている。結論からすると，最も効果的なものとして，①想起（検索）練習（学習対象を何もみずに想い出すこと），②分散学習（一度に大量に学ぶのではなく，学習を分散して学ぶこと）があげられている。その効用が中レベルのものとしては，③精緻化質問（なぜこれは本当なのか，何が起こるのか，これらを自らに問うこと），④自己説明，⑤交互練習（複数の学習課題を相互に学習すること）をあげる。これに対して，その効用が低いものとしては，⑥教材にマークしたり線を引いたりすること，および⑦テキストの再読，⑧テキストの要約をあげる88)。

　ただ，注意しなければならないのは，そこでの評価は，年齢や知識の有無にかかわりなく，どのような学生や学習でも，また，いかなる課題においても一般的に効果がある学習方略かという視点に基づくものである89)。そこで，低い評価の学習方略でも，それは一般的に有効とはいえない，また，さらなる研究が必要だ，というにすぎない場合があるということである。たとえば，テキストの要約は，その方法を習得している学習者には効果的な学習方略となりうることを認めており，ただ，子供や高校生，一部の学部学生にとってはかなりの訓練を要する点で問題だというわけである90)。また，精緻的質問が，中程度の評価となっているのは，知識の少ない学習者にとって有益かは明確でなく，また，一般化可能性を確立するためのさらなる研究が必要だという理由からである91)。自己説明は広い学習内容や課題で，しかも，ほとんどの学生に効果的であるが，学習者の知識や能力にどの程度依存するか，

自己説明に要する時間をどのように評価するか等につきさらに研究が必要とされたことから中の評価となっている[92]。

　精緻化質問，自己説明[93]については，すでに述べたので，以下では，最も効果的と評価されており記憶の定着の視点でも重要な想起練習と分散学習をとりあげよう。また，民法をはじめ法律学の学習において，教科書やノートを何度も繰り返し読むことは，わが国でも，また法科大学院においても，よくみられる学習法であるように思われる。ところが，この研究をはじめ後の文献にあっても，学習方略として低い評価となっている。

　前述したように，この研究では，あくまでも評価の視点は「一般的な有効性」であるので，民法を初めとする法律学の学習のような場合も，同様に考えることができるのかを検討する必要があろうが，まずは，認知科学の知見では，なぜ，学習方略として低い評価となっているかを知る必要があろう。そこで，ここで，テキストの再読をもとりあげたい。

　ⅱ　想起（検索）

　(a)　想起（検索）練習とは

　想起練習[94]は，学習した対象を思い出すことが必要なものであれば，どのようなものでもよい[95]。そこで，期末テストが近づき，過去の期末テストに挑戦したり，教科書やレジュメの練習問題（記述式や択一式問題）を解いたりすることも想起練習といえる。教員が，授業で新しく学ぶことと関連する既に学んだことにつき，すべての学生に，さまざまな質問をし，その質問に対する答えを考えてもらったり，ノートに書いてもらったりすること，さらには，学生自身が，授業で学んだこと，学校で，参考書を読んで学んだり，友人らとの勉強会で学んだりしたことを帰りの電車の中で思い出したり，帰宅して，自分自身に，その概略を説明したり，何も見ずに，ノートに，それぞれ３つにまとめたり，図解したりすることも同様である。さらには，授業でなされる，確認テストや中間テストなど，それらが評価目的でなされても，想起練習の機能を有していることになる。

　(b)　想起練習の有効性

　想起練習の有効性は多くの実証的研究で明らかにされてきている。想起練習は，読みの繰り返しなどの他の学習方法と比較しても有効で，また，想起

Ⅱ　認知科学等の知見

練習は単純な丸暗記にのみ有効なのではなく，それにより獲得されたものは応用的な課題にも適用可能なものとされている[96]。しかも，実験においてだけでなく大学の講義や小，中，高校等の実践場面でもその有効性が確認されてきている[97]。そこで，「想起練習は強力な学習手段[98]」だといわれている。アメリカのロースクールの学生にも想起練習は効果的な学習方略として勧められている[99]だけでなく，アメリカにおけるロースクールの学生を対象とした実証的研究でも，想起練習は，ロースクールにおける学業の成功と統計的にきわめて明確な関係があることが明らかにされている[100]。さらには，あるロースクールでは，認知科学，教育心理学におけるメタ認知・自己調整学習，分散学習，認知スキーマ理論とともに想起練習を用いた学習方法を導入することにより，学生の著しいパフォーマンスの向上が図られていることを明らかにする研究論文が発表されている[101]。しかも，知識やスキルを思い出すのが簡単であればあるほど，記憶を定着させる想起練習の効果は少なくなり，知識やスキルを思い出すのに苦労するほど想起練習の効果は大きいことも明らかにされている[102]。

　もっとも，想起練習は，その効果は直ちにではなく，遅れて現れる傾向がある[103]。そこで，目標が長期的な学習である場合には，想起練習はより効果的な学習方法だと言われている[104]。

　(c)　想起練習効果の理論

　想起練習は，なぜ，大きな学習効果があるのであろうか。そのメカニズムについては，いまだ完全には理解されていず[105]，議論があるが，ここで詳細に紹介する余裕はない[106]。そこで，ローディガー教授（ワシントン大学心理学教授）らの見解を中心に紹介しよう[107]。

　ローディガー教授らは，想起練習の大きなメリットとして2つをあげる[108]。第1に，想起練習により，自分が知っていることと知らないことが明確になり，どこに焦点を絞って勉強すればよいかがわかるようになる[109]。第2に，脳が記憶を再度整理する。既に知っている知識とのつながりが強化され，次に思い出すのが楽になる[110]。

　これらは，さらに説明を要しよう。まず，第1に関して，である。われわれは，自分自身が知っているか知らないかを正確に判断することが必ずしも

2　記憶のメカニズム

できるわけではない111)。しかも、「流暢性の錯覚」により、教材をすらすら読めることが習熟したことと勘違いするという。そのため、教科書の再読で、すらすら読めるようになり、主題に関する知識が身についた、さらには、テストで高得点がとれるだろうと勘違いをする可能性があるという問題がある112)。これに対して、想起練習にあっては、そのような勘違いを生じさせることはなく、より客観的に知っていることと知らないことが明確になりうる。そこで、学習者は、知らないことが明らかになったことを再度学習することにより、より効果的に学習を進めていくことが可能となるというわけである。

　第2については、さらに詳しく次のようにいう。短期記憶から長期記憶へと変わるプロセスは「固定化（consolidation）113)」と呼ばれている114)。新しく学んだことは不安定で、解釈がまだ定まっていないので、たやすく変わってしまう。そこで、脳は「固定化」によって記憶痕跡を再編し、安定させる115)。数時間かそれ以上かけて、新しい素材をじっくり処理するのであるが、その間に、学んだことを再現し、練習して、意味を与え、足りないところを補い、過去の経験や長期記憶に蓄積されているほかの知識を関連づけ116)、学んだことを整理し強固にする117)。想起練習も同様な効果をもつ。すなわち、長期貯蔵庫から記憶を想起する行為は、記憶痕跡を強化するとともに、再度、修正可能にして、より最近学んだこととも関連づけられるようになる118)。このプロセスを「再固定化（reconsolidation）119)」という。

　間隔をあけての想起練習で次のように述べられていることも、ここでも基本的に妥当するであろう。つまり、真剣に集中して思い出しているあいだに、学んだ内容がまた柔軟になり、顕著だった部分がいっそう際立つ。その結果生じる「再固定化」で、解釈が補強され、以前の知識とのつながりや、後で思い出すための手がかりや経路が強化され、一方で、競合する経路とのつながりは弱められる120)。つまり、われわれは想起するたびに、「記憶のネットワークを再構築」しているということを意味する121)。しかも、それは、より的確で思い出しやすいものとして再構築されていくと理解できよう122)。

(d)　想起練習の注意点

　以上からすれば、想起練習は、長期的な学習において非常に効果的な学習

35

Ⅱ　認知科学等の知見

方略といえる。だが，想起練習にあっては，想起しただけでは十分でない。想起できなかったところは再度，学ばなければならないし，想起できたところも，そこに，間違いや誤解がないかも確認し，必要があれば，しっかり学び直す必要があろう。学び直して訂正した後には，再度，あるいは何度か想起練習をして，それらがきちんと身についているか否かを確認しなければならないであろう[123]。

ⅲ　分　散　学　習

(a)　分　散　効　果

　同じ内容を学習する際，集中して間隔をあけずに習得したいことを繰り返し練習する学習方法を集中学習，一定の間隔をあけながら集中学習と同じ回数，繰り返し学ぶ方法を分散学習という。分散学習の方が集中学習よりも記憶が長く保持されることは，実証的に明らかにされている[124]。この現象は分散効果と呼ばれている[125]。分散学習は，様々な教科や学習形態について調査がなされており[126]，その効果は非常に大きなものであることが明らかにされている[127]。そこで，「分散学習の利点は，まず間違いなく認知心理学の教育に対する最も大きな貢献の一つである[128]」と指摘されている。

(b)　分散学習と集中学習との関係

　もっとも，分散学習と集中学習との関係で注意すべきは，分散学習は集中学習よりもいかなる場合にも，学習効果が高いというわけではないという点である。学習が終わった直後に行われた試験，さらには，より短い期間の後になされた試験にあっては，集中学習の方が，分散学習よりも，学習効果が高いという研究結果がみられる[129]。だが，集中学習は，典型的には睡眠不足[130]をもたらし，そのために，より十分に寝ていれば，おかさないであろう単純なミスをしてしまう。また，疲れていると，いまだ定着していない情報を思い出すことが難しくなり，学んだばかりのことを間違えてしまう可能性が増大するとの指摘がある[131]。このことからすれば，学習後直ちになされた試験にあって，寝不足を伴うような実際になされるような集中学習では，分散学習と比較して，常に，学習効果が高いといえるかについては疑問が残ろう。とはいえ，学習後，短い期間でなされる試験において，集中学習が分散学習よりも学習効果が高いとする研究にあっても，学習から，より長い期

36

間の後になされる試験にあっては，分散学習が集中学習よりも明らかに学習効果が高いことが明らかになっている132)。

　他方，集中学習は学習効果があることは否定できないが，その効果は短い期間に限られる133)。結局，集中学習にあっては，長期的には，より学んだ多くは忘却していく。だが，集中学習と同じ学習時間であっても，分散して学べば，長い期間にあっても，忘却することは少ない。したがって，長期的にみれば，分散学習がきわめて効率的だということになる。そこで，同じ時間，たとえば，5時間，教材を繰り返し読んで授業の復習をする場合にあっても，集中して5時間取り組むよりも，5回に渡り，毎週1時間ずつ再読する方が効果的だということになる。しかし，前述のように，教材等の再読よりも，想起練習の方が，より学習効果が高いので，毎週1時間ずつ教材を再読するよりも，想起練習をする方が，より学習効果が高いといえよう134)。現に，実証的に，その点を明らかにした研究もみられる135)。

（c）　民法学習における分散学習の意義

　以上からすると，民法に関する当該科目の期末試験によい成績をとることだけを考えれば，集中学習も合理性があろう。だが，法科大学院で民法を学ぶのは，期末試験によい成績をとるためだけではなく，司法試験に合格し，実務で使えるだけの民法の「実力」をつけるためであり，そのためには，民法の学習は，民法に関する知識やスキルを長期記憶に定着できるものでなければならない136)。しかも，民法にあっては，多くの科目に分かれている。しかも，基本的には，後の学習は，前で学んだことを前提とする。そこで，たとえば，未修1年の民法の多くの科目を，それぞれの試験前に教科書や授業で配布されたレジュメ等を何度も読むという方法で集中学習することによって，よい成績がとれたとしても，試験が終われば，学んだはずの多くは忘れてしまい，2年での民法に関する科目を学ぶ際には，1年で学んだはずの民法の多くの科目を再度学び，さらに，2年での民法に関する科目で学ぶ，より複雑な知識やスキルを学ぶ必要がある。それらは，膨大な量となり，もはや集中学習によって学ぶことは，きわめて困難となるであろう。もし，授業で配布されたレジュメや参考書を何度も読むという方法による集中学習で，何とか試験を乗り切ったとしても，試験後は，記憶したと思ったことの多く

Ⅱ　認知科学等の知見

を忘れてしまうことになる。そこで，再度，学び直さなければならない。このように集中学習により民法を学んだ場合，分散学習と比較して，より多くの時間と労力をかけているとしても，いつまでたっても，民法に関する知識やスキルを長期にわたり身につけることはできないことになろう。このように，民法をマスターするうえで，集中学習の非効率性は，他の科目以上に重大な問題をもたらすことになると考えられる。

(d)　分散効果の理論

　同じ時間学んでも，分散学習と集中学習には，なぜ，そのような差異が生ずるのか。想起学習の有効性につき，ローディガー教授らの見解を先に紹介したが，そのローディガー教授らは，この点を次のようにいう [137]。前述のように，新しく学んだことを長期記憶に定着させるには，固定化というプロセスを必要とする。固定化は，記憶痕跡を強化し，意味を与え，すでに知っていることと関連づけるプロセスで，それには何時間も，ときには数日かかる。分散学習の方が，少し忘れてから思い出そうと努力することで，固定化が促され，記憶が強化されるという [138]。

(e)　間隔のあけ方

　では，どのくらいの間隔をあけたらよいのか。この点についても，想起練習を分散してなす学習を前提に，以下のように解く [139]。答えは簡単で，頭を使わないただのくり返しにならない程度，少なくとも，いくらか忘れるまで時間をあけ，次の練習で思い出す努力をするのが効果的である。ただ，想起練習の重要な点は教材の再学習だから，忘れすぎてもいけない。練習と練習との間に記憶は固定化し，睡眠が固定化に重要な役割を果たす [140] ので，1日以上あけて練習するとよい。

　たとえば，民法の授業前に配布されたメモを予習して，よくわからない点を明確にしたうえで，授業の説明でもわからない点は質問もするなどして積極的に授業に参加し，そこで取り上げられた内容，事例問題も十分理解して学んだとしよう。しかも，その授業では，授業の最後に，これまで学んだことを踏まえて，その日の授業で学んだ点を3つに簡潔にまとめることが求められおり，それも行ったとする。その場合，授業後すぐに想起練習による復習を行った場合，きわめて容易に，授業内容のポイントを想起できるであろ

う。そこで，よく学べていると感じるかも知れない。だが，前述のように，認知科学の知見によれば，その学習効果は薄い。帰宅して，想起練習した場合にも，想起することが，それほど困難を伴わなければ，同様であろう。翌日ないし2日後，先の授業内容を思い出すことが難しく感じるようになっていれば，学校に行く電車の中で想起練習をすれば，再固定化が促され，記憶が強化されることになろう。さらに，次の授業の前日，予習をする前に5分ほど，前回の授業の内容につき想起練習を行えば，思い出すことが前回よりも困難と感じられたにもかかわらず，想起できれば，より記憶が強化されよう。われわれの直観からすれば，学んだことを忘れないうちに復習した方が，記憶が強化されるようにも思われる[141]。しかし，認知科学の知見からすると，逆で，間隔をあけることで，学んだことを，やや忘れた後，思い出すことが困難になり，そのことに努力を要することが重要だという[142]。分散学習において想起練習を行うことによって，思い出すことはより難しくなり，うまく学べていないように思えるかもしれないが，そのことにより，飛躍的な長期的学習効果がもたらされるという[143]。

iv テキストの再読

(a) 再読の利用

　これまで，効果的な学習方略として，想起練習，分散学習についてみてきた。わが国では，学生がどのような学習方略をとっているのかについて必ずしも十分明らかにされていないように思われる[144]。これに対し，アメリカでは，この点につき多くの調査研究がなされており，その研究によると，学生がとる一般的な学習方略として，再読，テキストに下線やハイライトをつける，ノートを取る，教材の主要なポイントを階層的に表現するアウトライン，フラッシュカードがあげられている。その中で，最も広く利用されているのがテキスト等の再読である[145]。アメリカのロースクールにおいても，学生は，ケース等を読む，再読することに多くの時間を使っているという[146]。わが国の法科大学院にあっても，よくみられる学習法であり，少なくとも未修者の1年次にあっては，テキストやノートの再読は学習方略として，かなり一般的なものといえよう[147]。そこで，再読が学習方略として認知科学の知見ではどのように評価されているかにつきみておこう。

Ⅱ　認知科学等の知見

(b)　再読の評価

　憶えるべきことを何度も繰り返すだけでは長期記憶に定着せず，その方略は長期的な学習には向いてない[148]。そこで，テキストを短期間のうちに何度も読むことも，効果的な学習方略とはいえない[149]。しかも，再読には次のような問題が指摘されている[150]。まずは，前述した「流暢性の錯覚」である。つまり，何度も読んで，すらすら読めるようになると，その内容を理解し習得したと勘違いしてしまう[151]。さらに，後に思い出すことができると間違ってしまう点である[152]。また，学んだという錯覚をもたらす別のメカニズムとして，「親しみ効果（the faliliarity effecs）」があるという[153]。再読することによって教材に親しみをもつことから，その教材に2度，3度出会うと，親しみをもち，そのことにより，その教材を知っていると思ってしまう傾向がある。ところが，だからといって，教材を後に思い出すことができるということにはならないというのである[154]。

　もっとも，次の点に注意が必要である[155]。間隔をあけた再読は，短期間の間に再読する場合よりも長期的な学習効果が認められるという点である。とはいえ，学習後直ちに行われるテストにあっては，短期間の間に再読することは，間隔をあけた再読よりも，その学習効果が大きいようである[156]。

(c)　再読の補強

　このように間隔をあけて再読をすることは，長期的な学習効果が認められているが，その効果は，間隔をあけての想起練習と比較すれば必ずしも高いものではない[157]。しかし，アメリカにあって，学生らは，すでに使ってきている学習方略に固執し[158]，想起練習が認知科学の知見から効果的であることを示しても，学生はそれを利用しない傾向があるという[159]。そこで，次善の策として，再読前に読む内容を想起することを勧める見解もある[160]。想起によって，知っていることと知らないことが明確になり，そのことにより，再読する際，どこに注意をして読んだらよいかが明確となり学習を促進すると考えられるからである[161]。また，その見解によれば，読解力や自らが理解しているかを監視しコントロールするメタ認知を訓練することにより[162]，再読という学習方略はより効果的となるのではないかとも指摘されている[163]。

2 記憶のメカニズム

v 望ましい困難

これまで，みてきたように，長期的な学習効果の視点からすると，効果的な学習方略としては，分散学習や想起練習があげられている。一般的によく行われている[164]と思われる集中学習や教材を何度も読むことは効果的な学習方略とはいえないと解されている。しかし，アメリカにおける学習者は，分散学習や想起練習の有効性を認識していず，むしろ，集中学習や教材の再読が，より効果的な学習方略だと解す傾向があるという[165]。むろん，これは，アメリカでの話で，わが国でも実証的研究を要するところであるが，基本的には同様であると思われる。

教材を繰り返し読んだり，間隔をあけずに想起練習をしたりするような場合，すらすら読めたり，簡単に想起できよう。そして，これまでも何度か述べたが，人は処理が流暢なときほど，つまり処理に困難さを伴わないほど学習がうまくいっていると錯覚する傾向があるという[166]。そこで，「簡単明瞭な講義を受けたり教科書を読んだりすると，たやすく論理の流れがつかめるので，わかった気になり，勉強する必要はないと思ってしまう」[167]。また，「むずかしい概念をとくにわかりやすく説明されると，概念自体がじつは単純で，自分も最初から知っていたと思いこむことがある」という[168]。

他方，分散学習や想起練習では，学んだことを忘れかけたり，想起が困難であったりすることがありうることから，それらの学習・練習は困難を伴うもので，努力を要する。そのため，学生は，分散学習や想起練習をなす際に，うまく学べていないと考えてしまう傾向があるわけである。ところが，分散学習や想起練習は，学習・練習する際，困難を伴うものであるが，長期的な学習効果をもたらすものである。そこで，このような困難は，「望ましい困難」と呼ばれている[169]。ただ，注意すべきは，何かを学ぶ際に，あらゆる困難が好ましいものだと主張されているわけではない。むしろ，多くの困難は，学習中であれ学習後であれ「望ましくない」と解されている[170]。その意味で，「望ましい」という言葉が重要だという[171]。つまり，「望ましい困難」といえるためには，長期的な学習効果をもたらすという意味で「望ましい」ものでなければならないことになる。その典型例が，分散学習と想起練習というわけである[172]。ただ，それらの学習・練習にあっても，学習者が

41

Ⅱ　認知科学等の知見

成功するための背景的知識やスキルをもっていない場合には，望ましくない困難となるという173)。また，課題は，挑戦的な（望ましい困難な）ものでなければならないが，あまりにも挑戦的なものであってはならない。つまり，課題は達成できるものでなければならない。あまりに易しすぎても難しすぎてもいけないというわけである174)。

④　**記憶と理解**
ⅰ　民法学習における記憶と理解の関係

　膨大な民法に関する知識を頭に入れて使えるようになるには，まずは，長期記憶に定着させる必要がある。そこで，これまで，どのようにすれば，長期記憶に定着させることができるかにつき，やや具体的な記憶方略を中心にみてきた。さらに，効果的な学習方略を検討した最近の重要な研究にもとづき，分散学習と想起練習の重要性を指摘した。

　だが，民法をはじめとする法律学の学習において，記憶と関連して，理解とは何か，記憶と理解との関係をどのように考えるかが重要な問題である。法科大学院の教員は，一般には，授業では関係条文，法概念，判例等について，学生が理解できるように質問したり解説したりしているのではないか。つまり，最終的には，民法の知識を記憶することは重要であるが，まずは，理解しなければならないと一般に考えられていると思われる。ところが，理解と記憶の関係について，必ずしも意見が一致していないように思われる175)。理解が重要だとしても，理解すれば自然に記憶できる176)との見解もみられるが，他方，理解しただけでは十分ではなく，きちんと記憶しなければならないとの主張もよくみられる177)。これに対して，理解するよりも，まずは記憶することが重要だとの見解も必ずしもまれではないであろう178)。それ以外にも，記憶と理解との関係につき異なった意見があるかもしれない。このように，民法をはじめ法律学を学ぶ際，理解とはどういうことか，記憶との関係はどうなっているかは，きわめて重要であるにもかかわらず，必ずしも十分明確になっていないように思われる。これに対し，これらの問題につき，認知科学では，かなりの研究蓄積がみられる。ところが，民法を含め法律学を学ぶ際に，これらの研究成果は，ほとんど参照されてきていないよ

2 記憶のメカニズム

うに思われる。そこで，以下，理解とは何か，理解と記憶との関係についての認知科学の知見を，できるだけポイントを絞ってみていくことにしよう。

ただ，上記の問題を考えるには，知識が長期記憶にどのように保存されているかも，重要なので，まず，その点を明らかにする。次に，知識を学び，知識を獲得する方法を取り上げ，さらに，理解するとはどういうことかを明らかにした後，理解と記憶との関係をみていくことにする。他方，われわれは教科書等を読んで民法の知識を学んでいるが，文章を理解するとはどういうことか，また，文章を読んで学ぶためには，どのようなことを目標にどのように学んだらよいのであろうか。これらにつき，認知科学において，「テキストの理解」，「テキストからの学習」として研究がなされてきているので，そこでの知見をもみていきたい。そして，最後に，民法の学習，とくに民法の事例問題を解けることができるように学ぶという視点から，取り上げた認知科学の知見の意味するところを，具体例をあげ整理することにしたい。

ⅱ　一般的知識の記憶モデル

(a)　概念の意義

民法に関する原則，条文，判例等の知識の記憶のような一般的知識の記憶（意味記憶）は，長期記憶に，概念として保持されていると解されている[179]。たとえば，「イヌ」は，その種類によっても異なるし，また，同じ「秋田犬」でも，個体により異なるが，われわれは1つの「イヌ」として知覚することができる。また，対象が物理的に存在しなくても，それについて考えることができる。これは，概念が対象の心的表象として，長期記憶に保存されているからだと考えられる[180]。要するに，概念は，個々の対象にはさまざまな特徴があるが，その一部の特徴を取り上げて他を切り捨てて「抽象化[181]」されたレベルで対象をとらえているわけである[182]。そのような概念により，われわれは，物事を素早く効果的に分類（カテゴリー化）し，かつ理解でき，その理解にもとづいて適切な予測や行動が可能となる。概念が共有されていることから他者とのコミュニケーションをなすことができるわけである[183]。基本的には，法律概念，民法に関する概念も同様だといえよう。

(b)　階層的ネットワークモデル

だが，長期記憶には膨大な概念が保存されていることから，それらがバラ

43

Ⅱ　認知科学等の知見

バラに詰め込まれていたのでは，概念を利用することは困難であろう。そこで，保存されている概念は，関連するものは，関連づけて，うまく整理されて保存されていると考えられる184)。これまで，多くの概念がどのように構造化されて保存されているかが研究されてきているが，初期には，概念が階層構造をなすように組織化されているネットワークモデル（階層的ネットワークモデル）が提案された。このモデルでは，それぞれの階層で示される概念（たとえば，上位概念〔動物〕，中位概念〔鳥〕，下位概念〔カナリア〕）のカテゴリー185)が，複数の「属性」（概念カテゴリーのメンバーが基本的に持つ特徴や性質）をもち（たとえば，鳥は翼がある，飛べる，羽がある，カナリアは，さえずる，黄色い），各概念はネットワークのノード（結節点）になっており，他の概念とリンクによって結びついているとした186)。

(c)　活性化拡散モデル

階層的ネットワークモデルは，実験でその妥当性が明らかにされた187)が，それでは説明できない結果を示す研究が現れ188)，後に「活性化拡散モデル」が提唱されている。活性化拡散モデルでは，概念の階層ではなく意味的な関連性の強さに基づいてネットワークが表現されている189)。また，ある概念が提示されると，その活性化190)がネットワークを通じて別の概念に次々と拡散して伝わっていくと仮定されている191)。

(d)　スキーマ

以上からすると，意味記憶として長期記憶に保存されている知識は，ネットワーク化されているとはいえ，ほとんどが単純な概念のみで構成されているように思われるかもしれない。しかし，実際には，意味記憶として長期記憶に保存されている知識の多くは，概念が多く集まった何らかの意味的なまとまりをもって構造化された枠組的知識だといえる192)。このような知識の枠組みは，スキーマ193)と呼ばれている。

たとえば，法科大学院の学生であれば，「法科大学院とはどのようなものか」というスキーマをもっているといえよう。それは，具体的な特定の法科大学院に関する知識の構造ではなく，多数の法科大学院に関する一種の「平均的な」知識構造194)である。つまり，スキーマは，一般的，抽象的な知識であり，個別的な知識ではない195)。しかも，より幅広く柔軟な組織構造を

44

もっている [196] 点に特徴がある。変数をもち，適切な値が存在しなければもっとも典型的な値（デフォルト値）をもつ。また，スキーマのなかに別のスキーマをはめ込むことが可能で，スキーマは上位，下位のスキーマと階層的な関係等，さまざまな関係によって相互に関連づけられている [197]。さらに，さまざまな抽象度のレベルで知識を表すことができる [198]。たとえば，われわれは，法科大学院とはどのようなものかというスキーマを持っていなければ，法科大学院に関する文章を読んでも必ずしも十分に理解できないであろう。スキーマには，典型的な状況で起こりうる一連の出来事の流れに関するものもあり，それをスクリプトと呼ばれている。たとえば，レストランに行ったとき，どのような出来事がどのような順に起きるかというスクリプトが典型的なものである。むろん，客はだれか，何を食べるか，代金も決まっていず，変数である。法科大学院の授業のスクリプトも考えることができる。そのスクリプトは，法科大学院スキーマの下位のスキーマということになる [199]。

ⅲ　理解と知識の獲得

（a）　知識の獲得

　要するに，一般的な知識は，長期記憶に概念として保存されているが，それらはバラバラではなくネットワーク化されている。だが，一般的な知識の多くは，多くの概念が構造化され，まとまった枠組み的知識となっており，それらの知識も相互に関連づけられている。そこで，新たなことを学び，一般的な知識となるためには，新しい情報は，既にある構造化された知識と関係付けることが必要で，そのことによって，長期記憶に保存されると理解できよう [200]。実際，次のような指摘がなされている [201]。

　「研究者の間では，学ぶためには新しい知識が先行知識と結びつかなくてはならないと広く認識されている [202]」。

　「知識の記憶である意味記憶は，意味的関係によって関連する概念が結びつき合っている。新しく入ってきた情報が安定的に保持されるためには，この記憶構造の中に適切に組み込まれること，すなわち，すでに持っている知識（既有知識）と関連付けられて結合することが必要である [203]」。

　「意味があるものを記憶して，知識として獲得する場合には，そこで学習する新しい情報と関連している情報を既有知識としてもっている。したがっ

Ⅱ　認知科学等の知見

て，新しい情報だけを機械的に，バラバラに詰め込むのではなく，新しい情報とすでに知っている情報を関係づけながら記憶することになる204)」。

「新しい情報を受け取りそれを学習していく際には，新しい情報だけを断片的に，バラバラに記憶していくのではなく，通常は，新しい情報と既に知っていることを関係づけながら記憶することになる。私たちは与えられたものをそのまま記憶していくのではなく，自ら関係を見いだす，関連づけるなど加工して，知識に組み込んでいくのである205)」。

つまり，新たな情報は，構造化された既有知識（スキーマ）と関連づけられることにより，記憶され，知識として獲得され，自らのスキーマを成長させていくわけである206)。これに対し，「もし，新しい情報を既有知識と関連づけることができなければ，その内容を既有知識の中に上手く組み込めず，その結果，記憶保持や検索などが困難になる207)」。

(b)　知識と理解

以上のように，新たなことを学んだり，知識として獲得したりするためには，新たな情報を構造化された既有知識と関連づける必要がある。つまり，そのことによって，新たな情報は長期記憶に定着していくことになる。では，理解するとはどういうことであろうか。

ウィリンガム教授は，大量の研究から，いかなる場面でも当てはまる，しかも学習に大きな影響を与える明確な9つの認知的原理を明らかにする著書208)で，4番目の原理として，「私たちはすでに知っている事柄に結びつけて新しい事柄を理解する」ことをあげる209)。そして，その原理につき，次のようにいう。「新しい知識を理解するということは，ほとんどの場合，適切な古い知識をワーキングメモリに取り込み，それらを再配置することである。つまり，これまでなされなかった比較をしたり，見落としてきた特徴を考えたりすることである。……学生の頭に，新たな知識を直接注ぎ込むことはできない。新しい知識はすべて，学生が既に知っている知識の上に構築しなければならない。学生に理解させるには，教師（または，親，書籍，テレビ番組）は，学生の長期記憶から適切な知識を引き出し，ワーキングメモリに置くようにしなければならない。その上で，それらの記憶の適切な特徴に注意を向けさせる，つまり，比較し，結びつけたり，何らかの方法で操作した

46

2 記憶のメカニズム

りする必要がある[210]」。

　要するに、理解するとは、知識の獲得で述べたと同様、新しい情報を、構造化された既有知識と関係づけることで、理解するためには、長期記憶から適切な既有知識を引き出し、ワーキングメモリに置き、新たな情報との関係を考え、関係づける必要があるというわけである[211]。すなわち、理解するには、自ら考える必要があるわけである。

　わが国にあっても、理解するとはどのようなことを意味するかにつき、ウィリンガム教授と同様なことが、これまでも、次のように多く指摘されてきている。

　「原理的にいっても、意味を理解するというのは、新しく与えられた情報と、今までもっていた知識との間に整合的な関係を見つけることである[212]」。「新たに得た情報を、既有の知識構造の枠組みの中に、矛盾することなく適切に位置づけることができて、既有知識との関連づけができたときに、その情報は『理解された』といえるだろう[213]」。「新しい学習材料の『意味を理解する』ということは、それを既有知識と関連づけたり、体系化された既有知識の構造のなかに適切に位置づけたりすることにほかならない[214]」。

　また、「わかるとは、入力情報が、人間の情報処理系の中で適切に処理されて、頭の中に格納されている既有の知識に同化させることができたか、あるいは既有の知識をうまく調節できることである[215]」とも説かれている。同化とは入力情報を長期記憶の中にある知識の中に取り込むことであり、調整とは、既有の知識の中にうまく取り込めない情報がはいってきたときに、既有の知識の組み立てを少し変えたりして、何とかしてその新しい情報を取り込むことであるという[216]。基本的には、同様であるが、「既有知識と新たな知識を結び付け、また既有知識どうしに新たな結びつきを見出すことで物事を捉える枠組みを変えていくことが『わかる』ことの本質である[217]」との見解も示されている。

　なお、新たに得る情報が複数ある場合については、「入力された情報同士の関係づけができること、そして入力された情報と既有知識との関係づけができることが、わかるということ」だ[218]、と指摘されている。

　もっとも、ウィリンガム教授は、理解には、さまざまな程度があると指摘

47

Ⅱ　認知科学等の知見

する 219)。すなわち，内容をまったく理解しないで「答え」を暗記している
場合 220)のほかに，ウィリンガム教授は，丸暗記よりもはるかに一般的なの
は，「浅い知識」と呼ぶ，ある程度は理解しているが，理解が限られている
場合であるとする 221)。さらには，「対象についてよく知っていて，個々の知
識がしっかりと結びついている 222)」，「深い知識223)」となっている，ないし
「深い理解224)」がなされている場合があるとする。深い理解にあっては，
「部分だけでなく，全体も理解しており，さまざまな状況でこの知識をあて
はめたり，さまざまな方法で説明したり，その一部が変化すると全体の体系
がどう変化するかを想像したりすることができる225)」という。

(c)　理解と記憶

　では，理解と記憶の関係はどのように解されるのであろうか。これまでみ
てきたところからすると新たな情報と既有知識との関係を分析し，それらを
関係づけることができれば，理解できたといえるであろう。そして，その情
報が既有知識と関連づけられ組み入れられたときに，知識の一部となり知識
を獲得した，つまり長期記憶として定着し保持されることになる。このこと
からすれば，新たな情報を知識として獲得する，つまり，長期記憶として定
着し保持されるには，まず，その情報の意味を理解することが前提となって
いるとみることができよう 226)。だが，新たな情報と多くの既有知識と関係
づけることができれば，新たな情報を理解したといえるし，また，その情報
を長期記憶に定着し保持されるといえることから，同じことを異なる視点か
らみていると考えることもできなくはない。

　しかし，いずれにせよ，「人は，何か新しいことを学ぼうとするときには
必ず，すでに持っている知識を使う。知識が使えない状況では理解が難しく，
したがって記憶もできない。つまり，学習ができない，という事態に陥って
しまう 227)」。つまり，「人間は既有知識に基づいて新しい知識を獲得したり
物事を理解したりする 228)」わけである。

　もっとも，記憶に関して一般的にもよく知られているエビングハウスの古
典的な研究（「忘却は，学習した直後に急速に進み，しだいに緩やかになり，そ
れ以降一定の水準を保つ229)」ことを明らかにした。）からすると，新たなこと
を学び記憶しても急激に忘却が生じてしまい，記憶として定着するには繰り

48

返し繰り返し学習しなければならないのではないか。とすれば，新たな情報と既有知識と関係付け理解し記憶できたとしても，時間の経過によって急激に忘却が進むため，忘却しないように，繰り返し繰り返し学習する必要があるのではないかとも考えられないではない。

しかし，エビングハウスの研究は，無意味な材料で記憶の実験が行われたものである。そこで，丸暗記せざるを得ないケースであるため，急激に忘却が生じたと理解できる[230]。しかも，忘却しないためには，同じことを繰り返し繰り返し学習しなければならず，毎日学習しても30日までも依然として忘却が起きているわけである[231]。ところが，民法や法律学の知識のように意味のあるもので，それらを理解して記憶する際には，エビングハウスの研究は，必ずしも，そのまま妥当するものでないのである[232]。

これまでみてきたように，意味のあることを長期記憶に定着し保持するには，既有知識と関係づける，つまり理解することが必要となる。だが，意味のあるものでも，意味を理解しないで記憶しようとする場合，「いわば白紙のページに書き込む記憶であり，既有知識との関連づけはない。つまり，ただの丸暗記ということになる。エビングハウスの実験とこれは同じであり，記憶するのに困難をともなううえ，すぐに忘れてしまう。また，このような記憶の仕方では，それを活用することもできない[233]」。要するに，意味のあるものでも，まったく意味を理解せず記憶しようとすれば，それは，無意味材料を記憶することと実質的に同じで[234]，エビングハウスの実験から明らかなように，記憶しても，すぐに忘れ，何度も繰り返し学習し直さなければならないことになるのである[235]。

これに対し，理解して学習した場合には，「新しく学ぶことは過去に学んだことを基礎とするので，学べば学ぶほど，さらに学ぶためのつながりが増える[236]」。そこで，学べば学ぶほど，学習が容易になる[237]。ところが，理解しないで記憶した場合には，学べば学ぶほど容易になるようなことはない。多くを学んでも，何ら関係のないものが増大するのであるから，むしろ，どんどん記憶しにくくなっていくことになろう[238]。しかも，「丸暗記された情報は，その後様々な場面で活用することは難しく，あまり役立たない[239]」。そもそも，後に，詳しく述べるが，多くを丸暗記できたとしても，必要な情

Ⅱ　認知科学等の知見

報を適切な時，場所で思い出すことも困難であろう 240)。

　なお，前述のように，理解には，さまざまな程度がある。そのことと記憶
との関係はどうなっているのであろうか。理解の深さは，結局，新たな情報
がどの程度，さまざまな既有知識との強く結びついているかによると理解で
きよう 241)。そこで，深い理解は，浅い理解よりも，長期記憶により定着し，
記憶は長く保持されると考えられるのではないか。実際に，より深く理解し
て，いわば自在に使えるようになっている知識は，ほとんど忘れることはな
いのに対して，理解したと思っていても，それほど深く理解していない知識
は，長く記憶を保持できないであろう。まったく理解していない情報は，前
述のように，すぐに忘れてしまう可能性がきわめて高いであろう。

　iv　「文章理解」

　(a)　「文章理解」に関する知見の意義

　意味を理解するとはどういうことか，理解と記憶との関係はどのように解
されているのかにつき，やや一般的にみてきた。だが，理解とは何か，記憶
と理解の関係を考える際，「文章理解」に関する認知科学の知見もきわめて
重要である。これらは，「文章理解」に関する研究で最も詳しく検討されて
きているからである。また，民法を学ぶ際，教科書・参考書・判例等を読ん
で必要な多くの知識を学んでいるといえよう。そして，それらの知識を使っ
て，民法に関する事例問題を解いているわけである。そのためには，文書を
理解し，何らかの形で記憶される必要があろう。では，われわれは，文章を
読んで，どのようにして理解し，何をどのように記憶しているのであろうか。
これらは，認知科学により，完全に解明されているわけではないが，多くの
研究の蓄積があり，かなりの程度明らかになってきている 242)。しかも，「文
章理解」では，文章を読んで理解することを念頭に置く場合が少なくなく，
以下でも，文章を読む場合を例に説明していくが，「文章理解」の知見は，
文章を聴いて理解する，たとえば，民法の授業を聴いて，理解して学ぶ場合
についても基本的には妥当すると解されている 243)。その意味でも，「文章理
解」に関する認知科学の知見を参照する意義は大きいといえよう。

　「読む」とは，読んだ文章を「頭のなかにコピーすること」だというイ
メージも考えられる 244)。しかし，認知科学からすると，読むとは，「書かれ

た内容を受動的にコピーするということだ，というイメージは誤り245)」で，読むことは，「読み手の主体的な意味構築活動」だという246)。そこで，「『読む』という活動は，単に意味を受け取ること」でもなく，「眼前の情報とアタマの中の知識を使って考えること，そして，その中から『意味』を作りあげること」だという247)。もっとも，文章は，多くの文からなっている。

そこで，個々の文の意味を理解するだけでなく，文章全体の意味を理解しなければならない。では，われわれは，文章全体の意味をどのように理解して，記憶していくのであろうか。

(b)　構築−統合モデルの概要

多くの文章理解のモデルが提案されている248)が，キンチュ教授による構築−統合モデルが，「文章理解の最も完成され，体系化されたモデル249)」だ，と評価されている。そのモデルは，ボトムアップ処理を基本としながら，トップダウン処理を融合させ，文章全体を理解するプロセスをモデル化している250)。

文章を理解するためには，個々の文字を認識し，文字をもとにした単語の認識・理解，文の理解，さらには文章の理解へと進んで行く251)。文は，その意味を表す命題から構成される252)。命題とは，文章的表現の違いにもかかわらず，抽象的なレベルで記述されたものである253)。文章は，複数の文からなり，まとまった意味内容をもっている。そこで，命題間の関係が広がり，つながりあったものが文章の表象ということになる254)。構築−統合モデルでは，ボトムアップのモデルとして，文章理解の過程で，命題とそれらの関係につき階層的な構造をもつミクロ構造のほかに，ミクロ構造を分析して文章全体としての高次の意味（「マクロ構造」）も形成されると考えられている255)。ミクロ構造は，「文章のすべての細部を含む文章の意味256)」であるのに対して，「マクロ構造はテキストの要約の直感的な概念とされてい257)」る。マクロ構造が抽出される過程は，「自分が重要だと思うところを抽出して，他の部分は省略し，文章中の言葉よりも広い，一般的な意味のある言葉に置き換え，それらを意味の通るようにつないで構成し直す過程と同じようなもの258)」であるという。ミクロ構造とマクロ構造を合わせてテキストベース（textbase）と呼ばれている259)。テキストベースは，文章に実際

Ⅱ　認知科学等の知見

に表されている意味の表象260)であることから，これにより内容の再生や再認，テキストの要約が可能となる261)。しかし，テキストレベルの理解では，新たな問題解決をすることはできないと解されている。新たな問題解決ができるようになるためには，以下に述べるような状況モデル（situation model）の構築が必要となる262)。

　われわれが，文章を理解するとき，データの入力から始まり，より高次の処理へと続くボトムアップ処理だけでなく，読み手が持っている知識やスキーマを利用して，「全体像から個々の情報を位置づけていく263)」トップダウン処理もなされている。構築－統合モデルでは，トップダウン的な処理による理解につき，状況モデルが提案されている。テキストベースを読み手の既有知識と統合して一貫した表象が心的に構築されたときに，そのような表象を状況モデルという264)。自らの知識を用いて，読解内容を精緻化し，構造化した状態で，読み手の長期記憶と知識とのつながりができ，関連する知識の検索や理解が容易になる265)。また，問題解決が必要となったとしても大丈夫なレベルまで知識の質を高めることができた段階だという266)。つまり，テキストベースのレベルでは，浅い理解でしかないが，より深く理解するには，状況モデルが構築されなければならないと解されている267)。

　(c)　テキストからの学習

　これまで見てきたように，構築－統合モデルにあっては，文章理解の過程において構築される心的表象レベルとして，テキストベースと状況モデルが区別されている。だが，さらに，表層構造（surface structure），つまり文章に書かれた通りの表象のレベルも考えられている。文章の心的表象には，このような3つのレベルがあることは，ほとんどの研究者によって受け入れられているという268)。

　そして，これまでの記述からも明らかなように，文章を読む際に，状況モデルを構築することが，きわめて重要である。実験によっても，これまでの記述からも推測されるように，文章を読んで，表層レベル，テキストベース，さらには，状況モデルレベルの理解をした者の間では，状況モデルレベルの理解をしたグループが，最も理解力に優れており，これに対して，表層レベルの理解しかしていないグループが最も理解力が低いということが明らかに

52

2　記憶のメカニズム

されている269)。また，記憶の保持に関しても，実験270)によって，文章を深く理解して，状況モデルが構築された場合には，他の表象と比較して，最も長く記憶が保持されるのに対し，文章の文言通りに記憶した場合には，きわめて急速に忘却してしまうことが明らかにされている271)。文章の意味を理解するテキストベースにあっても，やや長く数日，記憶が保持されるにすぎなかった272)。また，記憶の実験的な研究によれば，「文の形式や逐語的な情報はごく短時間しか保持されないが，文の意味的な情報はかなり長く保持されることが知られている273)」という。

キンチュ教授は，「テキストの記憶（テキストをそのまま，ないし言い換えて，さらには，その要点を再現できること）」と「テキストからの学習274)（「テキストから獲得した情報を新たな環境で生産的に使うことができる能力」）」との重要な相違を指摘する275)。テキストの記憶は，浅い理解でも可能で，極端な場合には，テキストをまったく理解しないで暗唱することを学ぶことができる276)。他方，「テキストからの学習」にあっては，より深い理解が必要である277)。また，その学習では，テキスト情報が，読み手の既有知識と統合し，既有知識の一部となることが求められ，それによって深い理解がなされ新しい状況下での問題解決が可能となるという278)。つまり，テキストからの学習によって状況モデルが構築され，テキストの記憶では，テキストベースの形成が考えられているわけである279)。

要するに，教育や学習の視点からすれば，「テキストからの学習」，つまり既有知識との豊富で安定的に結びついている状況モデルを構築することが求められるわけである280)。そのことによって，新たな状況下での問題解決をなすことができるようになる。しかも，長くその記憶が保持される。これに対して，文章に書かれた意味を理解するにとどまるテキストベースでしかなければ，文章やその要点を再現したり，文章に書かれた範囲であれば質問に答えたりすることはできようが，新たな問題解決をなすことはできない。しかも，状況モデルと比較すれば，忘却がかなり早い。文章をまったく理解せず丸暗記している場合には，急激に忘却してしまうことになる281)。

したがって，テキストからの学習にあっては，既有知識との豊富で安定的に結びついた状況モデルの構築が目標とされなければならない282)。では，

53

Ⅱ　認知科学等の知見

そのためには，どうしたらよいか。キンチュ教授は次のようにいう[283]。まず，読み手（学習者）が一貫したテキスト表象を構築する必要がある。だが，それだけでは十分でない。テキスト表象は，できるだけ多くの既有知識と結びつく必要がある。もし，読み手に新しいテキストと結びつく背景知識がないと，ミクロ構造もマクロ構造も一貫性のあるよく書けたテキストにあってもテキストベースが構築されるにとどまることになる。つまり，「テキストからの学習」が成功するか否かの最も重要な決定要因は背景的知識だという[284]。しかし，読み手が利用できる適切な背景的知識を持っていても，使われなければ，その背景的知識と新しいテキストとの間に結びつきができない。適切な知識を持っている読み手も必ずしも，その知識を新しいテキストを学ぶために使うとは限らない。また，読んでいるテキストが容易に理解できると感じる場合，読み手は一番楽な方法をとる傾向がある。そこで，読み手がアクティブな学習者でなければならないが，キンチュ教授は，その対策として，完全なテキストでない，つまり一貫性の低いテキストを用いることにより，読み手が既有知識を使わざるを得ないようにすることを提案している[285]。

ⅴ　民法学習と理解・記憶

　民法を学ぶ際，記憶との関連で，理解するとはどういうことか，記憶と理解との関係はどうか。民法の学習にとり重要な問題であるにもかかわらず，必ずしも明確でない。そこで，認知科学の知見から，これらを検討してきた。まず，知識がネットワーク化され長期記憶に保持されていることを明らかにした。その後，知識の獲得，知識の理解，両者の関係を，さらには，文章を読んで理解するとはどういうことか，教科書等のテキストを読んで理解し，そこから学んだことを使って新たな状況下で問題を解決できるようにするには，どのように学んだらよいかにつき考察してきた。そこで，これら認知科学の知見を，民法の学習の視点から具体例を通して整理していくことにしよう。その際，民法の事例問題を解けるようになることは，初学者にとって難しい理由をも考えていくことにしたい。

(a)　民法の学び方

　民法を学ぶ基本的な目的は，はじめて見る民法の事例問題を解けるように

2　記憶のメカニズム

なることにある。そのためには，民法にあっても，学んだことを，既有知識
と関連づけたり，体系化された既有知識の構造の中に適切に位置づけたりす
ることによって，意味を深く理解し，使える知識を獲得する必要があるわけ
である。

　たとえば，事務管理を例にあげて，そのポイントを考えてみよう。事務管
理は，義務がないのに他人の事務を行った場合，一定の場合，事務管理者に，
その費用等の償還を受ける権利を与える一方，他方，善管注意義務や管理を
継続する義務等を負わせる制度である（民法697条〜702条）。この事務管理
の趣旨，要件，効果につき，それらのポイントをさっと学んだとしよう。で
は，より深く理解するためには，どのように学んでいったらよいであろうか。

　まずは，民法全体の中で事務管理制度がどのような位置を占めているかを
明らかにしなければならない。ここでのポイントは，民法は，債権の発生原
因として，契約，事務管理，不当利得，不法行為を定めるが，事務管理は，
不当利得，不法行為とともに，法定債権発生原因であるという点である。ま
た，債権に関する事例問題にあって，いずれの債権発生原因が問題となって
いるのか，そこでは，事務管理が問題となっているのか否かを指摘できるよ
う，4つの債権発生原因の共通点・相違点，典型例をあげられるようにする
必要があろう。そのことによって，事務管理と契約，不当利得，不法行為と
の関係が明確となり，事務管理制度の意味を理解するとともに，使える知識
となっていこう。

　また，事務管理に関する容易に理解できる簡単な典型事例（たとえば，「隣
人Aの海外旅行中に台風で破損した隣人宅の屋根を，Bは，頼まれていなかった
が，親切心から応急修理をした。」）で，事務管理の趣旨（存在理由）や要件，
効果を考えていくことによって，事務管理を抽象的に学ぶだけよりも，学習
者の具体的な既有知識と結びつくことにより，格段に理解が深まるとともに，
長期記憶に定着し保持されることになろう。

　たとえば，事務管理の趣旨として，「事務管理制度は，……利他的行為を
優遇する立場から，他人（事務本人）に支配圏に対する干渉であるにもかか
わらず，その行為を法的に是認し，かつ，この特殊な事務管理にふさわしい
法律関係を管理者・本人間に設定しようとするもの[286]」であると指摘され

55

Ⅱ　認知科学等の知見

ている。たしかに，的確なものだが，初心者にとり，理解することは簡単ではなく，理解せず，その文言を憶えたとしても，それは，あまり役立つものにはならず，記憶としても長く保持できないであろう。

　そこで，事務管理の趣旨（存在理由）を，次のように分析をしていくことにより，事務管理と既有知識である他の制度との関係，さらには，事務管理制度がどのような目的のために存在するのかが，より具体的に深く理解できるであろう。すなわち，民法に事務管理制度が存在しないと仮定した場合，何らかの不合理な結果が生ずるため，そのような結果が生じないようにするために事務管理制度が設けられたと考えられる。そこで，まずは，典型事例で，民法に事務管理制度が存在しないと仮定した場合，関係当事者間でどのような権利義務関係が生ずるかを分析する必要がある。次に，そこでは，どのような不合理な結果が発生しているか，その結果をなくすためには，民法をどのように修正していけばよいかを，事務管理の規定をも参考に考えることによって，事務管理制度の趣旨，存在理由を，より深く理解することができよう。

　上記の典型事例で，民法に事務管理制度が存在しないと仮定すると，契約関係がないので，本人Ａは管理者Ｂに対し修理に要した費用を支払う義務はなく，他方，ＢもＡに対して何らかの義務も負うことはない。だが，Ｂは隣人Ａに対して不当利得にもとづく返還請求をなし得ないではないが，そもそも，隣人Ａの同意を得ずに，隣人の土地に入り，屋根に手を加えること，つまり他人の事務に勝手に介入することは違法な行為となる。だが，Ｂの修理がＡの利益にも意思にも適合しているような場合にも，Ｂの修理行為を違法として，ＢのＡに対する修理費用の請求を認めないことは，相互扶助・社会連帯の観点からすれば合理的といえないのではないか。そこで，民法は，義務なくして他人の事務の管理を始め，それが本人の利益・意思に反することが明らかでない場合には，事務管理の成立を認めたと解せる。ただ，個人の自由の尊重と利他的行為の優遇とのバランスをどのように図るかが問題となり287)，民法で定める事務管理に関する条文を分析すれば，基本的には，個人の自由の尊重がより重視されているとみることができる。

　他方，事務管理の効果を考える場合も，事務管理は，委任と同様，事務処

理を目的とするが，委任の効果は委任契約により発生するのに対し，事務管理は，事務の管理がなされ，他の一定の要件が満たされた場合に，事務管理の効果が生ずるという相違がある。そこで，事務管理と委任との効果を比較し，その共通点，相違点を明らかにして，その根拠を考えることによって，事務管理の効果をより深く理解することが可能となろう。

以上のように，ある制度を学ぶ際に，典型例をも踏まえて，関連する他の制度との関係を分析するなどして，多くの既有知識と結びつくことによって，その制度を深く理解することにより，長期記憶に定着し長く保持させることができるとともに，使える知識を獲得することが可能となろう。

(b) 民法のテキストから学ぶ

民法の教科書等のテキストを読んで理解して，そこから学んだことを使って新たな状況下で問題を解決できるようにするには，「テキストからの学習」で述べたことがあてはまる。身体的素因に関する判例法理に関するテキストで考えてみよう。

最判平成 4 年 6 月 25 日民集 46 巻 4 号 400 頁

一酸化炭素中毒による脳内の損傷を受けていた被害者が，本件事故の頭部打撲傷が引き金となり，一酸化炭素中毒における精神的症状が顕在化して，ついに死亡したという事案で，被害者に生じた損害につき，一酸化中毒の態様・程度等をしんしゃくして減額することができるかが争点となり，最高裁は次のように判示した。

(ア) 「被害者に対する加害行為と被害者のり患していた疾患とがともに原因となって損害が発生した場合において，当該疾患の態様，程度などに照らし，加害者に損害の全部を賠償させるのが公平を失するときは，裁判所は，損害賠償の額を定めるに当たり，民法七二二条二項の過失相殺の規定を類推適用して，被害者の当該疾患をしんしゃくすることができるものと解するのが相当である」。(イ) 「けだし，このような場合においてもなお，被害者に生じた損害の全部を加害者に賠償させるのは，損害の公平な分担を図る損害賠償法の理念に反するものといわなければならないからである」。

Ⅱ　認知科学等の知見

最判平成 8 年 10 月 29 日民集 50 巻 9 号 2474 頁

　追突事故で，追突された車の運転者（被害者）の身体的特徴（平均的体格に比して首が長く多少の頸椎の不安定症がある）が，本件事故による損害の発生・拡大に寄与した事案で，そのような身体的特徴を，損害額の算定にあたり，民法 722 条 2 項を類推適用して斟酌できるかが争点となった。

　最高裁は，まず，前掲最判平成 4 年 6 月 25 日の(ｱ)を引用した後，次のように判示した。「しかしながら，被害者が平均的な体格ないし通常の体質と異なる身体的特徴を有していたとしても，それが疾患に当たらない場合には，特段の事情の存しない限り，被害者の右身体的特徴を損害賠償の額を定めるに当たり斟酌することはできないと解すべきである。けだし，人の体格ないし体質は，すべての人が均一同質なものということはできないものであり，極端な肥満など通常人の平均値から著しくかけ離れた身体的特徴を有する者が，転倒などにより重大な傷害を被りかねないことから日常生活において通常人に比べてより慎重な行動をとることが求められるような場合は格別，その程度に至らない身体的特徴は，個々人の個体差の範囲として当然にその存在が予定されているものというべきだからである」。

　では，まずは，上記の文章のポイントをみておこう。文章を理解するには，個々の文を理解して，それぞれの関係を分析するだけではなく，文章全体の意味を考える必要があり，それを踏まえて，文章全体の要点を掴む必要がある。たとえば，次のように整理できよう。なお，事案のポイントも指摘しなければならないが，それは省略する。

　争点　被害者の身体的素因が損害発生・拡大に寄与した
　　　　⇒その身体的素因を賠償額算定で斟酌できるか（法的根拠：民法 722
　　　　条 2 項の類推適用）
　①　疾患の場合
　　　疾患の態様・程度など→「加害者に損害の全部を賠償させることは公
　　　平を失する」
　　　⇒斟酌可
　　　理由　上記のような場合，加害者に損害の全部を賠償させる

2 記憶のメカニズム

⇒損害賠償法の理念（損害の公平な分担を図る）に反する

② 身体的特徴（平均的な体格・通常の体質と異なる）で，疾患にあたらない

　i 原則 斟酌不可

　　理由 人の体格・体質は均一でない

　　　　⇒「個体差の範囲」 その存在は予定されている

　ii 例外

　　平均値から著しくかけ離れた身体的特徴を有する者（例：極端な肥満）で，日常生活で通常人より慎重な行動が求められる（例：転倒などにより重大な傷害を被りかねない場合）

　　⇒斟酌可

　このように，文章を構造化しポイントを明らかにすることにより，その文章の全体の意味をよりよく理解できよう。だが，さらに，上記の最高裁判例の，それぞれの事案のポイントをあげ，判例法理を自らで説明してみる必要もあり，それが可能であれば，判例法理のポイントは理解できたといえよう。

　しかし，上記のような身体的素因減額に関する判例法理を背景的知識（既有知識）と結びつけられなければ，深く理解して，応用的な事例問題に使えるようにはならない。そこで，まずは，ごく簡単な典型事例で，上記の法理を自らの言葉で説明してみる必要があろう。また，ここでの判例法理は不法行為に関するものなので，その法理を，民法709条以下の条文の中に位置づけるとともに，不法行為の典型事例の問題を解決するにあたって，必要とされる関連条文等の構造化された知識の中に関係付けることにより，理解が深まり，かつ使える知識となりえよう。しかし，さらに，この法理と密接に関係する条文や法理との関係をより詳しく考えてみる必要がある。

　第1に，過失相殺法理との関係である。民法では，不法行為責任を負う者は，相当因果関係にある損害の全部を賠償する義務がある（全部賠償の原則）と解されている。しかし，交通事故の被害者に過失があるような場合にも，加害者に損害の全部を賠償させることは公平に失することから，過失相殺（民法722条2項）が，認められているわけである[288]。これに対して，被害者の身体的素因が損害発生・拡大に寄与した場合，被害者に過失がない場合

Ⅱ　認知科学等の知見

にも，広い範囲で減額を認めると，過失相殺制度の存在意義を失わせることになる[289]。また，そのことにより，全部賠償の原則が損なわれる。

　そこで，まず，最高裁は，疾病を斟酌できる場合を，「疾患の態様，程度などに照らし，加害者に損害の全部を賠償させるのが公平を失するとき」に限定する[290]。そのように限定すれば，「加害者に損害の全部を賠償させるのが公平を失する」という限りでは，過失相殺制度の趣旨と同じである。そこで，疾病を賠償額算定で斟酌する法的根拠として，過失相殺（民法 722 条 2 項）を類推適用できると解しているものと思われる。

　次に，疾患にあたらない平均的な体格・通常の体質と異なる身体的特徴にあっては，賠償額の算定で斟酌することを原則として認めていない。しかも，身体的特徴にあって例外として減額を認める場合も，「平均値から著しくかけ離れた身体的特徴を有する者」で，「慎重な行動が求められる場合」に限定しているわけである。それは，平均人の体格・体質は均一でなく，「個体差の範囲」の存在は予定されているにもかかわらず，平均的な体格・通常の体質と異なる身体的特徴が，損害発生・拡大に寄与したとしても，「加害者に損害の全部を賠償させるのが公平を失する」とはいえない。だが，「平均値から著しくかけ離れた身体的特徴を有する者」で，「慎重な行動が求められる場合」には，その身体的特徴が損害発生・拡大に寄与した場合に，加害者に損害の全部を賠償させるのは公平を失すると解したといえよう[291]。

　第 2 に，（相当）因果関係との関係である。上記の最高裁判例は，いずれの場合も，被害者の身体的素因が損害の発生・拡大に寄与した事案であるが，事実的因果関係も相当因果関係も肯定されている。そこで，相当因果関係にある損害の全部の賠償が認められることになるが，過失相殺の類推適用により減額が認められるか否かが問題となったわけである。被害者の素因が損害の発生・拡大に寄与した場合，その部分については，事実的因果関係はないとして，素因減額を認めることも考えられる[292]。だが，事実的因果関係は，伝統的には，「あるかないか」であり，基本的には，その存否は「あれなければこれなし」のテストで判断される[293]。最高裁は，事実的因果関係の伝統的な立場にたっているわけである。また，不法行為による損害賠償の範囲につき，民法に規定はないが，判例は，相当因果関係によって画定され，民

60

2 記憶のメカニズム

法416条が相当因果関係を定めたものと理解し，民法416条の（類推）適用を認めている[294]。批判が多くあるが[295]，判例は民法416条類推適用説を維持し，素因減額の事案における損害賠償の範囲についても，下級審裁判例は，素因の発生・拡大による損害は通常損害か特別事情による損害か，さらに，後者であれば，予見可能性があったか否かによって，相当因果関係を判断していた[296]。また，相当因果関係を割合的に，つまり加害行為が損害発生に寄与している限度で相当因果関係を肯定する下級審裁判例も多くみられた[297]。しかし，素因減額を過失相殺の類推適用を根拠にする場合，その前提として，被害者の素因を加害者が予見できたか否にかかわらず，相当性の判断にあっては，被害者の素因が損害発生・拡大に寄与したことは考慮されないことになる[298]。要するに，被害者のあるがままの身体が保護の対象となっていると解される。そこで，加害者は，現に生じた損害のすべてにつき損害賠償の義務を負うが，例外的に，上記のような場合に素因が斟酌されることになる。

認知科学の知見からすれば，判旨の文言をそのまま憶えたとしても，急激にわすれてしまう可能性が高い。また，判旨の文言の構造を分析して，その全体の意味を理解すれば，一般には，おそらく十分理解したと考えるであろう。しかし，それでも，理解としては十分ではなく，記憶は長く保持できない。上記のように判旨の文言の構造を分析・要約し，その全体を簡潔に説明できるようにした上で，それらと関連する既有知識との関連性を分析して，それらの知識と結びつけることにより，また，上記の最高裁判例の事案や典型事例で，判例法理を自分の言葉で説明することにより，より深く理解することができるとともに[299]，長期記憶に定着し，長く保持できるわけである。

(c) 理解の指標

教科書等を読んで，そこで書かれている意味を十分理解できたと思っても，そこで学んだことに関する質問や問題に答えられないことは十分ありえよう。それは理解できたにもかかわらず，十分記憶できていないためだとも考えられないではない。しかし，これまでみてきた認知科学の知見からすると，理解できたと思っても，それは理解できていない，ないし浅い理解でしかなく，そのため長期記憶に定着し長く保持されないからだと考えられる。長期記憶

61

Ⅱ　認知科学等の知見

に定着し，長く保持できるためには，浅い理解のまま，繰り返し「暗記」することではなく，より深く理解する，つまり，関連する多くの既有知識との関係を考えて結びつけることであるといえよう。

しかも，重要なのは，理解できたか否かは，何ができるようになったかによって判断せざるを得ないという点である。そこで，文章自体が理解できたか否かは，「要点を押さえた要約ができるか，内容を知らない人に説明することができるか，という方法で理解を確認する300)」ことになる。状況モデルレベルでの深い理解ができたか否かは，結局，「応用的な問題を示してそれを解くことができるかで判断」されることになる301)。次のような指摘もなされている。「『わからない』と感じることなく，すらすら読み進められたのに，読み終わって一体どういう内容だったか説明できない，というときは，マクロ構造の把握が困難であることが想定される302)」。「一通りの説明はできるのだが，『なぜそうなるのか』『他の場合／状況ではどうか』といった質問をされると答えることができない，というときには，自分の知識と文章中の情報を結びつけて適切な状況モデルを構築することができず，テキストベースのレベルでの理解表象の構築にとどまっていたことが考えられる303)」。要するに，深く理解していれば，長期記憶にも定着し長く保持されると解されるのである。

　(d)　民法を学ぶ難しさ

以上述べたことを，民法の学びを念頭において簡単にまとめるとともに，民法を学ぶ難しさを考えてみよう。

民法に関する新たな情報を理解するためには，新たな情報と学習者がもっている既有知識との関係を考え，その関係を明らかにして既有知識と統合する必要がある。そして，新たな情報と，より多くの既有知識とが統合できれば，理解が深まり，長期記憶として定着し長く保持できる。教科書等の文章を読んで理解して，そこから学んだ知識を使って，応用的な問題を解けるようになるためにも，テキスト全体の意味を理解して，そのポイントを簡潔に説明できるようになるだけでは，十分でない。ましてや，理解せず，テキストそのままを暗記したとしても，急速に忘却してしまう。そこで，テキスト全体のポイントと読み手の多くの既有知識との関係を明らかにして統合する

ことにより，状況モデルを構築しなければならない。そのことにより，テキストを深く理解でき，しかも記憶が長く保持できるとともに，応用的な問題を解くことが可能となる。

　しかし，状況モデルの構築には，学び手に，豊富な既有知識（背景的知識）がなければならない。また，新たな情報を多くの既有知識との関係を考え統合していかなければならない。さらに，既有知識は構造化されていなければならないし，あらたな情報と統合されたものも構造化されている必要がある。だが，民法の初心者は，新たに学ぶものと結びつける既有知識をほとんどもたない状況から，民法の学習を出発しなければならない。そこで，前述のように，学び手が十分理解できる具体例で学ぶことによって，民法に関する既有知識を増やしていくことが考えられる[304]。だが，既有知識を構築する際には，それらの知識が問題解決に使えるようになっていなければならないため，適切に構造化されていなければならない。しかし，初心者は，一般には，どのように構造化したらよいかわからないであろう。そのような状況下で，民法を学んでいっても，最初の段階では特に，状況モデルを構築することは困難を伴うであろう。また，たとえ，それなりの既有知識をもっていても，新たなテキスト自体を理解するだけでは十分ではなく，状況モデルの構築が必要で，そのためには，新たな情報と既有知識との関係を考え統合しなければならないということが，一般に十分認識されていないため，民法の学習をより難しいものとしているように思われる。

　⑤　想　　起

　膨大な民法に関する知識を頭に入れて使えるようになるには，まずは，長期記憶に定着し保持する必要がある。そこで，これまで，基本的には，どのようにすれば，長期記憶に定着・保持させることができるかをみてきた。だが，民法に関する大量の知識を記憶して長期記憶に定着し保持されていれば，必要なときに適切な知識を確実に思い出すことができるようには必ずしもなってはいない[305]。たとえば，十分に学び知っているはずのことを，試験中に思い出すことができなかったが，試験が終わった途端，思い出した，というような経験をした方も少なくないであろう。また，人の名前を忘れてしまったが，その人と話をしていて思い出すというようなこともありえよう。

Ⅱ　認知科学等の知見

このように，われわれの記憶の想起システムは必ずしも信頼できるものとはいえない。

では，人間の想起のメカニズムはどのようになっているのであろうか。また，そのようなメカニズムを前提としたうえで，当該事例問題を解く際に必要な，長期記憶に定着し保持されている民法の知識に確実かつ迅速にアクセスして，想起できるようにする方法があるのか，あるとした場合，それはどのようなものであろうか。民法の事例問題を解けるようになるために，どのように学んでいけばよいか，という本稿の目的にとって，重要な問題である306)。ただ，長期記憶に定着させる方法として，精緻化や構造化を取り上げた際，いずれも，長期記憶の定着に効果があるのは，検索する際の手がかりが豊富となるからだと述べた307)。また，想起練習を取り上げ，想起練習が大きな学習効果がある理論的根拠を紹介する際にも，想起のメカニズムの一端に触れた308)が，断片的なものでしかなかった。そこで，ここでは，本稿に関係する限りで，できるかぎり，想起システムの全体像を踏まえた上で，上記の課題に取り組んでいくことにしたい309)。

ⅰ　想起メカニズム

われわれは，記憶のイメージとしては，特に記憶について学んだことがなければ，一般には，つぎのように考えているのではないであろうか310)。民法の教科書を読んで，民法の知識を学び，憶えると，「メモ」に記録され，それが，頭の中に整理され，必要に応じて，その「メモ」が検索され，取り出され，記憶したものが，もとのままで出てきて，それを見るのが「思い出す」ということである。たしかに，コンピュータの記憶も，ほぼ同様な仕組みとなっている。電子的なメモがしまいこんであり，そのメモを取り出すのがコンピュータの想起であるという。そして，いま必要な「メモ」を取り出すためには，番地を使っているという。ディスプレイに表示されている「民法709条」というファイルは，番地と一緒に保持されている。そして，そのファイルがクリックされると，コンピュータは，ハードディスクのなかで，その番地のついた場所を捜し，そこに保持されている原稿の内容を取り出してきて，それをディスプレイに表示する。これがコンピュータにとっての「想起」であるという311)。

2 記憶のメカニズム

しかし，人の想起は，これとはまったく異なっている。「対象となる記憶（targetmemory）」が想起されるには，何らかの「手がかり（cues）」が必要だと解されている。対象となる記憶としては，特定の事実，考え，経験などがあげられる[312]。手がかりとしては，さまざまなものがありうる。たとえば，一昨日，「夕食に何を食べたか」を思い出そうとしている場合，一昨日食べた餃子の匂いがどこからかしてきた場合，その匂いによって一昨日のことを思い出すであろう。また，餃子を食べている際に聴いていたジャズが，ラジオから流れてきたような場合，その音楽が想起手がかりとなりうる[313]。このように，どのような種類の情報によっても，他の情報の記憶を想起することができる[314]。要するに，人の想起は「番地を介さずに，直接に内容に呼びかけ，それを呼び出すという方式[315]」をとっている。

もっとも，どのようにして想起手がかりから想起対象となる記憶（内容）を呼び出すかについては，多くの理論があるが，有益かつ簡潔な考えは，活性化の拡散（spreading activation）と呼ばれるプロセスによって想起が生ずるとするものである[316]。記憶痕跡が活性化するとは，情報処理が実行できる状態になる，たとえば，その記憶が想起することができるようになることである[317]。活性化レベルは変化し，活性化がより高いレベルであればあるほど，アクセス可能性が高まる[318]。また，記憶痕跡の活性化レベルは，それと関連するものが知覚されたとき，または，注意が記憶痕跡に直接集中したときに増大する[319]。そして，記憶の活性化は，自動的に結びついている他の記憶に拡散していくことになるが，活性化の拡散は，記憶痕跡をつなぐつながりの中を流れる「エネルギー」のようなものだという[320]。そして，想起手がかりから，それと，つながっているものに活性化拡散する量は，つながりの度合いが強ければ強いほど多くなり，また，想起手がかりとつながっているすべてに同時に活性化が広がっていくという[321]。その結果，対象となる記憶が想起手がかりから十分に活性化の蓄積があった場合，その記憶は想起され，たとえ，他のつながっている記憶痕跡が同様に活性化される可能性があるとしても同様だという[322]。

ⅱ 想起が成功する要因

上記のように，想起メカニズムは，手がかりが活性化し，手がかりと結びつ

65

Ⅱ　認知科学等の知見

いている想起の対象である記憶に拡散し，その記憶が十分活性化されたとき
に想起がされるというものである。そこで，想起が成功するには，手がかり
が想起対象の記憶と関係のある適切なもので[323]，しかも，手がかりに十分
注意が向けられていなければならない[324]。手がかりが適切なものでも，想
起対象の記憶とのつながりが弱ければ[325]，想起は失敗する可能性がある。
また，そもそも想起対象の記憶の定着が弱ければ，他に問題がなくても想起
できないことになる[326]。これに対して，より多くの適切な手がかりが追加
されると，多くの場合，想起が改善されるという[327]。

　なお，手がかりが有用であるためには，その手がかりを想起対象となる情
報と一緒に憶える必要があり，実際に，特に想起対象となる情報とともに憶
えた手がかりの方が，想起対象となる情報とすでに関係のある他の手がかり
よりも，表面的にはあまりよいとは思われないとしても，より強力であると
いう[328]。

　また，想起は，採用する方略によって影響を受ける可能性がある[329]。た
とえば，学習素材を記憶する際に構造化されている場合，構造に沿って想起
することが最適な方略だという[330]。

　以上は，より一般的な想起が成功する要因である[331]。いわゆる学校や大
学，法科大学院で学ぶ際の想起に関しては，次のようなやや具体的な指摘が
重要であろう。持続性のある強力な学習のためには，新しく憶えたことを長
期記憶に定着するというだけでなく，「次に，あとでその知識をうまく思い
出せるように，さまざまな手がかりと結びつける[332]」ことが必要である。
「保持している情報を適切なタイミングと場所で思い出す効果的な想起の手
がかりを作ることは，学習時に見落とされがちだが，じつは記憶に知識を蓄
えるより大切なことだ[333]」というのである。

　また，知識の構造化は，長期記憶に定着させるためにも重要であるが，想
起に関しても，きわめて重要である。大量の知識を憶え想起できるようにす
るためには，それらを構造化することが効果的であることが実証されてい
る[334]。また，熟達者によく見られるように，「知識を相互に関連する高度な
構造として体系化すれば，必要なときに情報にアクセスする能力を飛躍的に
伸ばしうる[335]」が，熟達者と異なり，初心者は，知っている概念，事実，

2 記憶のメカニズム

スキルの関係づけの数や密度が少ないため，必要とされる情報を取り出すのに時間がかかり，また取り出せない場合も多くなるとの指摘がある[336]。そのため，学生にとっては，専門領域の最適な知識構造の構築が求められる。では，どのように構造化したらよいかが問題となり，後に論ずることにしたいが，ここでは，想起との関連で，次の点を指摘するにとどめたい。その知識構造は「実行しようとしているタスクにうまくマッチしていること[337]」が求められている。「利用すべき知識の体系的構造はタスクによって異な[338]」っているからである。つまり，知識構造が，実行しようとするタスクに適合的なものとなっていれば，そのタスクを実行するにあたり，長期記憶にある必要とされる知識に容易にアクセスができると考えられるわけである。

iii 民法学習と想起

民法にあっては，きわめて多くの情報を長期記憶に定着し保持しなければならない。認知科学の知見によれば，それなりの効果的な方法があるが，一般には，必ずしも十分に認識されていないように思われる。だが，民法に関する多くの情報を，どのような方法によるかは別として頭に入れておく必要があることは認識されていよう。しかし，認知科学の知見からすると，必要な情報が長期記憶に定着したとしても，必ずしも，必要な時・場面で，想起できる保証はない。必要な時・場面で想起できるようにするためには，民法に関する情報を記憶する際に，その情報が，いつ，どこで使われるかを考えて，そのような場合に，想起できるような適切な手かかりを作り，その手かかりと，その情報を同時に記憶する必要がある。しかも，民法の関する事例問題を解く際には，何か一つの民法の知識を思い出せばよいというものでない。次から次へと関係する情報を思い出していく必要がある。しかも，ある場面で，関係する候補となる情報が複数あり，そこでは，どの情報が問題となるかを迅速に判断しなければならない。たとえば，ある財産法の事例問題を分析する際，基本的に債権関係が問題となっているという場合，そのことを手がかりにして，まず，債権の発生原因を考えなければならないことを想起し，さらに，それを手がかりに，債権の発生原因から契約，事務管理，不当利得，不法行為を想起する必要がある。しかし，そのうちの，どれが，そ

Ⅱ　認知科学等の知見

の事案では問題となっているかを判断できなければならないので，契約，事務管理，不当利得，不法行為の共通点，相違点，さらには，それぞれの典型例が想起できなければならない。このように，迅速に，次々に関係する情報にアクセスできるためには，民法の事例問題を解くという課題に適合的に民法に関連する知識が構造化されている必要があるわけである。

　しかし，基本的に，もう少し，より具体的にどのように構造化していけばよいかを検討する必要がある。だが，その点は後に取り上げることにして，ここでは，民法の事例問題を解く際に，必要な時・場面で，適切な知識を次々に思い出すことができるようになったとしておきたい。では，そのようになれば，民法の事例問題を解けるようなるのであろうか。それだけでは十分といえない。なぜなら，たとえば，民法の事例問題を解くにあたり，ある条文の要件を必要な解釈をして的確に指摘できたとしても，その事案を適用できなければならない。また，ある判例法理が問題となっていることがわかり，思い出すことができた場合にあっても，やはり，その法理を，その事案に適用するという問題が残る。では，どのように適用したらよいのであろうか。さらには，これまで判例や場合によっては学説もほとんど論じていない解釈が，試験でも実際の事件でも問題となりうる。その場合，どのように解釈していったらよいのか。さらには，個々のそのような問題だけでなく，そもそも，民法の事例問題を，どのように解いていったらよいかを理解して，実際に解けるようになる必要がある。これらは，事前に何かを憶えておいて，それを書くという方法で対処することはできないのである。つまり，ここでは，要件や判例法理を事案に適用できる，解釈をなすことができる，事例問題を解くことができるというように，スキル（技能）が問題となっているわけである。要するに，民法の事例問題を解けるようになるためには，民法に関する知識を頭にいれて必要に応じて想起できるようにすること自体も難しいが，それと同様，場合によっては，それ以上に，上記のようなスキルを身につけることは，簡単ではないように思われる。というのは，どのように学ぶことによって，それらのスキルを身につけることができるかについては，必ずしも十分に明らかにされていないように思われるからである。

　これに対して，スキルを身につける方法については，認知科学にあっては，

68

手続的知識の獲得（ないしスキルの獲得）として論じられてきている。知識のうち，言葉で表すことができる知識を宣言的知識と呼ぶのに対して，「何かができること」を手続き的知識と呼ぶ。そして，これまで，われわれは，主として，宣言的知識をいかに獲得できるかについて考えてきたが，手続き的知識を獲得する方法は，これとは異なっている。民法の事例問題を解けるようになるには，その方法は，きわめて重要である。しかし，民法を含め法律の学習者・教育関係者に，必ずしも，手続き的知識獲得の認知科学的知見は十分知られていないように思われる。そこで，次に，この手続き的知識の獲得に関する認知科学の知見をみていくことにしたい。

3 手続き的知識の獲得

　民法の事例問題が解けるようになるには，民法の知識を獲得するだけでなく，民法の事例問題を解くための様々なスキル・手続き的知識を獲得する必要がある。そこで，これから，スキル・手続き的知識に関する認知学の知見をみていくことになるが，アメリカのシュワルツ教授らが，ロースクールにおける法律の学習において，認知科学の知見を踏まえて，スキルを獲得する意義，難しさ，その方法を，具体例をあげてわかりやすく説明しており[339]，これから述べることの概要を知っていただくために大変参考となる。そこで，やや長くなるが紹介しよう。

　「ほとんどのロースクールの教授は，あなた方に，毎年，悪い成績でショックを受ける学生がいることを話すであろう。その学生らは，通常，『でも教材は理解していました』，『法律は完璧に知っていました』というようなことを言うであろう。これらの学生は，ロースクールで成功するには，膨大な知識を身に着けなければいけないことは理解しているが，そのような知識では十分でなく，それは出発点にしか過ぎないということを認識していないのである[340]」。

　「ロースクールはあなた達が多くの知識を獲得することを求めるが，ほとんどの場合，試験やレポートは，あなた達が，それらの知識を学んだか否かを評価するのではなく，その知識を新しい状況下で適用するスキルがあるこ

Ⅱ　認知科学等の知見

とを示すことを求めている[341]」として，知識とスキルの関係について説明する[342]。その際，ピアノの演奏，スポーツのプレー，筆算というようなスキルを例にあげる。「ピアノでは，とりわけ音符とは何か，各音符がピアノのどこにあるか」という知識が必要であるように，知識は不可欠であるが，それだけでは十分でない。「必要なスキルを行使できるようになるためには，そのスキルの行使の練習と，どのように行使したかについてフィードバックが必要である。しかも，スキルは，すぐに，また容易に獲得できるものではない[343]」。たとえば，ピアノを学ぶ際には，ピアノの先生が，生徒が演奏する手や指の位置，ペダルの使い方，音符間の移動について，見たり，聞いたりして，フィードバックを与え，そのフィードバックを受けつつ，生徒は，きわめて長い時間，自分自身で練習する必要がある。

　結局，ロースクールのスキルの獲得については，以下のようにいう[344]。ロースクールでは，多くのスキルを学ばなければならないが，学ぶ必要のある主たるスキルは，法的推論と，その推論を口頭で，多くは書面で行うことである。これらは，多面的なスキルであり，他のスキルと同様，膨大な知識を必要とするが，知識だけでは十分でない。しかも，知識を独自の方法で組み合わせて使うことを学ばなければならないため，ほとんどの学生にとっては，ロースクールのスキルは直ぐに，また容易に身につくものでもない。それらのスキルは，きわめて長い時間の学習と練習の産物であり，仲間や教授からフィードバックを得る努力を頻繁に行い[345]，また，自らの進捗状況を正確に自己評価するのに役立つ補助教材を用いて，自らの理解をチェックする必要がある。

　以上は，アメリカのロースクールでの話であるが，そのことは，わが国の法科大学院での民法や他の法律の学習においても基本的には妥当すると思われる。そこで，この話を参考としながら，民法学習における，手続き的知識・スキル獲得の意義，難しさ，その方法を中心に，手続き的知識・スキルに関する認知科学上の知見をみていくことにしよう。

(1)　手続き的知識・スキルとは
　まずは，手続き的知識・スキル[346]とは何かにつき，やや詳しくみていく

3 手続き的知識の獲得

ことにしよう。

① 手続き的知識と宣言的知識

知識という場合，一般には，先に紹介したシュワルツ教授らの解説でもそうであるが，教科書等に書かれている内容に関するような知識を指し，民法に関する未知の解釈論を展開できる等，「何かができる」ということは，一般には，知識があるとはいわないであろう。だが，認知科学の知見からすると，教科書に書かれている内容に関する知識は，宣言的知識，民法の事例問題が解けるというような場合には，手続き的知識があるという。つまり，知識は，宣言的知識と手続き的知識に分けられており 347)，宣言的知識とは，「意識的に内省することができる言葉や絵，身振りと言った何らかの知識そのものについて表現することが可能な知識のことであ 348)」る。「事実や概念に関する知識」ともいえる 349)。

これに対して，手続き的知識とは，「その存在が行動を通して示されるものであり，意識的な内省や知識そのものについての表現が困難な知識のことである 350)」。その範囲は広い。シュワルツ教授らは，ピアノの演奏，バスケットのようなスポーツのプレー，筆算をあげるが，よくでてくる例は，自動車や自転車の運転である。このようなことができる場合，それぞれの手続き的知識をもっていることになる。ピアノの演奏，スポーツのプレー，自転車の運転等は，運動スキル（技能）にかかわるものである。他方，民法の事例問題が解ける，解釈論を展開できるというだけでなく，数学の問題が解けるという場合も，そのような手続き的知識を有しているからにほかならない 351)。これらは，認知的技能（スキル）にかかわる 352)。要するに，宣言的知識とは「何であるかを知っていること」であるのに対して，手続き的知識は，「やり方を知っていること」である 353)。また，手続き的知識とは，われわれがやり方を知っているスキル（技能）からなるといえる 354)。

② 手続き的記憶と宣言的記憶

宣言的知識である民法の教科書に書かれている内容に関する記憶を宣言的記憶という。そして，民法の事例の問題を解くことができる知識があり，実際に，民法の事例の問題が解けるということは，そのような手続き的知識の記憶があるからだということになる。そして，その記憶は手続き的記憶（ス

Ⅱ　認知科学等の知見

キル記憶[355]）と呼ばれ，いずれも，長期記憶に属する。しかし，両者は極めて異なった特徴をもっている[356]。すなわち，宣言的記憶と手続き的記憶とは次のような相違がある[357]。すなわち，宣言的記憶は，記憶の内容がはっきり意識でき，ことばで容易に言い表すことができ，記憶の想起も意識でき，意図的に思い出そうとすることが多い。これに対し，手続き的記憶は，先に述べたように，宣言的記憶と異なり，その存在が行動を通して示されるものであり，意識的な内省や知識そのものについての表現が困難なものであるという特徴のほか，手続き的記憶は用いる際に意図的に思い出そうとすることがなく，記憶を思い出しているという意識も，記憶の内容についての意識も伴わず，自動的にアクセスされ実行されるという特徴をもっている。また，手続き的記憶は，かなり長く保持される[358]。たとえば，自転車に乗れるようになっていれば，長い間乗らなかったとしても，自転車に乗れなくなるということはない。このように，宣言的記憶と手続き的記憶との間に大きな相違がある。それらの相違は，民法学習において，きわめて重要な意味をもつことから，本稿では，「(3)　長期記憶」の中ではなく，項を改めて，手続き的知識の獲得（手続き的記憶の定着）に関する認知科学の知見として取り上げているわけである。

③　手続き的知識の獲得とは

　以上からすると，民法の事例問題を解くことができる，さらには民法に関する未知の解釈論を展開できるようになるには，そのような手続き的知識・記憶が獲得されなければならないことになる。そこで，シュワルツ教授らのショックを受けた学生の例にもあるように，わが国でも，教科書に書かれている内容のうち重要なものは，ほとんど理解し，それらを説明できるようになっても，民法の事例問題を解くことができない，ないし適切に解けないことは十分にありうるわけである。それは，才能がない，センスがないからというより，民法の事例問題を解く手続き的知識がないからだということになる。未知の解釈論を展開できるか否かも同様である。したがって，どのようにすれば，そのような手続き的知識・記憶を獲得できるかが，きわめて重要な問題となるわけである。

　なお，手続き的知識とは何かを考える場合に注意しなければならないのは，

次の点である。たとえば，クロールを泳ぐ方法について，それに関する書籍を読んで十分に理解して完璧に他人に説明できるようになっていたとしても，実際に，泳げなければ，その手続き的知識をもっているとはいえない。つまり，実際に，スムーズに意識せずにクロールを泳げるようになってはじめて，その手続き的知識を獲得したといえるのである。このことは，民法の事例問題を解くことについても同様である。民法の事例問題の解き方を参考書や授業で学び，たとえ十分理解して他人に説明できたとしても，実際に，学習者が民法の事例問題を独力でスムーズに解けるようになっていなければ，そのような手続き的知識を獲得したとはいえないわけである。

(2) 手続き的知識・スキルの獲得に必要なもの

では，手続き的知識を獲得するためには，どうしたらよいか。シュワルツ教授らの指摘にもあったように，そのためには，われわれは，練習をしなければならない。この点を宣言的知識の獲得との比較でもう少し詳しくみていこう。

民法の原則，条文の趣旨・要件・効果等の宣言的知識は，その内容が直接表現可能であることから，教科書を読んだり，講義を聴いたりして獲得することが可能である[359]。むろん，そのためには理解が前提となる。精緻化や体制化等の記銘方略が有効であり，既有知識と結びつけることが重要である。

これに対して，手続き的知識を獲得するには，自転車に乗ることができるようになる場合のことを考えればわかるように，実際に，自転車に乗る練習を行うこと，つまり，問題となっている行為を実際に実行することが必要である。このことは，民法の事例問題を解けるようになるというような認知的スキルにあっても同様である。このことは，日本語の文章をすらすらと読めるという認知的スキルをどのように身につけたかを思い出せば十分納得できよう。要するに，手続き的知識の獲得には，学習者自身の練習・訓練が不可欠であり[360]，その点に手続き的知識の最大の特徴があるわけである[361]。このことは，民法の教育・学習において，きわめて重要な意味をもつ。民法の事例問題が解けるようになるには，どのようにして解くかにつき教員から授業で教えを受けたり，自ら参考書で学んだりするだけでは十分でない。学習

Ⅱ　認知科学等の知見

者が民法の事例問題を，自らで，実際に解かないかぎり解けるようにならないということを意味するからである 362)。

　むろん，一度，民法の事例問題を解けば，直ちに，複雑なはじめて見る民法の事例問題をスラスラと解けるようになる，つまり，そのような認知スキルを獲得できるというものではない。また，そもそも，関連する民法の知識を十分理解して記憶されていても，はじめて民法の事例問題を解くことが求められた場合，何をどうしたらよいかわからないであろう。そこで，練習する際，どのように行っていったらよいかが問題となる。要するに，民法の事例問題が解けるという，手続き的知識を獲得するためには練習が欠かせないとしても，どのように学んでいけばよいか，どのように練習していけばよいかが問題となる。このことを考える上で，認知科学における重要な知見が明らかにされている。そこで，以下，これらについて，見ていくことにしよう。

(3)　スキル獲得の段階
①　フィッツの見解運動

　スキルだけでなく認知的スキルも，次のような３つの段階を経て獲得されると解されている 363)。その一つは，「認知的段階」，「連合段階」，「自動化の段階」に分ける 364) フィッツの見解であり，非常に有用で影響力があると評価されている 365)。

　複雑なスキルを学習する初期の段階にあっては，学習者は，その課題の特質と，その課題はどのようにして達成されるかを理解し，そこでは，学習者は，外部の手がかり，与えられる指示，パフォーマンスの評価に注意する必要がある 366)。学習の初期の段階では，意識的な認知プロセスが深く関わっていることから「認知的段階」と呼ばれているわけである。「連合段階」では，インプットされたことがより直接に適切な行動に結びつき，言葉による仲介の必要性は減少することから，何度も実行するにつれ誤る割合は減ってくる 367)。さらに，「自動化の段階」に達すると，自動化され，意識的なコントロールは必要なくなる 368)。

　フィッツの見解では，これらの３つの段階を区別するが，それらは連続的なもので，ある段階から次の段階へ緩やかに移行すると解されている 369)。

74

3 手続き的知識の獲得

② アンダーソンの見解

　また，スキルの獲得の研究における第一人者の一人であるアンダーソン教授も，フィッツの見解を参考に[370]，ACT－R理論[371]（記憶や言語理解，学習など広範囲にわたる人間の認知の多様な側面を統合的にとらえる認知の統一理論で，宣言的知識と手続き的知識を区別する。）に基づき，スキルの獲得につき，次のような3つの段階を考えている[372]。そこでは，フィッツの見解の3段階に対応するものにつき，それぞれ，「宣言的段階（declative stage）」，「手続き化（proceduralization）」ないし「知識の翻訳段階（knowledge comilation）」，「手続き的段階（procedural stage）」と呼ばれている[373]。

　第1の宣言的段階では，たとえば，車の運転を例にとれば，車の運転の仕方を教わったり，学習したりして，その手順を理解するとともに記憶して，ワンステップずつ解釈しながら，いわば運転問題を解決していく必要がある。その意味で，その段階では，知識は宣言的なものと解する。そこで，やり方を意識的に想起し，実行する必要があるため，注意を必要とし，スムーズに実行できない。何かほかのことを行いながら実行することは困難である。車の運転であれば，話をしながら運転することは困難といえよう。

　第2の知識の翻訳段階では，行為を実際に実行する，練習することにより，2つのことがおこる。1つ目は，最初に理解していたことの間違いが徐々に発見され，取り除かれていくことである。2つ目は，実行のために必要なさまざまな要素間の連結が強化される。この段階で宣言的な知識から手続き的な知識へと変換されていく。もっとも，この段階では，2つの知識が共存することもあるという。

　最後の手続き的段階では，手続きはさらに自動化され速くなる。スキルのなめらかさが増すので，もはや，スキルを実行する際，ことばで考える必要はなくなり，その手順を言葉で説明できなくなっていく。つまり，無意識化していくことになる。そして，練習を積んで自動的になるほど，注意をあまり必要としなくなる。そこで，音楽家は解釈に集中することができ，運動選手は戦略などのゲームの高次な側面に集中することができようになる。

　このように，アンダーソンの見解は，スキルの獲得は，まずは，その手順が言葉で理解し記憶した宣言的知識が経験や練習により徐々に自動化・無意

75

Ⅱ　認知科学等の知見

識化した手続き的知識へ変換されていく過程を示しているわけである。つま
り，意図的想起と意識的な適用が必要であったやり方についての宣言的記憶
が，行為を実行することによって，直接的な実行が可能でより効率的な，よ
り現実的な応用が可能な知識＝手続き的記憶になっていく過程とみるわけ
である[374]。

③　民法学習とスキル獲得の3段階

以上みてきたことは，民法の事例問題を解くスキルを獲得する場合におい
て，どのような意味をもつのであろうか。

第1に手続き的知識である民法の事例問題を解くスキルを獲得するには，
実際に解く練習をしなければならないが，まずは，教科書や授業での教員の
説明等何らかの方法で民法の事例問題を解く手順や考え方を十分理解する必
要があるということである[375]。つまり，自らの言葉で，それらを説明でき
るようにしなければならないといえよう。むろん，そのこと自体，必ずしも
容易ではないであろうが，もし，この宣言的段階において，誤った表象が形
成されると，たとえば，民法の事例問題を解く際には，解釈上の論点を見つ
けて，その論点に関する憶えた論証を書くという方法が妥当なものと理解し
て，そのような方法で実際に繰り返し「練習」すると，そのような「手続き
的知識」が獲得されてしまう可能性がある。そのような方法でうまくいくよ
うな問題も考えられないではない。しかし，法科大学院レベルの問題では，
結局，うまくいかない可能性が高い。より重要なのは，その方法が後に妥当
でないと気づいても，そのような悪い癖は修正が困難だと解されている[376]
点である。その意味で，スキルを学ぶ際には，はじめの段階で「正しい手順
や考え方」をしっかり理解して「正しい方法」を学ぶ必要がある。民法につ
き多くの知識があり，かなり勉強しているにもかかわらず，できるようにな
らない学生は，民法の事例問題を解くためのスキルに関し，宣言的段階にお
いて，誤った表象が形成されている可能性が高いのではないかと考えられる。
「悪い癖」は修正が困難だというだけでなく，宣言的知識と異なり，スキル
については，「誤った表象が形成」されていることを認識すること自体，な
かなか難しい場合が少なくないように思われる。

第2に，民法の事例問題を解くスキルの手順や考え方を理解しても，その

3 手続き的知識の獲得

手順や考え方の宣言的知識を想起しながら解いている段階では，後に詳しく述べるが，ワーキングメモリの容量が限られているため，その容量を超えてしまう可能性があり，そうなると，その処理がうまくいかない。つまり当該事例問題をうまく解けない可能性が高くなる。それに対して，練習を繰り返し，そのスキル・手続き的知識を獲得すれば，意識せずにスムーズに当該事例問題をうまく解けるようになる。しかも，一度，そのような手続き的知識を獲得すれば，長く保持されることになる。その意味で，民法の事例問題を解くことができるようになるには，繰り返し解く練習をすることにより，まずは，「手続き化の段階・連合段階」を，さらには，ほぼ無意識にできる自動化の段階に達する必要があろう。ここでも，重要なのは，才能やセンスとは，ほとんど関係なく，適切な練習を何度も行うか否かという点である。

以上からすれば，これまでも度々述べているが，では，自動化の段階，少なくとも連合段階にまで到達するには，どのように練習すればよいのか。ともかく，どのような練習であれ，回数が重要ということになるのか，それとも，練習の質が重要なのか。もしそうであれば，どのような練習が必要なのかが問題となる。そこで，以下，これらの問題に関する認知科学の知見をみていくことにしよう。

(4) 練　習
①　スキルの上達と練習時間

スキルの上達と練習時間との関係について，一般に，スキルは練習によって上達するが，その上達は一定ではなく，練習の初期には急激に上達するが，徐々にその上達のスピードは落ちてくることが知られている[377]。もっとも，繰り返し練習を重ねているにもかかわらず，成績が向上しない，あるいは低下することもあることもまれではないという[378]。そして，エキスパート研究の第一人者であるエリクソン教授は，「多くの人がエキスパートとなるために努力してきた長い伝統と歴史のある分野で成功するには，長年にわたるとほうもない努力が必要で……1万時間であるかは別として，多くの時間を要する[379]」という。

Ⅱ　認知科学等の知見

② 　**熟慮された練習**（deliberate practice）

ⅰ　経験の意義

　もっとも，練習する時間だけでなく380)，練習の質も重要である。エリク
ソン教授は，何かを長い間継続していればスキルが徐々に上達するものとは
いえない381)し，心から強く念じ，努力さえすれば上達するものでもないと
いう382)。たとえば，多くの研究の分析から，「医師の技能は時間とともに劣
化するか，良くても同じレベルにととどまっていた383)」ことを明らかにし
た論文384)がある。また，詳細な研究の結果，極めて経験豊富な看護師でも
平均してみると看護学校を出てほんの数年の看護師と看護の質はまったく変
わらない385)ことが示されている386)。なぜ，このような結果となるのかにつ
き，エリクソン教授は，「一つだけはっきりしていることがある。わずかな
例外を除いて，医師も看護師も経験を積むだけでは高度な専門能力を身につ
けることはできない，ということだ387)」という。ただ，医師らが真剣に自
らの技能を高めようとしていることははっきりしているが，「そのやり方に
問題がある388)」というのである389)。つまり，スキルが熟達しエキスパート
になるためには，「正しい方法」による練習，「熟慮された練習（deliberate
practice）390)」が必要であるというのである391)。

ⅱ　熟慮された練習の意義

　「熟慮された練習」の原則は，エリクソン教授のエキスパート研究を通じ
て発見されたものである。つまり，長年にわたり，世界で活躍する多岐にわ
たるエキスパート達のスキルの習得方法を研究して，エキスパート達は，ど
の分野においても，一般の人と異なり練習時間が長いだけでなく，共通の練
習方法を行っていることを検証し，そのような練習方法を「熟慮された練
習」と名付けたのである392)。だが，熟慮された練習の原則は，「原則自体は
何らかの分野において能力を少しでも向上させたいと思っている人なら誰に
でも実践でき393)」，「新たな技術や能力を身につけたいと願う人たちのゴー
ルド・スタンダードであ394)」るとして，われわれの仕事，学習すべてに応
用できるという395)。

ⅲ　熟慮された練習とは

　「熟慮された練習」とは何か。より明確に理解するためには，関連する概

78

念との共通点・相違点を知ることが重要であろう。エリクソン教授も,「愚直な練習396)(一般的な練習方法397))」,「目的のある練習」,「熟慮された練習」をあげ,「熟慮された練習」の概念をより明確に説明している。いずれも,「練習」という概念に該当する。

(a) 愚直な練習

愚直な練習とは,「単に何かを繰り返すだけで技能が向上していくと期待するような練習法である」398)。一般的に,何かが「許容できる」パフォーマンスレベルに達し,「自然にできるようになってしまうと,そこからさらに何年『練習』を続けても向上につながらないことが研究によって示されている。……自然にできるようになってしまった能力は,改善に向けた意識的な努力をしないと徐々に劣化していく」ともいう399)。

(b) 目的のある練習

これに対して,目的のある練習とは,目的が明確で,よく考え,集中して行うもので,次のような特徴をもっている400)。はっきりと定義された具体的な目標をもち401),集中して行う。しかも,フィードバックが不可欠である。また,居心地のよい領域から飛び出す必要がある。「一番大切なのは,長期的な目標を達成するためにたくさんの小さなステップを積み重ねていくことである402)」。「『うまくなりたい』といった漠然とした目標を,改善できそうだという現実的期待を持って努力できるような具体的目標に変える403)」必要がある。「やるべき作業に全神経を集中し404)」,「それまでできなかったことに挑戦する405)」必要がある。「自分のどの部分がどう未熟なのかを正確に特定するためにはフィードバックが欠かせない406)」。

(c) 愚直な練習と目的のある練習

要するに,愚直な練習方法とは,スキルの「上達」を目指して「練習」するのであるが,ただ,漫然とつまり何の具体的な目的もなく,しかも,何の具体的な目的もないことから,練習して,その学習者は,どこにどのような問題があるかもチエックしないわけであるから,そのような練習を何度もくり返しても,当該スキルは上達しないというのは十分理解できよう。これに対して,目的のある練習は,学習者の弱点を認識して,継続的に改善していく仕組みをもっていることから,愚直な練習方法と比較すれば,きわめて効

Ⅱ　認知科学等の知見

果的にスキルを上達させるといえよう。

　(d)　熟練された練習と目的のある練習

　では，熟慮された練習と目的のある練習との関係はどのようなものか。熟慮された練習も，目的のある練習ではあるが，「練習のカリキュラムは，エキスパートの能力とその開発方法に通じた教師あるいはコーチが設計し，監督する」ことを前提とする点で，通常の目的のある練習と異なるという[407]。熟慮された練習の特徴として次のような指摘がなされている[408]。「トレーニングの初期には，フィードバックの大部分は教師やコーチが提供するもので，上達ぶりを評価し，問題を指摘したりその解決方法を教え」たりしていくが，「練習時間と経験が増えるにともない」，これらを自分で行う方法を身につける必要があるという。「時間をかけて，一歩ずつ改善を積み重ねていくことが最終的に傑出した技能の獲得につながる。新たな技能は既存の技能の上に積み重なっていくことから，初級者には教師が基本となる技能を正確に教え，上達してから基本をやり直す必要が生じないようにすることが重要である」。

　(e)　熟慮された練習

　このように，熟慮された練習にあっては，すでに他の人々によって正しいやり方が明らかにされ，効果的な訓練方法が確立された技能を伸ばすためのものであるため，厳密な意味での熟慮された練習が可能なのは，楽器の演奏，チェス，バレエ，体操など比較的限られている[409]。だが，そのような分野でない場合にも，できるだけ効果的な練習方法を考える指針として熟慮された練習の原則を使うことは可能だという[410]。だが，これらの練習においては，いずれにせよ，優れた指導者の存在の重要性が指摘され[411]，しかも，マンツーマン・レッスンを受けることが，より効果的だという[412]。マンツーマンによる個別指導にあっては，個々の学生のニーズに合わせた教授ができることが大きいためであることがわかっている[413]。では，教師がいない場合はどうしたらよいか。「技能を繰り返し練習できる構成要素に分解し，きちんと分析し，弱みをみつけ，それを直す方法を考え[414]」ることが，効果的に技能を高める方法だという[415]。

　以上，熟慮された練習をエリクソン教授の主張を中心に見てきた。だが，熟慮された練習については，「スキルの発達のための基本的な必要条件であ

るということは繰り返し示されてきた[416]」,「いかなる領域の熟達化にあっても多くの熟慮された練習が必要だ[417]」との指摘もある。また，ダックワース教授も，エリクソン教授とまったく同じではないが，基本的には「熟慮された練習」の重要性を認めている[418]。さらに，アンブローズ教授らも，大学教員の授業改善を学習理論に基づき助言する専門書で，練習に関する一連の研究からすると，最も効果的な学習を達成するには，学生に具体的な目標や一連の目標に的を絞った適切なチャレンジレベルの十分な練習が必要だという[419]。しかも，このことは，学生の（授業内外での）練習時間を増やすことが困難あるいは不可能であるという現実とも適合的であるという指摘は，われわれにとっても重要であろう。つまり，学生の努力を（既に知っているものや取りくみやすいものではなく）学ぶべきものに集中させ，妥当で生産的なチャレンジレベルのパフォーマンス目標を設定することで，一定の練習時間を効率的に活用できるというのである[420]。そして，さらに，フィードバックも不可欠だという[421]。

アンブローズ教授らは，複雑なスキルをどのように学んだらよいかを含め，効果的な練習方法やフィードバックの具体的な方法について実証的な研究に基づいて論じている。これまで述べてきたことと重複しないように，本稿との関係で重要と思われる，複雑なスキルの学び方，および，効果的なフィードバックの方法につき，以下，できるだけ簡潔にみておくことにしよう。

③　複雑なタスクの練習

ⅰ　具体的目標

スキルを上達させるには，漫然として練習するのではなく，具体的な目的をもって練習をすることが，まずは必要である。ところが，熟達者にとって単純なタスクも複雑なコンポーネントスキルが隠れていることがある[422]。むろん，複雑なタスクは，当然のことながら多くの複雑なコンポーネントスキルからなっていよう。たとえば，問題解決においては，むろん民法の事例問題の解決においても，それら全体のスキルを構成する多くのスキルからなっていると考えられる。たとえば，問題解決では，「問題を表現し，適切な解決戦略を決定し，その戦略を実行するために必要な計算を行い，結果を評価するなど，多くのコンポーネントスキル」がかかわる[423]。

Ⅱ　認知科学等の知見

　民法の事例問題を解く基本的なコンポーネントスキルは，問題を分析して関連条文を指摘する，当該条文の要件をあげ，必要な解釈を行う，要件を事案に適用するというようなスキルからなっているといえよう。むろん，分析した結果を設問に沿って解答を書くというスキルも必要である。これらのコンポーネントスキルを持っていないにもかかわらず，民法の事例問題の解き方全体のスキルを獲得しようとして，民法の事例問題を解き，解答を書く練習を何度も行ったとしても，それは，「具体的目標」をもった練習といえず，「愚直な練習」でしかないため，前述のように効果的な練習とはならないといえよう。

ⅱ　コンポーネントスキルの獲得

　また，あるタスクを構成する重要なコンポーネントスキルを学生がもっていなかったり，それらのスキルを使いこなす力が弱かったりすると，タスク全体のパフォーマンスが悪くなってしまう。これに対し，学生たちのコンポーネントスキルのうち不十分なスキルを見つけ，焦点を絞った練習を通して強化を行うと，タスク全体のパフォーマンスが大幅に改善される。このようなことが研究によって明らかにされている[424]。そこで，民法の事例問題を解くための主たるコンポーネントスキルをもち，しかも未知の解釈問題についても難なく法律家らしい解釈論を展開できるスキルをもっていたとしても，長い事例の問題を分析して関係条文を指摘できるスキルが必ずしも十分でないとすると，うまく民法の事例問題を解くことができない場合が出てくるわけである。

　これまで見てきたことからすると，民法の事例問題を解くというような複雑なタスクのパフォーマンスを向上させるためには，それに含まれるコンポーネントスキルを，まず練習して獲得しなければならないということになる。ただ，そのコンポーネントスキルだけを取り出して練習すべきか，それともタスクを与えそのコンポーネントスキルにおいて練習すべきなのか。この点につき，これまでの研究からすると，タスクが高度に複雑で，コンポーネントに簡単に分解できるなら，一時的にコンポーネントスキルを取り出して練習し，徐々にそれを組み合わせていく方が効果的に学べることが多いという[425]。特に，初学者には，明示的な指示のもとコンポーネントスキルを

82

３　手続き的知識の獲得

分離した練習が役立つことが明らかになっている426)。しかし，上級の学習者で，これらのコンポーネントスキルがすでに緊密に結びついて全体の中に組み込まれている種類のものであるならば，逆効果になることもあるという427)。

　要するに，民法の事例問題を解くというような複雑なスキルを獲得するには，それに含まれるコンポーネントスキルに関し練習をして，それぞれのコンポーネントスキルを獲得する必要がある。そのためには，まずは，そのような複雑なタスクを分析してコンポーネントタスクに分けて，そのタスクに必要なコンポーネントスキルを特定しなければならない。ところが，初学者は，「自分が何を知らないかを知らない428)」といわれている。したがって，民法の事例問題を解くために，どのようなコンポーネントスキルが必要かを知らないし，知らないということも知らないわけである。他方，熟達者である教員は，複雑なタスクを効率よく実行できるとしても，その際，「複雑なタスクに必要なすべてのコンポーネントスキルや知識を意識的に認識することはほとんどないかもしれない429)」。そこで，学生に教えるときに「効果的な学習に必要なスキル，ステップ，情報を知らず知らずのうちに省略してしまいがちである」という430)。ここに，一般的に，複雑なスキルを獲得する難しさが潜んでいるわけである。

ⅲ　コンポーネントスキルの統合

　だが，いずれにせよ，学生がコンポーネントスキルを獲得しても，それだけで複雑なタスクを実行できるようになるわけではない。そのためには，コンポーネントスキルを統合しなければならず，そのための練習が必要となる。複雑なタスクにあっては，多くのコンポーネントスキルを組み合わせて使う必要がある。単純な事例問題にあっても，きわめて長い事例問題を分析して関連条文をあげ，その条文の要件をあげ，必要に応じ解釈を行い，要件を定立した後，それぞれの要件を事案に適用し要件が満たされるか否か判断し，その場合の，法的効果を明らかにするというように多くの複雑なスキルを協調的に実行しなければならない。ところが，初学者は，それぞれのコンポーネントスキルの実行がまだぎこちなく，しかも，複数のスキルを協調的に行わなければならないため，それらを処理するワーキングメモリの容量を超え

83

Ⅱ 認知科学等の知見

てしまい，その事例問題を解くことに失敗してしまう可能性がある[431]（やや詳しくは後に取り上げる。）。そこで，練習をすることにより，それぞれのコンポーネントスキルを，よりスムーズに実行できるようにするとともに，それらのスキルを協調的に実行できるようにする必要がある[432]。そのためには，学習の初期の段階にあっては，単純な課題におけるコンポーネントスキルを練習し，熟達していくのに合わせて，複雑さのレベルを高めていくことが考えられよう[433]。

iv まとめ

要するに，複雑なタスクにあっては，まず，そこに，どのようなコンポーネントから構成されているか分析した後，それら一連のコンポーネントスキルを獲得し，それを組み合わせて統合し，自動的にできるまで練習する必要があるということになる[434]。

(5) フィードバック

スキルを獲得するためには，具体的な目標を定めた適切な挑戦的な練習が必要だが，前述のように，それだけでは不十分で，さらに，的確なフィードバックが不可欠だと解されている[435]。シュワルツ教授らも，仲間や教授からフィードバックを得る努力を頻繁に行うとともに，自らの進捗状況を正確に自己評価する必要性を説いていた。

効果的な学習のポイントは，スキルに関しても，自分の弱いところをみつけ，それを克服するところにあるので，練習をした後，目標に達していないところをみつけることがきわめて重要である。自分自身で自分の弱点をみつけることは，難しいので，まずは，仲間や教授からフィードバックを得る努力をする必要があるというわけである。

① 新たな具体的目標

ほとんどのスキルは一度で完璧にできるようになるほど単純ではない。そのため，スキルを実行（練習）しても，目標にまで達していない可能性が高い。そこで，再度，練習する必要がある。だが，再度の練習が効果的なものであるためには，その練習も新たな具体的な目標をもって，しかも適切な挑戦的な練習である必要があるであろう。

3 手続き的知識の獲得

　そのためには，最初の練習で，そこでの具体的な目標が，どこまで達成されたかを知る必要がある。そこで，フィードバックが学習の効果と効率をあげるには，「フィードバックには，設定された目標と比較して現在学生がどの地点にいるのか，進歩するには何をすべきかを伝えるものでなければならない」，つまり，「フィードバックがそれ以後の学生の練習を適切に方向づけ」るものでなければならないが，「学生にフィードバックを取り入れる能力がある」ことも必要だと指摘されている[436]。これも，フィードバックによって，それにもとづき適切な再練習がなされ，スキルが，より上達しなければ，フィードバックの意味がないというものであろう。

　フィードバックが，ABC の評価や点数だけでは十分でなく，最初の練習によって，最初の目標のどこまで達成できたのか，どの部分がどの程度未熟なのかを正確に具体的に特定する必要がある[437]というのも，そのような評価だけでは，当該スキルをより上達させるには，どのような具体的な目標をもって，どのような練習をしたらよいかわからないからだと考えられる。

　もっとも，私見ではあるが，練習で具体的な目標を達成できない，または，不十分だという場合，なぜ，最初の練習ではうまくいかなかったかを分析する必要があるように思われる。そして，民法の事例問題を解くという課題に関するスキルの練習において，うまくいかない原因としては，基本的には，次の4つの場合があろう。第1は，スキルで使う，民法の知識がそもそも十分でない可能性である。第2は，スキル獲得の認知的段階に問題がある場合である。第3は，以上につき問題はないとしても，十分練習を積んで，当該タスクが意識せずにできるようになっていないため，一定の時間内で民法の事例問題を解くことがうまくいかない可能性がある。第4に，民法の事例を解くというタスクのコンポーネントスキルを獲得しても，それをうまく統合できていないため，民法の事例問題をうまく解けないということも考えられよう。原因が，どこにあるかによって，再度，練習する，ないし学習する内容は異なることになろう。

　このようなことは，フィードバックをしたり，受けたりする場合，さらには，自分自身の練習に対して自らでフィードバックをする場合において，認識しておく必要があろう。

85

Ⅱ　認知科学等の知見

　また，上記の分析からすると，それぞれのコンポーネントスキルが十分で
ないにもかかわらず，複雑な民法の事例問題を解く練習をして，うまく解け
ないとして，フィードバックを受けても，その原因は複雑であり的確な
フィードバックは難しい。そこで，先に述べたが，まずは，民法の事例問題
を解くというタスクの主要なコンポーネントスキルを獲得することに焦点を
あてるべきであろう。

②　適切なタイミング

　効果的なフィードバックであるためには，フィードバックが与えられるま
でにかかる時間，その頻度というタイミングもまた，重要と解されている[438]。
フィードバックは一般に，早いほど，頻繁なほどよいとはいえるが，フィー
ドバックの理想的なタイミングは一般的なルールとして決めることはできな
い[439]。フィードバックのタイミングが重要で，たとえば，直後でなくても，
設定されている学習目標から考えた適切なタイミングでフィードバックを与
えられることもあるという[440]。さらに，当然のことながら，効果的なフィー
ドバックは，フィードバック後に続く練習機会と連動しなければならな
い[441]。つまり，練習とフィードバックは一度だけのものでない，練習の対
象となっているスキルが上達するまで，練習，フィードバック，練習，
フィードバック……と続くものであるため，そのような全体のサイクルの中
で，フィードバックの時期を考える必要があるということであろう。

　なお，フィードバックは学生一人一人に応じたものとする必要はなく，す
べてが教員からである必要もない[442]。学生が最も犯しやすい共通の誤りを
明らかにし，そのリストをグループに提供して誤りについて論じたり，パ
フォーマンスの高い例を示し，それがなぜ，よいのかをその特徴を論じたり
することができる[443]。また，教室の授業で，クラス全体に同じ形式で質問
をして，手をあげて答えてもらい，この情報に基づきクラス全体に適切な
フィードバックの内容を決定できる[444]。明確な指針，基準，ルーブリッ
ク[445]（特定の課題について教員が期待するパフォーマンスを明確に示す採点ツー
ル）があれば，学生は互いの課題について建設的なフィードバックを行うこ
とができるという[446]。

　学生自身が，自らが，関連するスキルを獲得するために練習をする際にも，

練習した結果につき，仲間や教員から可能な限り早くフィードバックを得る努力を行い，その際，うまくいかない場合，自分なりに分析して自らの未熟な部分をみつける必要があろう。

　また，私見であり実証されたものではないが，同じ民法の事例問題に取り組み，その後すぐに，互いにフィードバックを行うことにより，自らの練習を，より客観的に評価することができるようになっていくと考えられる[447]。

(6)　民法学習と手続き的知識

　民法に関する事例問題を解けるようになるためには，民法を構成する各条文の趣旨，要件，効果等の宣言的知識を獲得するだけでは十分ではなく，民法に関する事例問題を解くスキル・手続き的知識を獲得する必要がある。そこで，これまで，手続き的知識の獲得に関する認知科学の知見を詳しくみてきた。これらの知見が，民法の事例問題が解けるようになるために学ぶということに，どのような意味があるかを関係箇所で述べてきた点も多いが，ここで整理しておこう。その際，民法の事例問題を解くことができるようになるのはなぜ難しいのかについても言及していきたい。

①　民法学習と手続き的知識の獲得

　もっとも重要なのは，繰り返しになるが，民法の事例問題を解くことができるようになるには，いわば民法の内容に関する知識だけではなく，手続き的知識を獲得する必要があるという点である。このことが十分理解されないと，民法の事例問題を解けるようになることは難しいものとなる。また，民法の内容に関する知識を十分身につけたとしても，民法の事例問題をうまく解くことができず，民法をどのように学んだらよいかわからなくなってしまうことがおこりえよう。

　民法の事例問題を解くスキルを獲得するには，学生が自分自身で実際に解く練習をすることが不可欠である。このことが必ずしも十分に理解されていないと，授業でわかりやすく事例問題が解説された場合，自分で解けるものと思ってしまう可能性が高い。また，民法の事例問題を解くための基本的な手順や考え方を知っていても，十分練習をしなければ，民法の事例問題をうまく解けない可能性が高くなる。

Ⅱ　認知科学等の知見

　だが，上記のことを十分理解していれば，授業での解説が十分理解できたとしても，自分で解かなければ解けるようにならないのであるから，たとえば，授業後，帰宅途中でも，頭の中で，授業で取り上げられた事例問題を解き，さらにレジュメに載っている練習問題を解いてみることになるであろう。その際，うまく解けなければ，翌日，教員や友人に質問し，すぐに，または，次の授業の前にでも，似たような問題を見つけて，わからなかったところに気をつけて解いてみれば，より確実になるであろう。

　ただ，手続き的知識は，認知的段階，連合段階，自動化の段階の３つの段階を経て獲得されていくと考えられており，そこでの知見からすると，次の２点が重要である。すでに述べたので簡単に確認するにとどめよう。

　第１は，手続き的知識の獲得には練習が不可欠ではあるが，まずは，民法の事例問題を解く手順や考え方を十分理解する必要があり，それを間違えたままで練習すると後に修正が難しくなる。

　第２に，独力で，ある事例問題が解けるようになったとしても，それで満足してはならない。ワーキングメモリの容量はきわめて限られていることから，あまり意識せずに解けるまで練習をする必要がある。

　これらについても，必ずしも一般的に広く知られているわけではないであろう。そこで，民法の事例問題を解くために適切でない自分なりの手順や考え方にもとづき，何度も「事例問題を解き」，そのために，よい成績がとれない学生も少なくないように思われる。このような学生が書いた答案は当然のことながら，書かれた文章は不正確であったり，間違っていたりするであろう。そのため，本人としては，答案の書き方が分からないと考える場合が多いのではないか。そこで，民法の事例問題を解く適切な手順や考え方を理解していないということを本人が認識することは難しい。認識できても，前述のように修正することも難しいわけである。

②　民法学習と練習方法

　民法の事例問題を解く練習をする際，ともかく何度も何度も漫然と練習したとしても上達することはない。練習は「熟慮した練習」でなければならない。そのためには，明確で具体的な目標や一連の目標に的を絞り，適切なチャレンジレベルのものである必要があり，フィードバックも欠かせない。

3　手続き的知識の獲得

　しかも，民法の事例問題の解決のように多くのコンポーネントスキルから
なっている複雑なタスクにあっては，一連のコンポーネントスキルを獲得し，
それを統合し，ほぼ自動的にできるように練習する必要がある。その前提と
して，そのタスクが，どのようなコンポーネントスキルから構成されている
か分析しなければならないが，熟達者であっても，必ずしも簡単ではない。
教科書等でも必ずしも明確に書かれていないように思われる。このことも民
法の学習を難しくしているといえよう。

　民法の事例問題の解決というタスクを分析し，すべてのコンポーネントス
キルを明らかにした上で，その適切な手順や考え方も理解して，「熟慮した
練習」を行ったとしても，さらに，練習後，適切なフィードバックが必要で
ある。つまり，練習した後，最初の目標がどこまで達成されたのか，どこに
未熟な部分があり，その未熟な部分をどのようにして改善するか等のフィー
ドバックを何らかの方法で得る必要がある。むろん，それに基づき次の具体
的な目標を設定して，その目標に向かって練習をしていく必要がある。

③　手続き的知識獲得に関する認知科学上の知見の重要性

　要するに，民法の事例問題を解くことができるようになるには，宣言的知
識のほかに手続き的知識の獲得が必要であり，しかも，そのためには練習が
不可欠であるなどの認知科学上の知見が重要な意味をもつ。そこで，一般的
にいえば，民法を学習する際に，その知見が必ずしも十分活かされていない
ことによって，民法の学習をより難しくしているように思われる。

　もっとも，その知見のポイントは，次のようなものであろう。まず，民法
の事例問題を解くためには，どのようなコンポーネントスキルが必要である
かを明確にする。それぞれのスキルの手順・考え方を十分理解して，練習を
して，特により弱いスキルを集中的に練習して，すべての主要なコンポーネ
ントタスクがほぼ無意識にできるようにする。さらに，それらを統合して，
民法の事例問題を解き，解答を書くことも，あまり意識せずにできるように
練習する必要がある。特に重要なことは，自らの弱点を認識し，その弱点と
なっているスキルを集中的に，克服できるような工夫した練習を行う。

　これらは，ある意味では，当たり前のこととともいえ，民法が得意な学生は，
このようなことの多くは行っているようにも思われる。ただ，そのことを認

89

Ⅱ　認知科学等の知見

めるとしても，このような知見は必ずしも一般的に認識されて，しかも一般的に行われているとはいえないであろう。その意味で，その知見は，民法の学び方を考える上で重要な意味があろう。

4　学習の転移

　これまで，主として，民法に関する宣言的知識を獲得する方法，さらに，民法に関する事例問題を解くスキル・手続き的知識を獲得する方法に関する認知科学の知見を明らかにし，民法の事例問題が解けるようになるには，それらの知見を踏まえて，いろいろ工夫をして学ぶ必要があることを指摘した。ところが，民法の学び方を考える上で，認知科学の知見からすると重要な問題がさらに存在する。

　先に紹介したように，シュワルツ教授らは，アメリカのロースクールにあって，一般に，試験やレポートは，知識を学んだか否かを評価するのではなく，その知識を「新しい状況下で適用する」スキルがあることを示すことを求めていると述べていた。このことは，法科大学院にも妥当するであろう。ここで注目しなければならないのは，学んだ知識を「新しい状況下で適用する」という点である。新しい状況下で適用できるとは，次のようなことを意味する。つまり，たとえば，簡単な自転車事故の事案で，関連する民法の知識とスキルを学んだとする。そこで学んだことを，新しい状況下，たとえば，道路上で近くの住人がゴルフクラブの練習をしていて通行人に怪我をさせたというような事故の長い事案にも，実際に起きた自動車事故にも学んだことを適用できる。また，ある事例で民法の判例法理や解釈論を学んだ後，学んだ事案とは異なる事例において，学んだ判例法理や解釈論を使って（応用して），そこで必要とされる解釈論を展開できる，ということを意味する。学んだ知識を新しい状況下で適用することを，認知科学においては，学習の転移，または単に転移と呼んでいる。法科大学院では，プロの法律家になったときに，実務に役立てるために，さまざまな法律に関する知識やスキルを学習・教育していることから，学習の転移はきわめて重要なものである[448]。むろん，民法の学習にとっても同様である。

4　学習の転移

　ところが，学習の転移は，学習すれば常に生ずるというものでなく，むしろ，転移が生ずるのは難しいということが，認知科学の知見から明らかにされている。ただ，転移が生ずることも認められており，転移が促進される要因・方法についても明らかにされつつある。これらの知見は，法科大学院における民法をはじめ法律の学び方・教育のあり方を考えるにあたり，きわめて重要な意味をもつ。だが，これまで，民法を初めとする法律の学習・教育において，学習の転移に関しては，必ずしも十分に注目されてきていない449)。そこで，以下，民法の学習のあり方を考えるに必要な範囲内で，学習の転移に関する認知科学の知見をみていこう。

（1）　転移概念と転移の難しさ

　先に簡単には述べたが，学習の転移とは何か，転移の難しさにつき，もう少し詳しく確認しておこう。

　認知科学にあっては，学習の転移とは，「ある状況下で獲得した知識が，後の状況での問題解決や学習につながる現象」をいう450)。また，「ある領域における学習がほかの領域における学習や問題解決を促進した場合，学習が転移したという451)」，さらには，「学習の転移とは，ある文脈で学習したことを別の新しい文脈でいかすこと452)」，「学習したことを別の場所や別の時間で活用する・応用する453)」ことだとも指摘されている。そこで，民法に関する学習によって，これまで見たことがない試験問題や民事事件を解くことができたり，その学習が役立つことがあったりすれば，その学習が「転移」したということになる。

　期末試験の事例問題にあって，民法の授業で学んだ事例問題と実質的には同様な構造のものであれば，事案がまったく異なり複雑で長いものであっても，ほとんどの学生は，初学者でもその問題を解くことは，それほど難しくないと思われるかもしれない。ところが，認知科学の知見にあっては，「一般的結論として学習の転移は容易には成立しない454)」といわれている455)。「例えば一つの問題を解いた直後にそれと論理的には同型の問題を解かせても前の解法を利用する人は少ない456)」，「かなり似た問題であっても転移は簡単には成立しないという実験結果が多く報告され457)」ている。また，理

91

Ⅱ　認知科学等の知見

数系の教科における応用問題を解く難しさについて，公式，法則，解法がまず例題とともに教示され，関連問題で練習を行い，応用問題を解く際には，そこで用いられるべき事項は既に学習済みのはずであるが，応用問題で，「ある公式を適用しなければならないことがわかっている問題ですら，解けないケースは少なくない[458]」という。さらに，「ほとんどの研究は，(a) 転移は頻繁に，また自動的に起こるものでもなく，(b) 学習と転移の文脈の相違が大きければ大きいほど，転移が成功する可能性は低くなることを明らかにしている。つまり，教員が望んでいるように，学生は関連するスキルや知識を新しい文脈に適用できないことが多いのである[459]」。このような認知科学の知見からすると，また，筆者の経験からしても[460]，一般的にいえば，初学者が，先の期末試験の長い複雑な事案の事例問題を解くことは必ずしも容易だとはいえないであろう。

　もっとも，以上のように，転移が生じないように思われる場合にも，最近の研究では，「転移はほとんど常に生じているが，いつでも教員が望むように生じているわけではないと考えられるようになっている」という[461]。つまり，「実験者や教員が期待する転移が生じていないだけで，詳しく見れば学習者なりの転移は生じている[462]」とみるわけである[463]。

　また，学習の転移が一般的には容易には生じないとしても，先にも述べたように，学習の転移が生ずることがあることは否定できない。前述の期末試験の例にあっても，すでに学んだものと実質的に同様な問題であることを見抜ける学生も少なくないであろう[464]。つまり，学習の転移が生ずるか否かは，さまざまな要因によるわけである[465]。

　そこで，本稿の課題との関係で，より重要な問題である，なぜ，学習の転移は難しいのか，転移に影響を与える要因は何か，また転移を促進するには，どのような学習・指導を行えばよいのかに関する，認知科学上の知見を考察していこう[466]。

(2)　転移が困難な理由

　先に，われわれが一般的に考える以上に，学生が学んだ知識やスキルを転移することは難しいということを指摘したが，なぜ，そのように難しいので

あろうか。

　まずは，ウィリンガム教授の見解を聞くことにしよう。ウィリンガム教授は，まず，知識が転移するとは，既に学んだ知識を新しい問題にうまく適用できることだ[467]として，転移が困難な理由を次のように説明する[468]。まずは，古典的な実験を紹介する[469]。

　胃の悪性腫瘍を放射線で破壊したいが，そのためには十分な強度の放射線で一度にすべての腫瘍に照射する必要がある。だが，その強度だと健康組織まで破壊される。強度を下げると，健康組織を破壊しないが腫瘍を破壊できない。どうすればよいか。この問題を被験者が解けなければ（ほとんどが解けない）実験者が「低い強度の多くの放射線を異なった方向から照射し，それらをすべて腫瘍に集中させるようにする[470]」との答えを教える。実験者は被験者が答えを理解したことを確認した上で，次の問題を出題する。

　ある将軍が，独裁者の要塞を攻め落としたいと考えている。自ら率いる軍全体が要塞を一度に攻撃すれば占拠できるとする。だが，要塞から放射状に伸びる道に地雷が埋められ，地雷は少人数なら安全に通過できるが，大人数で通過すると爆発する。この将軍はどうやって要塞を攻撃すればよいか。

　二つの問題は，同じ深層構造をもっている。つまり，共通の抽象的な一般原理からなっている。「結合された力（combined forces）が巻き添え被害をもたらす場合，力を分散させ，異なる方向から攻撃地点に集結させるようにする[471]」ということである。この答えは一目瞭然に見える。しかし，概念的には違いのない問題とその答えを聞いたばかりであるにもかかわらず，二番目の問題が解けた被験者はわずか30％であったという。

　このように転移が起きにくいのは，次のような，われわれの認知システムと関係するという[472]。われわれの頭は，読み書きした新しいことが，読んだ（または聞いた）ばかりのことと関連していると仮定する。その方が理解は早くスムーズになるからである。だが，そのことにより，問題の深層構造に気づくことがより難しくなる。われわれの認知体系は，常に，読んだり聞いたりしている内容を何とか理解しようとしており，そのために単語やフレーズ，文を解釈するのに役立つ関連する背景知識を見つけようとしているが，適用されるように思われる背景知識は，ほとんど常に表層構造に関係す

Ⅱ　認知科学等の知見

るものだからである。そのため，最初の問題は腫瘍に関するもの，二番目の問題は軍隊に関するものと解釈されてしまうのである。この問題の解決策は明らかで，深層構造を考えながら読むようにというものであろうが，一般的には，われわれの認知システムからすると，表層構造にこだわり深層構造に気づくことが困難であるという[473]。

　これに対して，アンブローズ教授らは，基本的にスキルの転移を念頭においているが，次のようにいう[474]。多くの理由があるが，第1に，学生は「最初に学んだ知識をその文脈と密接に関連づけており，その知識を，その文脈以外に適用しようとおもわない[475]，あるいはどう適用していいかわからない可能性がある[476]」として，つぎのような具体例をあげる。統計を学ぶ学生が，各章の小テストでは良い点数を取れていても，複数の章が試験範囲となる最終試験では，タイプでも難易度もまったく同じなのに良い点数がとれないことがある。章ごとの小テストでどの公式を利用するかについて表面的な手がかりに頼っているとすると，こうした手がかりがなくなったとき，それぞれの問題の主な特徴を識別して適切な統計学上の公式を選択することができなくなる可能性がある。つまり，彼らの知識は文脈に依存しすぎていて，柔軟性に欠けていたというのである。

　第2に，「学生は，基礎となる原則や深い構造をしっかりと理解していないとき，つまり，何をすべきかを理解しているが，なぜかを理解していないとき，関連するスキル，知識，方法を転移することができない可能性がある[477]」。スキルの意味を十分理解していないと，新しい文脈に適切に適用できることを認識できない可能性が出てくるというわけである。

　さらには，次のような説明もある。「一般に，知識には，それを学習した状況に制約されて，特定の目的や文脈と強く関連づけられた状況で獲得されるという性質（領域固有性）がある。そのため，もとの学習を行った状況と新たな問題場面との間に，一見してわかる表面的な類似性や共通性がある，あるいは先に学習したことが役立つことを教示するといった条件が満たされない限り，自発的に新たな状況に学習した概念を転移させることは困難となる[478]」。

　以上からすると，知識やスキルの転移が難しい理由は，それぞれ密接な関

係があると思われるが，筆者なりにまとめると，次の4点に整理できよう。第1は，われわれの認知システムからすると，知識は獲得した際の状況・文脈に密接に結びついており，その文脈に制約され柔軟に知識を使うことは難しい[479]。第2に，具体的な課題内容（表層構造）にこだわり，その背後にある抽象的な一般原理（深層構造）に気づくことが難しい。

　第3に，そもそも知識やスキルの基礎となる原則や構造を深く理解していないと，柔軟な知識となっていないため転移が困難となる。第4に，われわれは，新たな問題を，すでに学んだ知識やスキルを使って解決するのであり，そのこと自体を知らなければ，また，学んだ知識やスキルをどのように使うかについて一般的な知識がないと，やはり転移は難しくなろう。

　これらのことを，先にあげた，期末試験の長い事例問題が，すでに学んだ事例問題と実質的には同様な構造だが，事案がかなり長く複雑で異なっていたような場合の例で考えてみよう。まず，学んだ事例問題の事案と異なり期末試験の事案がかなり長く複雑であるため，学んだことを転移することは難しい。また，期末試験はかなり長く複雑で表層構造にこだわって，その背後にある深層構造を見つけることも難しいため，実質的に同じ問題であることに気づくことは難しくなろう。さらに，すでに検討した事例問題で学んだ知識やスキルにつき深く理解していなければ，その点でも，転移が困難となる。また，学んだ事案とは全く異なる事例問題である場合，一般的に，そもそも，すでに学んだ知識やスキルを使って解決するということ自体を知らない，知っていても，では，どのようにして新たな問題を解決できるかという一般的な知識をもっていないと，混乱してしまう可能性は高いであろう。

(3) 転移を促進する要因・方法

　転移を促進する要因，転移を促進するより具体的な方法は，当然のことながら，転移の困難な理由とも密接に関係する。これらの要因・方法には様々なものが指摘されている。大きく分けると，次の3つに分けることができよう。第1は，先行学習の深い理解である。第2は，知識の文脈にかかわるものである。第3に，メタ認知（認知〔記憶，思考，言語，学習〕活動を一段上から監視しコントロールする仕組み）に関するものである。

Ⅱ　認知科学等の知見

① 先行学習の深い理解

　学習した知識・スキルが転移するには，その学習の習得レベルが適切でなければならないことは，様々な転移研究で明らかにされている480)。

　すでに，教科書等を読む際に，深く理解して状況モデルを構築できないと，新たな問題解決ができないということを述べた481)。そこからも推測できるが，転移が生ずるには，学習課題の内容や問題解決の手順を記憶するだけではなく，課題を深く理解しながら学習しなければならない482)。「深く理解されれば，事実についての知識が応用可能な柔軟な知識に変換される483)」という。そこで，丸暗記するだけでは転移は生じないということになる484)。前述したように，理解するとは，既有知識と関係づけることである。そして，理解するには，長期記憶から適切な既有知識を引き出し，ワーキングメモリに置き，新たな情報との関係を考え，関係づける必要がある485)。そのため，深く理解するためには，考える時間が必要である486)。むろん，複雑な知識やスキルを習得するための学習課題が増えれば，その学習には多くの時間を要することになる487)。

② 文　　脈

i　適用される時・場面・使い方

　知識やスキルを学んだとしても，それが一般的・抽象的なものであると，学習の転移は起こりにくく，それをいつ，どこで，どのように使うことができるかは，自動的にわかるようになるわけでない。そこで，知識やスキルの転移のためには，具体的な使う時・場面・使い方を具体的な事例と結びつけて，つまり文脈化して学習することが重要だと解されている488)。適用の条件や文脈を明示的に議論することによって，知識やスキルをより転移させるのに役立つという489)。そこで，民法における知識やスキルを学ぶ際にも，ただ抽象的に学ぶだけではなく，いつ，どこで，どのように使われるか具体例で学ぶことが，きわめて重要だということになろう。

ii　文脈依存性の克服

　ところが，知識やスキルを具体例とともに学ぶ場合，そのような文脈と密接に結びついているため，他の文脈で使うことが難しくなる。そこで，そのような文脈依存性を克服することが課題になる。まずは，複数の文脈で，つ

まり異なる具体例で，知識やスキルを学ぶ方法があげられている[490]。さらに，複数の文脈を用いる，他の類似の文脈での適用例を学ぶだけでなく，そのことを通して，一般的で抽象的な原理を抽出することが薦められている[491]。そのことにより知識の柔軟性を高め，転移を容易にすることができるという。そこで，民法の条文を事案に適用するスキルを学ぶ際，複数の事例を検討する必要があるが，それだけでなく，さらに，その適用方法の原理を抽出することによって，そのスキルをさまざまな場面で使えるようになろう[492]。

iii 課題の本質的な特徴

先に述べたように，われわれは，一般的に，問題の表面的な特徴に引きずられてしまいがちで，そこでの重要な特徴（抽象的な一般原理〔深層構造〕）を見つけることは困難である。そのため転移が難しい。そこで，転移が促進されるには，表面的な特徴に惑わされず，その背後にある重要な特徴を見つける必要がある。そのためには，課題，事例，タスクについて構造化された比較を行うことによって，重要な特徴と表面的な特徴とを区別することを学ぶのに役立つという[493]。つまり，「構造化された比較は，根底にある構造的な類似点と相違点に気づかせ，表面的な特徴にだまされないように注意を促すことに効果的」で，「これらの活動によって，学生は新しい問題の本質的な特徴を認識し，転移に成功しやすくなる[494]」という。

たとえば，先の期末試験の例では，期末試験の事案と，学んだ事例の事案と「構造化された比較」を行い，構造的な類似点と相違点を比較し，表面的には異なる事案でも根底にある構造的には同じものであるということになれば，すでに学んだ事例で使われる条文や論点が，新たな事案にも適用・問題となることになる。もっとも，比較の対象として，学んだ多くの事例のうち，どの事例を取り上げるかという問題はあるが，これについては後に取り上げることにしたい。

iv 文脈とスキル・知識のネットワーク化

文脈を超えた転移を促進する方法として，ある文脈（問題，事例）に適した知識やスキル（規則，手順，手法，アプローチ，理論など）をあげてみる，反対に，スキルや知識をあげ，それらはどのような事案や問題に適用される

Ⅱ　認知科学等の知見

かをあげることが指摘されている495)。この場合，実際に適用して解く必要
はないという496)。事例に適した知識やスキルをネットワーク化する場合，
事案を変えてみるとどうなるかも検討することも推奨されている497)。これ
らの方法を民法の学習にあてはめてみると，まず，不法行為の典型事案をあ
げ，そこでの関係条文，それぞれの要件，論点等，さらに，そこで使われる
スキルも指摘し，さらに，その事案をいろいろ変えてみるとよいであろう。
また，事務管理制度についていえば，どのような事案で事務管理が問題とな
るかを多くあげ，それぞれの事案で，事務管理制度を具体的に説明していく
ようなことも考えられよう。

③　事例による学習における転移問題

　ⅰ　事例学習の意義

　法科大学院の民法の授業で事例問題を検討したり，学生自身が事例問題を
学んだりする場合が多く，しかも，それらの学習にかなりの多くの時間を費
やしているといえよう。これは，そのことによって，将来，新たな事案の事
例問題を解くことができるようになる，つまり，そこでの学習が新たな問題
解決において転移すると考えられているからであろう。そこで，事例問題を
学ぶ際，どのように学べば，より効果的に転移が促進されるかを知ることは，
民法の学習においても，きわめて重要である。この点に関しても，認知科学
等の研究で一定限度明らかにされている。それらの研究の対象は，数学的問
題解決などであり，慎重な検討が必要であるが，ここでは，基本的には，そ
れらの知見は，民法はじめ法律の問題解決においても妥当するものと考えて
おきたい。

　ⅱ　事例学習と転移

　人は新たな問題（転移課題）に直面したとき，そのときの目的や状況に
よって，過去に，事例から学んだ，どのような知識を利用するかによって，
3つの場合があるという498)。学んだ事例そのものの記憶を直接利用する場
合（事例に基づく推論），具体的な事例から抽象化した法則や公式を利用する
場合（抽象化を媒介する転移），さらには，法則や公式に関する，より抽象的
な知識を利用して新たな解法の生成を試みる場合（構造生成アプローチ）で
ある。

98

4 学習の転移

　後者ほど，抽象化の程度が高く，「知識は，抽象化の程度が高いほど，広い範囲の問題に転移できる[499)]」ことから，最も広範囲の事例や問題への応用が期待できるのは，構造生成アプローチだという[500)]。ここで転移するのは，新たな解法の構造を生成する知識（自分で公式を作り出すための知識）となる[501)]。そこで，過去に学習した事例とは構造が異なる未知の問題にも対処できるわけである[502)]。このような解法生成の知識は，公式を導くまでの論旨の流れを深く理解するとともに，複数の「公式を生成する」事例から，さらに抽象化されることによって学習されるだろうという[503)]。他方，事例に基づく推論にあっては，多くの事例を学習して，どのような問題がでても対処できるようにする必要があり，十分蓄積されていなければ，新たな問題に対処できない可能性が大きくなるという[504)]。

　他方，数学的問題解決に関するものであるが，例題と同型でない「類似問題」への転移が促進されるためには，学習者が例題からどのような知識を獲得すべきかについての研究がなされており，実質的に上記と同様な３つのアプローチをあげ，構造生成アプローチが最も有望なアプローチだという[505)]。このアプローチでは，獲得すべき知識は解法構造より抽象的な解法生成のアイデアであるとされる[506)]。このアイデアは，一種の問題スキーマ（見慣れた問題を取り巻く知識のまとまり）であり，「これが適用される問題のクラスに関する情報」と「解法に関する情報」から構成されている[507)]。抽象的解法を獲得する方法としては，２つの例題とその解法を比較する方法[508)]，自分の解答と提示された解答という２つの「解法」を比較するという方法が考えられるという[509)]。問題スキーマにおける問題のクラスについての情報は，例題の文脈の適切な抽象化によって獲得されるが，何が重要であるかがわかるとは限らない初期の段階では，いくつかの例題を学習していくうちに適切な文脈の抽象化が徐々に進むと考えることが自然であろうという[510)]。

　ⅲ　教訓帰納と転移

　さらに，転移の促進を目指した学習方法・教育方法として教訓帰納が提唱されており[511)]，本稿との関係でも重要と思われるので簡単に紹介しよう。「教訓帰納とは，問題を解き終わった後に様々な問題に使えるルールを教訓として抽出することによって，次に類似する問題に出会った時に対処しやす

Ⅱ　認知科学等の知見

くする試み512)」と言われている。

　教訓帰納がめざすものは，自立した学習者を育てることであり，失敗経験
の活かし方を学ぶことを学習の基本と考える点が特徴的であり，また，教
訓帰納は「学習における方略の転移を促すはたらきかけとして有効であ
る513)」ことが指摘されており，さらに，教訓帰納の有効性を実証的に明ら
かにする研究もなされている514)。その研究の結論は次の3つにまとめられ
ている515)。第1は，学業成績の高い学習者は，問題解決の失敗から有効な
教訓を引き出すことができる。第2に，教訓帰納とは，この問題を解いて何
がわかったかという抽象化されたルールを作ることであり，つまり，問題や
その正解の抽象化を行うことで，そのことにより，転移は促進される。第3
に，適切な教訓（抽象的なルール）は，解決に失敗した自分の解法を正解と
比較することによって促進される。

　　ⅳ　民法の事例問題学習と転移

　上記の研究の知見から学ぶべき最も重要なことは，第1に，民法の事例問
題を学習する際，そこで学んだことが，新たな問題への転移が促進されるよ
うな方法で学ぶ必要があるという点である。第2に，そのためには，予想さ
れる新たな問題を網羅できるように，いわば，できるだけ多くの問題を解く
という方法よりも，問題を抽象化させ，その問題の解法も抽象化することに
よって，効果的に未知の問題に対処できるようにすることである。

　また，民法の事例問題を学習した後にあっても，転移が促進されるような
教訓を学び取ることが重要で，そのためには，問題やその「正解」の抽象化
を行うことが効果的だということである。

　④　**転移とメタ認知**

　メタ認知も転移を導く要因であると考えられている516)。学んだ問題が，
新たな問題と同じ構造をもつ問題であることに気づき，学んだ問題の解決法
を新たな問題の解決法を導く過程にはメタ認知がかかわっているといえよ
う517)。たとえば，学習時から，4つの異なった文章題の問題の認知の仕方
とその解き方の訓練を含んだ問題スキーマの形成を促す訓練を行った研究で，
数学的問題解決の転移が示されている518)。

　また，問題を解き終わった後に様々な問題に使えるルールを教訓として抽

4　学習の転移

出することは，転移を促進することが明らかとされているが，そのような活動は，メタ認知能力（認知活動を監視しコントロールする能力）を高めるものといえよう。つまり，このことは，メタ認知能力を高めることにより，転移が促進されることを示唆しているといえる。

　転移は，学生のメタ認知能力を高めることによっても促進されると明確に述べられている文献もみられる519)。さらに，学生が自らの学習方法を定期的に振り返り，モニターするよう促すことにより，メタ認知を使うことは，学習の転移の可能性を高めると指摘されている520)。

⑷　民法学習と転移

　認知科学の知見によると，学習の転移は容易ではない。ただ，転移が促進される要因も一定限度明らかになってきていることから，転移の難しさ，その理由，転移が促進される要因・方法に関する認知科学の知見を考察してきた。そこで，ここで，民法の事例問題を解けるように学ぶ際に，それらの知見がどのような意味をもつかという視点で整理しておこう。ただ，それぞれの箇所で，ある程度論じてきたので，ここでは，重要な点に絞ってより簡潔に指摘しよう。

　第1に，もっとも重要なのは，民法を学ぶ際には，学んだことが，将来の問題解決，とくに未知の問題解決に役立つように，つまり転移が促進されるように学ぶには，どのように学べばよいかを考えて学ぶ必要があるという点である。このことは，次のようなことも意味する。すなわち，これまで見たことがないような問題を解かなければならないときに，すでに学んだ知識やスキルを使って解くことを考えなければならない。

　第2に，それと関連して，民法の知識・スキルを学ぶ際，いつ，どこで，どのように使われるかについても学ぶ必要がある。

　第3に，民法の知識・スキルを学ぶ際，十分に理解しなければ応用することができない。

　第4に，民法の知識・スキルを学ぶ際，複数の文脈で学ぶことが有効であるが，さらに，そこから抽象的な原理を抽出することによって転移が促進される。

101

Ⅱ　認知科学等の知見

　第5に，民法の事例問題を学習して，未知の事例問題に効果的に対処できるようにするには，問題を検討する時も，さらには，問題を解いた後にも，問題や解法を抽象化することが有効である。

　第6に，長い事例の問題を検討するときには，表面的な特徴に惑わされないで重要な特徴をみつける必要があり，そのためには構造比較が提唱されていた。しかし，取り組んでいる問題と比較する対象を，すでに学んだ多くの問題からどのように選ぶかという課題がある。だが，取り組んでいる長い事例問題を抽象化する際，すでに学んだときに抽象化されている複数の問題と照らし合わせて考えていくことによって解決できるであろう。抽象化された問題は，その解法も抽象化されているので，取り組んでいる問題を解く際には，その解法を参考にしていけばよいことになる。

　以上のように，転移の促進にあっては，問題や解法の抽象化がきわめて重要であるが，抽象化されたものは具体例をあげる，つまり具体化できるようにしておくことも重要であろう。この点を含めて，詳しくは，後に述べることにしたい。

5 ワーキングメモリ[521)]

　民法の事例問題が解けるようになるには，民法の知識とともに民法の事例問題を解くための様々なスキル・手続き的知識を獲得する必要がある。だが，それらの獲得は簡単ではない。しかも，それらの知識やスキルを獲得できても，確実に想起できるとは限らない。さらに新たな問題に転移することも，認知科学の知見からすると難しい。そこで，知識やスキルの獲得や想起に関する認知科学上の知見のみでなく，知識やスキルをどのように学べば，より転移がなされるようになるかについての認知科学上の知見についても，これまで考察してきた。

　だが，これらの考察の前提として，本稿の最初の段階で，記憶には，感覚記憶，短期記憶，長期記憶があるとして，二重構造モデル[522)]を中心に簡単に説明した[523)]。その際，民法の事例問題を解く場合のことを例にあげ，われわれの認知活動にあっては，一時的に情報を短期記憶に保持するだけでな

5　ワーキングメモリ

く，同時に，それらの情報を処理しなければならないことが少なくないが，このことを，短期記憶の概念では上手く捉えられないため，情報の一時的な保持と能動的な処理を合わせておこなうシステムとしてワーキングメモリ（作動記憶・作業記憶）という概念が提唱され，一般に認められてきていることを述べた524)。そして，本稿で，これまで，新たな知識の理解との関係525)，さらには，手続き的知識の獲得との関係でワーキングメモリについて触れてきた526)。だが，それらは断片的なものでしかない。

　ところが，認知科学の知見によれば，ワーキングメモリは認知活動において中心的な存在である527)。しかも，ワーキングメモリの容量には厳しい制約があるため，そのことが，学習やわれわれの認知活動の重大な障壁となっている528)。民法の学習や民法の事例問題を解くという認知活動でも同様である。そこで，民法の事例問題を解けるようになることが難しい最大の理由は，ワーキングメモリには，きわめて厳しい制約があるからだともいえる。それにもかかわらず，このことは，一般には必ずしも十分知られていないといえよう。

　だが，本稿の目的からすると，ワーキングメモリとは何か，その機能，ワーキングメモリの容量に制約があるとはどういうことか，そのような制約を回避するには，どのような工夫が必要かという点を学ぶことが，きわめて重要である。そこで，これらの点につき，重複する点もあろうが，できるだけ簡潔に整理しておきたい。

(1)　ワーキングメモリとは

　まずは，ワーキングメモリとは何かを改めて確認しておこう。前述した記憶の基本メカニズム（二重貯蔵モデル）の理論的枠組みの中では，短期記憶は，「主に言語的情報を，単調な繰り返しによって保持し，長期記憶に転送するためだけの，単純かつ受動的なシステムと捉えられていた529)」。しかし，すでに述べたように，「人間の高次の認知活動はしばしば，処理の中間結果を一時保持しながら，つぎの処理を同時に行うというような，情報の処理と保持が並列進行するかたちで繰り広げられる」530)。たとえば，繰り上がりのある暗算の遂行では，繰り上がりの情報を保持しながら計算を進めることが必

Ⅱ　認知科学等の知見

要である 531)。また，対話や読解などの言語の上の処理においても同様で，文章を読んでいるときには，その文の中の単語を忘れる前に，その単語の意味を長期記憶にある単語と照合してその意味を理解し，文全体への理解とつなげていく 532)。先に述べたように，民法の事例問題を解く際にも同様だといえる。以上のような高次の認知活動にあっては，情報を保持するだけの短期記憶という概念では，そのメカニズムをうまく説明できない。それゆえ，単に情報を保持するだけでなく，保持された情報を利用して，何らかの情報処理機能を担うシステムが求められ，バドリー教授らは，1974 年の論文で，情報の保持機能と処理機能の両方を備えているワーキングメモリという概念を提唱したのである 533)。

　要するに，ワーキングメモリは，「何かの認知的な作業を行いながら，そのために必要な情報を一時的に保存する」際に働く動的な記憶システムで，短期記憶と異なり認知的な情報処理をも包含したモデルだということになる 534)。だが，短期記憶という用語も，少量の情報の直後再生を要求する課題を記述するのに用い続けられており，ワーキングメモリという用語は，一般的には，注意制御にかかわり，短期貯蔵に保持した情報の操作を可能にする広いシステムを指すのに用いられているという 535)。

(2)　ワーキングメモリのモデル

　ワーキングメモリについては，これまで，多くのワーキングメモリの概念や理論的枠組みが現れ，多くの議論があるところである 536)。だが，バドリー教授が提示したモデル（バドリーモデル）は，「いまなお，もっとも広く受け入れられ，改定され続けている 537)」という。

　かなり専門的な内容であることから，本稿の目的の範囲内で，このバドリーモデルを中心にワーキングメモリのモデルを，できるだけ簡潔にポイントのみを紹介していくことにしたい 538)。

①　バドリーモデル

　ワーキングメモリに関するバドリーモデルは，複数の構成要素からなっている 539)。まずは，情報を保持するシステムと情報の制御を担う中央実行系というシステムに大別される 540)。中央実行系は，ワーキングメモリの最も

104

5　ワーキングメモリ

重要な存在で，情報を保持するシステムと相互作用して，それらの制御と情報処理を行うシステムである。情報を保持するシステムは，情報のタイプにより「音韻ループ（phonological loop）」と「視空間スケッチパッド（visio-spatial sketchpad）」と呼ばれる下位システムからなる541)。ただ，後に，「エピソード・バッファ（episodic buffer）」という，複数の情報源からの情報を統合した表象を保持するための下位システムが追加された。いずれの保持システムも容量の限界があり542)，中央実行系にあっても一般処理容量に限界がある543)。

②　音韻ループ

音韻ループは，一時的に音声情報を保持することに特化し，音韻形態で情報を保持する容量限界のある音韻貯蔵庫と，音韻貯蔵庫にある情報を取り出し繰り返し音声化することで情報をリフレッシュする構音リハーサル過程からなる544)。興味深いのは，言語情報が聴覚的に呈示された（ことばを耳で聞いた）場合，直接的に音韻貯蔵庫で保持されるのに対し，言語情報が視覚的に呈示された（文字を目で見た）場合，その情報は，まずは構音リハーサル過程において，脳内で音声化したり，それを繰り返しリハーサルしたりすることで音声情報が音韻貯蔵庫に保持されると解されている点である545)。

③　視空間スケッチパッド

「視空間スケッチパッド546)」とは，イメージに代表される視覚情報と空間情報，あるいは言語情報から生成されたイメージ情報の保持に関与している547)。たとえば，図書館内の民法の本が置いてある場所を見つけたり，民法の最初の講義の後，教員が受講者の顔を思い出したりする場合，視空間スケッチパッドが関わることになる548)。

視覚情報とは，物体の形や大きさ，色などの情報であり549)，空間情報とは，空間的位置に関する情報である550)。音韻ループと同様，入力された情報が受動的な保持機能を担う「視覚キャッシュ」と能動的な保持機能を担う「インナー・スクライブ（inner scribe：内的筆記）」からなるとの仮説が提示されている。

④　中央実行系

中央実行系は，前述のように，ワーキングメモリの中核的位置を占めるシ

105

II　認知科学等の知見

ステムである[551]。現在では，中央実行系は，もっぱら注意制御システムと解され[552]，しかも，次のような下位成分からなると考えられている[553]。注意を方向づけ，焦点化する能力，2つの同時課題で注意を分割する能力，ある課題から別の課題へ注意を切り替える能力である。

⑤　エピソード・バッファ

「エピソード・バッファは，音韻ループ，視空間スケッチパッド，長期記憶からの情報，あるいは，まったくの知覚的入力からの情報を，まとまりのあるエピソードに一体化することのできる，一時貯蔵システムであると仮定されている[554]」。エピソード・バッファにも，保持可能なエピソード数あるいはチャンク数による限界があると仮定されており，個人差はあるが，大体4あたりだという[555]。

(3)　ワーキングメモリの容量
①　ワーキングメモリの容量の制限

ワーキングメモリの容量に厳しい制限があることは古くから認識されており[556]，前述のように，短期記憶に関して，「マジカルナンバー7±2[557]」が，よく知られている。これまた，先に述べたように，その単位は，数字や文字の数ではなく，チャンク（意味のあるまとまり）だと解されている。われわれは，通常，ランダムな数字を一度聴いて憶えておく数には限りがあり，通常，7項目程度であるとすることは，それなりに納得できよう。だが，コーワン教授は，幅広い分野の認知研究を検討して，短期記憶の純粋な貯蔵容量が「注意の焦点」の概念によって説明できるとした上で，数多くの研究結果から，方略の使用が制限された状況で注意の焦点に保持できる情報量は，標準的な大人では平均4±1チャンクであるとしている[558]。これに対して，スウェラー教授らは，ワーキングメモリは情報を処理するために最も使われるため，情報を保持するのではなく，処理することが求められる場合には，人間は，おそらく2つか3つの情報を同時に扱うことしかできないのではないかという[559]。

他方，ハッティ教授[560]らは，短期記憶とワーキングメモリとは基本的には互換可能なものとして使用されているとの前提で，時間をかけて取り組ま

5 ワーキングメモリ

れるのであれば，保持される情報の数は，「もしそれが知らない情報であれ
ば，およそ4つであるが，その情報が数字や文字，簡単な言葉などで互いに
関連しあっているのであれば，8つといわれている」[561]，情報が短期記憶シ
ステムにとどまっている時間は，「5〜20秒の間である」とする[562]。他方，
ウィリンガム教授らは，最近の認知心理学のテキストで，ワーキングメモリ
の容量に関する最近の研究を紹介した上で，次のように結論づける[563]。ワー
キングメモリの容量の調査は7±2から始まったが，ワーキングメモリの容
量は，より正確な数字に収束していくことはなかった。さらなる研究の結果，
容量の問題は表現されるものに依存することが明らかになった。数字のよう
な単純なものであればたくさん（10項目以下の数）収めることができる。し
かし，多色の面や見慣れない特質をもつ立方体のような複雑なものであれば，
ワーキングメモリの容量は1つの項目に減ってしまう。

　ワーキングメモリの容量は，個人によって異なる[564]。そこで，個々人の
ワーキングメモリ容量を測定するリーデイングスパンテスト[565]と呼ばれる
課題が開発されている。そして，リーデイングスパンテストと読解力テスト
の得点に優位な相関が認められている[566]。このリーデイングスパンテスト
遂行中に貯蔵・処理情報を収める注意の焦点の容量は4±1チャンクで，そ
のうち処理情報は最大で2チャンク程度を占め，貯蔵のための容量は2±1
チャンクとなるが，過去のリーディングスパン研究を検討して，言語性ワー
キングメモリの貯蔵容量は，3±1と推定されるとする研究もみられる[567]。

　ワーキングメモリの容量は，個人によって差があるということからすると，
トレーニングによって，その容量を増大することも考えられないではない。
だが，これまでの多くの研究からすると，「現段階ではワーキングメモリト
レーニングには実効性があるとは言えない」とされている[568]。

　以上のように，ワーキングメモリの容量に関しては，必ずしも明確でない
点もあるが，厳しい制限があること，さらには，その数の単位はチャンクで
あることについては，コンセンサスが得られているといえよう。

　なお，ハッティ教授らは，ワーキングメモリが情報を保持できる時間につ
いて触れていたが，ワーキングメモリに保存され，リハーサルされなかった
ほとんどすべての情報は30秒以内に失われることが知られているという[569]。

Ⅱ　認知科学等の知見

②　ワーキングメモリの容量の制限の意味

では，ワーキングメモリの容量に厳しい制限があることは，学習や問題解決などの認知活動において，どのような意味があるのであろうか。

(ⅰ)　ワーキングメモリの容量を超えると

はじめて民法の教科書を読んだが，日本語の文章として理解できなくはないが，一度読んだだけでは，すぐには何を言っているのか理解できなかった。民法の授業で，新しい領域を学び，その領域に関する簡単な事例で，はじめて民法の事例問題の解き方の基本を学んだ後，同じような簡単な事例問題を解くことになったが，解答を書こうとしても，うまく書けなかった。これらの場合，ワーキングメモリの容量の限界を超えてしまった可能性が高い。

(ⅱ)　頭脳モデルとワーキングメモリ

だが，ワーキングメモリの容量に制限があることの意味を深く理解するには，われわれが学んだり問題解決を行ったり考えたりする際の脳の働き全体の中で，ワーキングメモリがどのような機能を担っているかを踏まえた理解が必要であろう。幸いなことに，ウィリンガム教授が，頭の働きを大幅に単純化したモデルを示している[570]。そこで，そのモデルを使って話を進めていこう。

ウィリンガム教授は，ワーキングメモリは，とりあえず，意識と同じ意味だと考えてもらいたいとして，ここには，考えていることが保持されるという[571]。われわれの取りまく環境には膨大な情報があり，われわれは，ほとんど意識していない[572]。だが，それらの外部（環境）の情報のうち特定のものに注意を払ってはじめて，ワーキングメモリに入ることになる。しかも，ワーキングメモリに入らない限り，長期記憶に入ることはできない。つまり，対象に注意を払わなければ，それを記憶に残すことはできない[573]。他方，長期記憶のすべての情報も意識の外にあり，長期記憶からワーキングメモリに入ると，はじめて意識される[574]。つまり，想起されることになる[575]。そして，ワーキングメモリ内で，外部からの新しい情報がワーキングメモリに入った長期記憶と新しい方法で結びつけられることによって思考が生まれる[576]。長期記憶には，作業を行うために必要な手続きに関する知識である手続き的知識と呼ばれるものも含まれている[577]。考えることがワーキング

メモリ内で情報を結合することであるならば，手続き的知識は何をいつ結合するかというリストのようなものであり，特定のタイプの思考を達成するためのレシピのようなものである 578)。ただ，思考や問題解決はワーキングメモリ内で行われるが，ワーキングメモリの容量は限られているため，その容量を超えると，考えたり，問題を解決したりすることは難しくなる 579)。

結局，問題を解くには，外部からの適切な情報，ワーキングメモリの空き容量，長期記憶に保持された情報（宣言的知識），手続き（手続き的知識）が必要となるという 580)。

(iii) 民法学習とワーキングメモリ

以上からすると，民法の学習にあっても，厳しい容量制限のあるワーキングメモリの関門を通過しなければならない。また，民法の事例問題を解決する際にあっても，外部からの適切な情報，長期記憶に保持された情報（宣言的知識），手続き（手続き的知識），ワーキングメモリの厳しい容量制限を超えないようにしなければならない。そこで，われわれの重要な課題は，ワーキングメモリの容量を超えることなく，効果的に民法を学習する，事例問題を解決できるようになるにはどうしたらよいかである。この点に関して有用だと思われるのは認知科学における熟達者に関する研究の知見である。その知見から，熟達者は，ワーキングメモリの厳しい容量制限があるにもかかわらず，効果的に問題を解決したり学習したりするメカニズムを知ることができよう。そのことは，上記の課題を解決する際に重要な糸口となろう。そこで，次に，認知科学における熟達者に関する研究の知見のポイントをみていくことにしたい。

6 熟達者と初心者

(1) 熟達者を考える意義

民法の初学者が，複雑な民法知識を学んだり，複雑で長い事例問題を解いたりすることは，きわめて難しい。これに対して，実務経験の長い民事裁判官は，初学者にとって複雑できわめて難しいと思われるような民法の事例問題にあっても容易に解くことができよう。また，初学者が学ぶには長い時間

Ⅱ　認知科学等の知見

がかかるような民法に関する複雑な新判例にあっても，簡単に学ぶこともで
きよう。認知科学においては，専門知識や技能に秀でている者を熟達者とい
うが，経験豊富な民事裁判官は，まさに民法の熟達者といえよう。そして，
民法の熟達者たる民事裁判官も，初学者と同様，基本的にワーキングメモリ
の容量に厳しい制約があることに変わりはない。それにもかかわらず，民事
裁判官が複雑な民法の事例問題をスムーズに解けたり，複雑な新たな判例を
たやすく学べたりすることができるのはなぜであろうか。また，初学者に
とってはきわめて難しい応用的な問題や未知の問題にあっても，なぜ容易に
解くことができるのであろうか。

　民法の熟達者だけでなく，当然のことながら，他の領域においても熟達者
は存在し，熟達者は，初心者581)と比べると，さまざまな面で大きな違いが
ある。両者でどのような違いがあるのか，その背後には何があるのかなど，
熟達者の特徴につき，認知科学において多くの研究がなされてきている。む
ろん，すべての学生が法科大学院にいる間に民事裁判官並みの熟達者になる
ことを目標にすることは現実的ではない。しかし，熟達者の特徴に関する認
知科学上の知見を学ぶことによって，効果的な学習とは何かを知ることがで
きる582)。「その知見は新しい学びの在り方を考えていくときに非常に有効で
ある583)」と指摘されている。

　また，その知見から，熟達した民事裁判官が，たとえ未知のものであって
も複雑な民法の事例問題や実際の民事事件をスムーズに解いたり，複雑な新
たな判例をたやすく学べたりする理由も明らかになろう。このことは，本稿
の課題である民法の学び方を考える上でも，重要な意味をもつであろう。

　もっとも，熟達者といっても，音楽やスポーツ，学術など，どのような分
野に関する熟達かによって，熟達の様相は異なることから，一般的に論じる
ことに対して疑問もあるかもしれない。しかし，「様々な分野の間に共通の
認知的特性があるといわれている584)」。そこで，これまで明らかにされた熟
達者共通の認知的特性は，民法の熟達者と初心者との関係にあっても，基本
的には妥当するものとの前提で，熟達者の認知科学の知見を明らかにしてい
こう585)。

110

6　熟達者と初心者

(2)　熟達者の特徴

　熟達者の特徴については，多くの研究がなされてきている[586]が，前述の
ように，かなりの共通点が明らかになってきている[587]。ここでは，正確を
期すため，ハッティ教授らが取り上げるグレイザーとチ（Glaser & Chi.1988）
らの研究を基礎とした見解，ブランスフォールド教授らの見解，ウィリンガ
ム教授の見解，さらに，今井教授の見解のポイントを見た後，それらの知
見を整理することにしたい。

①　ハッティ教授らの見解

　ハッティ教授らは，「グレイザーとチ（Glaser & Chi.1988）は，数々の研究
の成果をまとめて，以後，広範囲にわたって用いられている重要な7つのポ
イントをリスト化した[588]」として，以下のような熟達者の特徴をあげ，深
く掘り下げている[589]。また，その後の研究についても言及している。

　(ⅰ)　熟達者は自らの専門領域でのみ優れている

　「専門性は，特定の領域に限定され，一般的なスキルや才能によるもので
はなく，むしろ関連するコンテキスト内でその人が身につけてきた知識に
よって決まる[590]」。

　(ⅱ)　熟達者は大きく意味のあるパターンを認識する

　その主たる手法としては，グループ化，またはチャンキング方略である。
熟達者のワーキングメモリの容量は，初心者とほぼ同じチャンク数に制限さ
れている。だが，驚くべきことに，一つの意味のあるチャンクに多くの情報
が含まれている。たとえば，チェスプレーヤは，ゲーム中にパターンを見つ
け，これを大きな情報のチャンクとして把握できる。だが，無作為に配置さ
れた駒については，そのようなチャンク化はできない[591]。つまり，チェス
の熟達者は，ワーキングメモリの負荷を減らすために，長期記憶内にある駒
の配置と照合し，駒の組み合わせを「熟知した配置」としてチャンク化し，
記憶を可能にしたと解される[592]。

　(ⅲ)　熟達者は自らの領域で迅速に，ほとんど失敗せずに問題を解決でき
　　　る[593]

　その際，熟達者は，簡単なものは迅速に行動するが，失敗しそうだと感じ
取ったときは慎重に対応する[594]。

111

Ⅱ　認知科学等の知見

(iv)　熟達者は，自らの専門領域内では，非常に大きな短期記憶を有している

上記(ii)と密接に関係するが，熟達者はチャンキングの方略によって，多くの情報を短期記憶できる[595]。

(v)　熟達者はより深い原理的なレベルで問題を捉え表現するが，初心者は表面的側面に焦点を当てる[596]。

熟達者は，自らの専門領域内で活動するとき，パターンに対する認識と豊富な知識の蓄積があることから表面的な特徴に惑わされることはなく，無意識的に問題となっている深い原理を検討する。また，きわめて迅速に，他の人々には関係しないように見える事象間のつながりや関係を理解できるという点で，上記(ii)と一致する[597]。

(vi)　熟達者は，問題を慎重かつ質的に分析するために相当時間をかける

熟達者が問題を解決する場合，状況のあらゆる側面を理解する必要があり，理解するまで先に進むことを躊躇する。状況が許せば，現在の問題が以前に起こったこととどのように関連しているかを熟考するために時間を使う[598]。

(vii)　熟達者は自らを監視する高度なスキルをもっている

熟達者は，代替ルートを含めた行動計画を立て，自分がどこまで進んでいるのかを把握し，重要なサブゴールが実現しないと，常に方略を調整する。つまり，熟達者は，初心者にはほとんどみられない，メタ認知的な態度を示すという[599]。

その後の研究では，熟達者は，熟達すればするほど自分の脳の中で何が起きているかを説明するのが難しくなることが明らかとなったという[600]。また，ハッティ教授らは，多くの調査研究から熟達者の次のような特徴を指摘する[601]。熟達者は初心者にとっての課題の難しさを過小評価する。身に着けているスキルを，初心者はどのようにすればできるかを必ずしもうまく伝えられない傾向がある。熟達者は領域に精通しているとしても，必ずしも初学者をうまく教えられるということにはならない。

②　ブランスフォールド教授らの見解

ブランスフォールド教授らは，6つの原則をあげる[602]。さらに，6つの原則が学習や教授方法にどのような示唆を与えるかについても明らかにす

る[603]。

（i）　情報の有意味なパターン

　熟達者は，初心者が気づかないような意味のある情報のパターンに気づく。たとえば，チェスの熟達者は駒の配置の再生成績がより優れている。数学の熟達者も，特定の解決法が必要な問題を提示されると，情報の有意味なパターンを即座に認識できる。熟達者は，こうした問題のタイプを認識する能力の基礎となる体制化された知識構造が発達していると考えられている[604]。そこで，情報の有意味なパターンを認識する能力を高めるような学習経験を学生に与えることの重要性が示唆されているという[605]。

（ii）　知識の体制化

　「熟達者の知識は，当該領域に関連する事項や公式の単なる羅列ではなく，その領域についての思考をガイドする概念，すなわち『核心的で重要な考え』を軸に体制化されたものである[606]」。また，熟達者は，基礎となる概念や原理に基づいて，関連要素をいくつかのユニットにグループ化することによって，意味のある知識体系が形成されていることが推測されている[607]。

　これらから，表面的な理解しかせずに数多く単元をこなしても学習の向上に役立たないことが示唆されるので，初心者が知識を体制化できるように支援することが重要だという[608]。

（iii）　文脈および知識へのアクセス

　熟達者の知識は，自らの専門分野に関する豊富な知識をもっているだけでなく，「特定の課題に関連する知識を効率的に検索できる[609]」。つまり，当該知識が必要な場合に直ちに検索できるように，いつ，どこで使うか，「文脈に条件づけられている」[610]。問題解決において，すべての知識を探索すれば，たちまちワーキングメモリの容量を超えてしまうことになるからである[611]。

（iv）　スムーズな検索

　問題解決に関連する知識をスムーズに検索するには，「努力が必要な段階」から「スムーズな段階」を経て，「自動的な段階」へと変化する。自動的でスムーズな検索は，熟達化の重要な特徴である。問題解決の過程には多くの下位過程があり，それらの下位過程の検索は，熟達者にとっても「ス

113

Ⅱ　認知科学等の知見

ムーズなレベル」から「自動的なレベル」まで様々なレベルがある。スムーズな検索が重要なのは，そのことにより，注意を意識的に向ける必要がなくなり，ワーキングメモリに負荷をかけなくてすむので，問題解決の過程における他の下位過程の処理に多くの処理容量を配分できるからである[612]。適切な解決策を記憶から容易に検索することができるようになるため，特定領域で問題のタイプがスムーズに再認できるようにすることは，スムーズな検索を促進する有望な方法だという[613]。

（ⅴ）　熟達者と学習指導

　熟達者は，自分が専門とする分野について深く理解しているが，それを他者にうまく教えることができるとは限らない。ブランスフォールド教授らは，熟達者は，学生にとって何が難しく何が容易であるかがわからないため，熟達することが教授行動を阻害することもあるという[614]。

（ⅵ）　適応的熟達者

　熟達者が新奇な状況に取り組む際の柔軟性には，様々なレベルがある。熟達者には，「手際のよい熟達者」と「柔軟で適応性が高い熟達者」という2つのタイプがあると解されている[615]。適応的熟達者は新しい状況への柔軟なアプローチを試み，一生を通じて学習することができる人で，学んだことを使うだけでなく，メタ認知を十分利用しており，絶えず自分の熟達レベルの現状に問題意識を持ち，現時点の到達レベルを超えようと試みているとみる[616]。さらに，重要なのは，研究者や教師につき，「答えを充分持ち合わせている熟達者」モデルから「熟達した初心者」モデルへと熟達者観を変更すべきであると考えられるようになっているとの指摘である[617]。「熟達した初心者」は，自分自身の成果に自信をもっているが，現在までに学んだことは非常に少ないことをよく理解している。すなわち，「熟達した初心者」モデルでは，ある領域の「熟達者」として10～20年過ごしていても，人々はさらに学習し続ける存在だとみなしているというのである[618]。

（ⅶ）　結　　論

　ブランスフォールド教授らは，結論で，以上の考察を，単にまとめるだけでなく，この問題において重要と思われる点も指摘している。そこで，ここでは，重要な点として指摘されているポイントを紹介しよう。

6　熟達者と初心者

　第1に，知識の体制化は，問題の気づきや問題を表象する方法に影響するため，熟達者の推論能力や問題解決能力は，結局，知識がよく体制化されているかどうかに依存している。熟達者は，どの領域にも通じる方略を学んでいる「普遍的な問題解決者」でない619)。

　第2は，熟達化の6つの原則は，1つのシステムを構成することから，6原則は相互に密接に関連し合っている。しかも，その相互関係には，以下のような重要な教育的な示唆が含まれている620)。知識へのスムーズなアクセスを促すには（〔iv〕），問題の理解を向上させ（〔ii〕），情報をいつ，どこで使うべきかを学び（〔iii〕），情報の意味のあるパターン（定跡）を認識できる（〔i〕）ようなアプローチをとる必要がある。さらに，学生の適応的な熟達を促す（〔vi〕）アプローチに必要なことは，自分自身の進歩を評価することができ，絶えず新しい学習の目標を認識し追究できるように，メタ認知能力を高めることである。メタ認知は，熟練した教師がもつ授業を想定した教科内容の知識と同様の知識を，学生自身が獲得することに役立つ（〔v〕）。要するに，学生は，自分自身に教える能力を身につける必要がある。

　第3に，熟達化研究の結果が不適切に適用されると，人を誤った方向に導く。たとえば，初心者は熟達者のモデルを見てさえいれば効果的に学習できるだろうと考えることは間違いである。学習は，彼らがすでに獲得している知識やスキルの程度に依存するからである。効果的な教授には，学習者が学習課題に用いる知識およびスキルを考慮する必要がある621)。

③　ウィリンガム教授の見解

　ウィリンガム教授は，熟達者は何ができるか，また，熟達者はどのようにしてそれを行っているかを明快に論じている622)。

　(i)　熟達者は何ができるか

　ウィリンガム教授は，熟達者がなすことは，専門分野によって異なるが重要な類似点があるとして，熟達した医師を例にあげ，次の4つをあげる623)。

　(a)　膨大な背景知識

　専門分野に関する膨大な背景知識を備えている。ただ，熟達者になるには，膨大な知識では不十分だとして，熟達者の訓練を受けている者は，熟達者と同じぐらい知識があることが多いとして，研修医の例をあげる624)。

115

Ⅱ　認知科学等の知見

(b)　正しい情報を引き出す

だが，熟達した医師は，驚くべき速度と精度で記憶から正しい情報を引き出すことができる。それは，若手の医師が記憶しても思いつかないような情報であるという 625)。

(c)　適切な推測

専門性は，どのような失敗をするかということにまで及ぶ。つまり，熟達者が，正解を得られないとき，その間違った答えは，たいてい，かなり適切な推測で，理にかなっている 626)。

(d)　転　　移

熟達者は初心者よりも類似の領域への転移を巧みに行うことができる。たとえば，歴史家は，自分の専門外の文書を分析しても，妥当な分析結果を得ることができる。分析に時間がかかり，自分の専門分野の資料ほど詳細でも正確でもないだろうが，初心者の分析よりも熟達者の分析に近いものになるであろうという 627)。

(ⅱ)　熟達者の道具箱

熟達者はどのようにして上記のようなことができるのかにつき，ウィリンガム教授は，つぎのように説明する。ワーキングメモリは，思考，たとえば問題解決のための作業領域であるが，容量は限定されている。そのため，容量が不足すると，処理が継続できず思考，問題解決が中断することになる。ところが，熟達者は，次のような方法で，ワーキングメモリの限界を克服している 628)。

第1は，熟達者が有する背景知識によって，個々の情報をグループ化，つまりチャンク化するという方法である 629)。ただ，熟達者の長期記憶は，単に情報が多いだけでなく初心者の長期記憶とは異なった構造をもっている。熟達者は，初心者のように表面的な特徴ではなく，機能，つまり深い構造の観点から考える 630)。熟達者は初心者と異なり問題のタイプに関する抽象的な知識をもっているため，熟達者は重要でない細部を無視し，有用な情報に集中できる。機能的に考えることで，何が重要かが明らかになる。そこで，新しい問題にもうまく対応できる。新しい問題は表面的な構造は異なるが，専門家は深い抽象的な構造を認識できるからである 631)。

116

「ワーキングメモリの容量制限を回避する２番目の方法は，手続きを，「無意識にできるようになるまで何度も練習する」ことであり，そのことで，ワーキングメモリの容量はあまり必要としなくなるのである[632]。

　このように，熟達者は，「広範で機能的な背景知識を獲得することにより，また，思考手順を自動化することによりワーキングメモリに余裕をもたせている[633]」。では，熟達者は，ワーキングメモリの余ったスペースで何をしているのか。ウィリンガム教授は，次のようにいう[634]。熟達者は，取り組んでいる問題について，抽象的レベルで，自分との対話を行い，問題の特徴について仮説を立て，仮説が正しいか評価するとともに，自らの理解をテストし，進行中の可能な解決策の意義をじっくり考えている[635]。これは，メタ認知的活動を行っていると理解できよう。

(iii)　熟達者のように考えさせる

　熟達者は自らの分野の問題や状況を表面的レベルでなく機能的に捉えることによって，あふれる情報から重要なものを探し，つねに賢明で一貫した解決策を導き，自らの知識を関連分野にできる[636]。また熟達者のルーチンワークの多くは，練習によって自動的に行われるようになっている[637]。

　では，学生に，熟達者のように考えさせるには，どのように教えたらよいのか。初心者に，「機能的に考えなさい」というアドバイスは通用しない。初心者には，そのことを可能にする熟達者の道具箱がないからである[638]。結局，熟達への道は練習することだという[639]。

　また，学生にスキルを獲得する方法として，そのスキルを習得している熟達者を手本として真似るように促すことは，間違っている可能性がある[640]。熟達者は，かつては初心者のやり方をしていて，そうすることが熟達者になるために必要なステップだったのかもしれないという[641]。

④　今井教授らの見解

　今井教授らは，熟達につき，母語をほとんど意識的な注意をせずに自動的にこなすことができるような場合の熟達と，人より抜きん出た存在となるという意味での熟達の二つの場合があるとした上で，後者の意味での熟達が一般の学習とどのように異なるかを明らかにする。その違いをみることにより，人が学ぶことについての知見を得ることができるとする[642]。

Ⅱ　認知科学等の知見

　初心者と熟達者には経験と知識の違いといえるが，どのように違うかは分野によって異なるが，熟達者の共通の認知的特性があるといわれているとして，次の4点をあげる。さらに，それらの関係と，熟達のメカニズムついても検討する[643]。

（i）　4つの共通点

（a）　目のつけどころ・ものの見え方が違う

　熟達者の課題の見方が初心者の見方とは違うことがいろいろな研究からわかっている。多くの例をあげるが，たとえば，物理学の問題を解く時の見方に関する研究から，初心者は問題の表面上の特徴に注目するが，熟達者は問題を見ると同時に，表面上の要素に関係なく問題解決に必要な原理がわかり，それを基準に問題を「見る」という[644]。

（b）　必要なことを覚える記憶力が違う

　熟達者は，熟達した分野について非常に深い知識をもっている。そこで，その分野において新しいことを覚えるのも非常に容易である[645]。多様な研究例，たとえば，将棋のプロ棋士は，初心者と比較すると，駒の配置を多く正確に覚えている研究[646]を紹介する[647]。ただ，他の領域での熟達研究の結果と同様，その差は記憶する対象の構造に意味がある場合に限られている[648]。

（c）　課題を遂行する時の手続きが違う

　熟達者と初心者で問題の見方や関連領域における記憶力が違うということは，両者の問題解決のアプローチそのものの違いになって現れる。熟達者は問題を解く過程で，「何がわかっていれば何が求められるか」という問題解決のスキーマを持ち，また，解決に必要な知識が完全にこなれた形で記憶され，どのような形ででも，即座に使うことができるようになっている[649]。

（d）　熟達者は必要な技能が自動化されている

　熟達者の卓越したパフォーマンスを支える特徴のひとつは，課題を遂行するに必要な技能（下位技能）が正確で自動化されていることである[650]。下位技能が自動化されると，ワーキングメモリに何ら負荷をかけないで，その技能を遂行できるため，意識的コントロールを必要とする高度の認知的処理のために初心者より多くの情報処理スペースを割くことができる[651]。

6　熟達者と初心者

(ii)　熟達のメカニズム

以上の4つの要素は独立したものではなく，それらの4要素は十分条件でもないとして，下位技能が優れていることが必須の条件だとする[652]。しかも，もっとも多大の時間が費やされるのは下位技能の獲得であるという[653]。また，「熟達者の特徴的な行動の背後にあるのは構造化された深い知識である」とみる[654]。

つまり，熟達者の知識は単に知識量が多いだけでなく，知識が因果関係の枠組みに則ってきちんと整理されている。「あることに関する知識と関連する知識がネットワークのように互いに関連づけられ，同時にそれぞれの知識が全体としての姿を保ちつつ，部分に分解可能になっていて，全体でなく部分だけを用いたり，他のことに関する知識として応用したりすることが可能になっている[655]」。このような形態は，「学習の初期にはみられず，学習が習熟するにつれて表象の再記述化が起こってはじめて可能になる」という[656]。「この観点からすると，熟達者が初心者より優れた記憶をもっていたり，目のつけどころが違ったりするのは膨大な知識が再記述化を経て，構造化されているためであると考えられる」[657]。

また，構造化された知識は，状況に適合的な柔軟な判断を熟達者にもたらす[658]。この判断を一般には直感と呼ぶであろうが，そのためにどのように知識が構造化され，どのように検索されるのかを明らかにすることが認知科学の大きな課題だという[659]。

結局，熟達者が上記のような認知的特徴をもつにいたったのは，「熟達の過程において長い間の訓練をした結果，知識がチャンク化されて必要な情報が長期記憶からすばやくとりだされることができるようになったこと，情報処理に必要な種々の手続きが自動化され，作業記憶（「ワーキングメモリ」筆者）で行われる高次の意識的な計算（情報処理）のために多くのリソースを割くことができるなど，情報処理における最適化が起こった結果であると考えられる[660]」。

(3)　民法熟達者の特徴

正確を期すためきわめて長くなってしまったが，以上の知見は，民法の事

Ⅱ　認知科学等の知見

例問題の解決や学習において，どのような意義があるであろうか。上記の知見を整理しながら考えていこう。

①　領域固有性

熟達者が卓越しているのは，あくまでも自らの領域に限定される[661]。そこで，法律とは全く関係のない分野で熟達者といえる段階に達している学生でも，民法に関する知識やスキルを学んだことがなければ，当然のことながら，民法の複雑な事例問題を解くことはできない。短時間で民法の熟達者になることも困難である。他方，民法に関して熟達者の域に達しているからといって，刑法や憲法をまったく学んでいなければ，当然のことながら，それらの事例問題を解くことはできない。もっとも，ある領域の熟達者の域に達している場合，メタ認知能力にすぐれているので，自らの領域とは別の新たな他の領域を効率的に学習できる可能性があり得よう。さらに，同じ，法律学という共通の学び方やスキル等が刑法や憲法の学習や問題解決にあたり転移する可能性も考えられないではない[662]。ただ，初心者でもメタ認知能力に優れている「知的初心者[663]」であれば，新しい課題を効果的に学ぶと解されている[664]。

②　意味のあるパターン認識

熟達者は初心者が気づかないような情報の意味のあるパターンに気づくことができる。民法の熟達者，たとえば経験豊富な民事裁判官について言えば，きわめて複雑な長い事例問題や複雑な実務上の事件において，初学者と異なり，民法のどのような条文が問題となり，また，どのような解釈上，適用上の問題があるかなどにつき容易に気づくことができるであろう。また，事例問題を見ただけで，すぐに解答することができるかも知れない。それは，熟達者は，その問題はどのようなタイプの問題かという多くの問題スキーマ・解答スキーマを含めた民法の原則，制度，関連する条文や要件，さらには判例法理などにつき，高度に構造化された知識を有しており，しかも実際に様々な事件に携わってきて，そこでの経験も高度に構造化された知識に反映されているからだと理解できよう[665]。

③　専門領域内の学習

熟達者は，自らの専門領域内の新しいことを覚えることが非常に容易にで

きる。民法の熟達者も，先のような高度に構造化された知識を有していることから，初学者にとっては理解困難であるような，非常に複雑な新しい判例を，チャンク化するとともに，構造化された知識と結びつけ容易に理解して記憶することができよう[666]。

④　高度に関連づけられた知識構造

熟達者は自らの専門分野に関して高度に関連づけられた知識構造をもっている[667]。しかも，熟達者は基礎となる概念や原理に基づいて，関連要素をいくつかのユニットにグループ化することによって，意味のある知識体系を形成している[668]。また，熟達者の知識は，いつ，どこで使うかという文脈に条件づけられている。そのことから，問題解決をする際に，必要な知識にアクセスして，その知識を迅速に取り出すことができるだけでなく，新たな問題をも解くことができると考えられよう。

民法の熟達者も，民法を学ぶ際，基本的原理や基本的概念との関係を十分に考えて，民法を深く理解しながら学んできているはずである。また，民法の熟達者たる経験豊富な民事裁判官は，きわめて多くのしかも実に様々な事案の事件に携わってきていることから，その知識は問題解決に資するよう文脈に条件づけられているといえよう。そこで，複雑な事例問題や新たな問題にあっても，必要な知識にアクセスして，その知識を迅速に取り出すことができよう。

⑤　スキルの自動化

熟達者は必要なスキルが自動化されている[669]。民法の熟達者も，民法に関する事例問題や事件を解決するために必要なスキルが自動化されて，ワーキングメモリにほとんど負荷をかけないでスキルを行使できるといえよう。

⑥　メタ認知能力

熟達者は，初心者と異なり，メタ認知能力に優れている[670]。民法の熟達者も，民法の事例問題や実際の事件を解決する際に，自らが行っている問題解決過程を客観的にモニタリング（監視）し評価しながら，必要があれば新しいアプローチを生み出すために，問題解決の方略を調整することができるであろう[671]。民法の熟達者が民法の領域で迅速に，ほとんど失敗せずに問題を解決できるのも，民法の熟達者の優れたメタ認知能力によるところが大

Ⅱ　認知科学等の知見

きいと解される。また，新たな民法の領域を効果的に学ぶことができるのは，民法の熟達者が高度に構造化された知識を有していることが大きいが，さらにメタ認知能力が優れていることも関係していよう。

(4)　民法熟達者の問題解決・学習と認知メカニズム

①　認知メカニズム

　熟達者が上記のような認知的特徴をもつにいたったのは，先の今井教授らによれば，次のような基本的メカニズムによる。つまり，熟達過程の長い間の訓練の結果，専門領域の知識が構造化され，長期記憶から，必要な知識にアクセスして迅速に取り出すことが可能となる[672]とともに，情報処理に必要な種々の手続きが自動化されてくる[673]。そのため，熟達者は，ワーキングメモリに負担をかけずに，必要な知識へのアクセスし取り出すことができ，必要な種々のスキルを遂行できるため，ワーキングメモリで行われる高度の認知的処理のために多くのリソースを割くことができるようになる。このようなことは，他の論者の指摘からも，基本的には肯定できよう。ただ，さらに，構造化された知識は，基礎となる原理や基礎となる重要な概念に基づいて構造化されている[674]とともに，熟達者はメタ認知能力に優れている点も指摘する必要があろう[675]。

②　民法熟達者の問題解決

　以上の知見からすると，民法熟達者は，ワーキングメモリの厳しい制約にもかからず，なぜ，民法の複雑な事例問題を容易に，かつ正確に解決できるのか。そのポイントを確認しておこう。前述の「認知メカニズム」でも述べたように，結局，民法熟達者は，民法に関する高度に構造化された知識と民法の事例問題を解く自動化されたスキルによって，ワーキングメモリに負荷をかけずに，複雑な民法の事例問題や実際の事件を解くことが可能となる。事例問題を分析する際も，民法に関する高度に構造化された知識で，しかも様々な問題解決に資するように構造化されていることから，ワーキングメモリに負荷をかけずに，民法熟達者は，容易に，問題のパターンを認識できるとともに，その解決方法についても判断できよう[676]。また，熟達者は，自らの問題解決につきモニタリングし必要があればコントロールすることがで

きることから，正確に問題解決を行うことができる。さらに，民法の熟達者は，民法に関する高度に構造化された知識は，基本的原理や基本的概念との関係を十分に考えて構造化され，その知識は文脈に条件づけられており，しかもメタ認知能力に優れていることから，新たな問題に対しても，初心者のように表面的な特徴にこだわらず深くて抽象的な構造を認識することによって的確に対処することができよう。

③ 民法熟達者の学習

では，民法熟達者は，ワーキングメモリの厳しい制約下でも，初学者にとっては多くのチャンクを要する民法に関する複雑な新たな判例のように新たなことを容易に学べるのはなぜか。上記の知見からすると，民法の熟達者は，複雑な新たな判例でも，民法に関する構造化された多くの知識に基づいてチャンク化して，容易にワーキングメモリに保持できる[677]。しかも，その判例を，民法に関する構造化され多くの知識と密接に関連づけることができ，つまり深く理解することにより長期記憶に定着させることができよう[678]。そこで，難しい複雑な新判例でも容易に学ぶことができ，しかも長く記憶にとどめることができると考えられるわけである。さらに指摘しなければならないのは，民法の熟達者はメタ認知能力に優れていることから，効果的に学習を進めていくことができよう。

以上から，熟達者とまではいえなくとも，民法に関する構造化された知識を多くもっている学生は，そのような知識をほとんどもっていない初学者である学生と比較すれば，民法に関する新たな領域を容易に学ぶことができるため，両者の差は大きくなる一方で，初学者が，その差を縮めるのはきわめて難しい[679]。だが，民法の初学者は時間をかけて，民法に関する高度に構造化された知識を構築していく必要があるわけである。

(5) 民法学習の目標

これまでみてきた熟達者研究の知見からすると，民法の複雑な事例問題や実際の事件を解決できるように学ぶには，民法に関する豊富な知識や民法の事例問題を解くスキルを獲得するだけでは十分でない。民法に関する豊富な知識は高度に構造化されている必要がある。また，民法の事例問題を解くス

Ⅱ　認知科学等の知見

キルは自動化されている必要がある680)。さらに，民法の複雑な事例問題や
実際の事件を解決する際にも，民法を学習する際には，メタ認知能力がきわ
めて重要な意味をもっているといえよう。ちなみに，認知負荷理論は，ワー
キングメモリの容量はきわめて限られており，そのことが教育や学習に影響
をもたらすことから，多くの実験の結果から，ワーキングメモリの負荷を最
適化して，学生が容易に学習する方法を説明するものとして，スウェラー教
授らにより構築された理論であるが，この認知負荷理論によっても，よくデ
ザインされた教育・学習にあっては，学習者に十分に整理され構造化された
スキーマ（ここでいう構造化された知識）を構築するとともに，スキルの自動
化を目指す必要があると指摘されている。

　民法の事例問題を解く自動化されたスキルを獲得するには，どのように学
んだらよいかについては，かなり詳しく検討した681)。また，メタ認知能力
については後に取り上げることにしたい。そこで，ここでは，民法に関する
知識の構造化について，補足するとともに整理しておくことにしよう。

(6)　民法に関する高度に構造化された知識の構築

　民法に関する知識の構造化の重要性は，これまで認識されてこなかったわ
けではない682)。だが，民法に関する知識の構造化が，上記でみたように，
民法の事例問題の解決や民法の学習において障壁となっているワーキングメ
モリの厳しい制約を回避するために重要な意味をもっていることは，民法の
学習者だけでなく教育者にあっても必ずしも十分に認識されてきてはいない
と思われる683)。また，民法に関する知識の構造化の意義および民法の知識
をどのように構造化することが効果的かについても，これまで必ずしも十分
論じられていない684)。本稿でも，これまで十分整理して論じてこなかった。
だが，最近，アンブローズ教授らが知識の体系化・構造化につき，実証的研
究や理論に基づきやや詳細に論じている。そこで，その知見を参考にして，
これまでみてきた認知科学上の知見をも踏まえ，民法に関する上記の問題を
簡単に整理しておきたい。

①　構造化した知識の意義と構造化のあり方

　熟達者の知識構造は，典型的には，知識が相互に関連付けられた階層構造，

複雑で高度に関連づけられた知識構造となっており，そのことにより効率的かつ効果的にアクセスし，利用することが可能となるという[685]。強力に結びついたネットワークがなければ，取り出すのに時間がかかり，また取り出せない場合も多くなる[686]。重要なのは，そのような場合，矛盾を認識したり修正したりすることができないと解されている点である[687]。もっとも，初学者のように表面的なものを基礎に関連づけられていると問題解決が難しい[688]。熟達者の知識は，上記のような高度に関連付けられた知識構造となっているだけでなく，熟達者は，「意味のある特徴や抽象的な原理を中心として，それぞれの学問的領域の知識を体系化している[689]」。しかも，熟達者は，複数の知識構造を柔軟に利用できるという[690]。要するに，「一般に，より多くの相互関連を含み，本質的で有意味な特徴を基礎とする知識体系は，学習とパフォーマンスを育む上で効果的である[691]」ことになる。また，本稿でもすでに述べたことではあるが，利用すべき知識の体系的構造はタスクによって異なる。そこで，知識構造はタスクにうまくマッチしていることが重要となる[692]。また，異なるタスクに対応するため複数の知識構造を柔軟に使える必要がある。

② 民法に関する知識の構造化の意義と構造化のあり方

（ⅰ） 構造化の意義①──知識へのアクセス

これらの知見は，民法に関する知識構造を考える際にも基本的には妥当するであろう。つまり，これまで何度も述べたが，民法の事例問題を解けるように学習するためには，民法に関する知識を獲得するだけでは十分でない。民法に関する知識も相互に関連付けられた階層構造，複雑で高度に関連づけられた知識構造となり強力なネットワークとなっている必要がある。しかも，民法に関する新たな判例に関する知識を学ぶときにも，民法に関するそのような高度に関連づけられ構造化された多くの知識と密接に関連づけられることによって，その判例に意味が与えられ，より深く理解することができる。そうでなければ，いくら多くの民法に関する知識が長期記憶にあったとしても，必要な知識にアクセスして取り出すために，ワーキングメモリに負荷がかかり，うまく取り出せない可能性がある。

　同様なことは，アメリカのロースクールの学生が，通常，法律を学ぶ際に

Ⅱ　認知科学等の知見

作成するアウトラインの意義につき，アメリカのヘラルド教授が，次のように述べている(693)。情報をインプットすれば，脳がそれをはき出すというわけにはいかない。入力された情報は，すでに組み込まれているスキーマ（構造化された知識）とリンクさせ，とりだしやすいようにチャンク化する必要がある。様々なルールを枠組みの構造の中に入れることが，それらに意味を与え，容易に検索可能な形で長期記憶に移す唯一の方法である。

(ⅱ)　構造化の意義②──矛盾の認識・修正

　さらに，民法に関する知識を高度な構造化する意義として，関連する知識が強力にネットワーク化されていなければ，民法の事例問題の解く際に，矛盾を認識したり修正したりすることができないという点である。複雑な事例問題を解く際，初学者は，矛盾したことに気がつかずに書いてしまうことがよくありうる。それは，新たな知識を学ぶ際に，深く理解して学ぶ，つまり，新たに学ぶことを，関連する多くの既有知識と関連づける，つまり，相互の関係を十分に考え，体系化された既有知識の構造の中に適切に統合して行く必要がある(694)が，初学者は，そのように知識が統合されていないからだといえよう。

(ⅲ)　構造化のあり方①──表面的ではなく原理を

　民法の初学者にあっても，表面的なものに基礎づけられて構造化されている傾向があろう。たとえば，民法に関する判例を学ぶ際，その判例に関する判旨を覚え，その判例と関係する条文や要件との関係を考えて構造化していたとしても，それだけでは，学習者が知らない判例が問題となっているような場合の解釈問題やこれまで判例となっていない解釈問題を解くことは困難であろう。そのように場合にあっても，法律家らしい解釈論を展開できるようになるためには，判例法理を深く理解する必要がある。そのためには，まずは，そのような判例法理が必要とされているのはなぜかを考える必要がある。たとえば，ある条文の特定の文言が明確でなく解釈によって明確にする必要があるようなことが少なくない。また，ある条文の文言はそれぞれ明確で，ある事案に適用される，ないし適用されないことが明らかであるが，その結論の妥当性に疑問がある。このようなことが問題となっている判例も少なくないであろう。そこで，それらの判例では，その問題をどのような考え

方にもとづき，どのようにして解決しているのかという原理を明らかにして
いく努力をしていけば，民法解釈に関する問題スキーマと解法スキーマが長
期記憶に構築され，同様なパターンの解釈問題は，たとえ未知の解釈問題で
あったとしても，その解釈問題に対応する解法スキーマを参考に法律家らし
い解釈論を展開することができよう。つまり，民法に関する新たな判例等を
学ぶ際，表面的な特徴ではなく，民法の本質的特徴を中心として意味のある
形で知識を構造化する必要があるわけである 695)。

　(iv)　構造化のあり方②──タスクに適合した構造

　民法に関する構造化された知識は，本質的で有意味な特徴を基礎とし，多
くの相互に関連づけられた知識構造である必要があるが，さらに，重要なの
は，タスクに適合した知識構造の構築を目標にしなければならないという点
である。アンブローズ教授らは次のようにいう。「知識の体系化は，その知
識にアクセスして利用するのに必要な方法とうまく一致しているときに最も
効果的となるため，それぞれの授業や学問領域の中で実行が求められるタス
クを検討し，どのような知識の体系化がタスクをサポートするのに最も適切
かを見極める必要がある 696)」。このことは，学習者が獲得すべき民法に関す
る知識構造を考える際に，きわめて重要な意味をもつ。民法の学習の基本的
タスクは，民法の事例問題を解くということであるので，民法の事例問題を
解くためには，必要な民法知識を効果的かつ効率的にアクセスして利用でき
るようにするには，民法に関する知識をどのように構造化するのが最適かを
考える必要があることを意味する。むろん，たとえば，試験で事例問題だけ
ではなく，事例問題とは異なる形式の問題がでるような場合には，それぞれ
のタスクに適合した知識構造を用意しておく必要があることになる 697)。

　同様なことは，アメリカのシュワルツ教授らが，ロースクールの学生がア
ウトラインを作成する目的に関して明確に論じている 698)。アウトラインの
目標は，ルールが相互にどのように関連して機能するか，そして最も重要な
ことは，ロースクールの試験でルールがどのように取り上げられテストされ
るかとの関連で，アウトラインを構築することである。ところが初心者の学
生は，アウトラインの目的を理解せず，その目的に役立つツールを作成でき
ない。これに対して，熟達した学生のアウトラインは，学んだことを試験で

Ⅱ　認知科学等の知見

どのように使うかについての理解が反映されているという。初心者の学生の
アウトラインは，トピックが互いにどう関連しているかだけによって情報が
まとめられただけのリストになってしまうことがよくあるが，このようなア
ウトラインは，トピックがどのように使用されるかに関連した意味のある構
造がないため，試験を作成するためのツールとしてはあまり価値がない699)。
アウトラインは，暗記すべき資料の集まりではなく，試験で行う手順のリス
トと考えるのが効果的である700)。

　さらに，ドイツのハフト教授も，やや独自の分析を踏まえているものの，
基本的にはシュワルツ教授らと同様の指摘をしている。ハフト教授は，法
律を学ぶ際に，「広く浸透していて有害な一点集中的思考（punkuelles
Denken）701)」ではなく，関係的思考（ralationelles Denken）を推奨する702)。
関係的に思考するとは，構造において思考するという意味である。構造は，
（何らか）の要素とこれらの要素の間の（何らかの）関係からなる。目に見え
るのは関係ではなく要素だけである。7つ以上の要素にかかわったとたん全
体を見渡せなくなく。しかも目に見えないものを敬遠する。そこで，法にお
いて個々の概念に視線を集中し，右を見たり左を見たりしないため，一点集
中的思考に陥ることになる703)。法律学的構造としては，多くの重複がある
が，階層的概念構造，事実関係の構造，作業構造をあげる704)。そして，実
践的に最も重要な階層的概念構造について，次のようにいう。出発点は個々
の概念であるが，その概念を関係的に取り扱う。つまり，より上位の（より
抽象的な）概念，より下位の（より具体的な）概念，同意の（並行的な）概念
が探索される705)。事例を検討する際，目に飛び込んでくる構成要件と「問
題」に一点集中的に飛びつかないで（ハフト教授はドイツ刑法の事例問題を念
頭においている。)706)，様々な可能な概念のレベルを体系的に上から下に順次
検討していくことが勧められている707)。そして，階層構造を形成する際，
「常に考えておくべきは，後に，たとえば筆記試験において，その構造を使
う場合のことである。構造は同時に，それを形成した者自身に組み込まれた
プログラムである。そのプログラムによって，その後の事例加工が可能でな
ければならない708)」。なお，ハフト教授は，階層の最も重要なレベルは，最
下位のレベルではなく，最上位のレベルで，下に降りていくほど重要性は減

じるという。そこで，学習を何よりも上のレベルに集中する必要があり，一番下の解釈問題はたいてい重要でなく，適切な方法を用いれば問題なく，常に「正しく」，つまり少なくとも是認を得られるよう形で処理することができるという709)。また，構造を考える際，抽象的にとどまるだけでなく，「通常的」な例をも考え，構造に書きとめておく必要があると指摘する710)。

(ⅴ)　民法に関する知識の構造化のあり方

　では，民法の事例問題を解くために「最適な知識構造」は，どのように構築することができるであろうか。そのためには，まずは，民法の事例問題を解くとは，どのようなことを意味するかを確認しておく必要がある。民法の事例問題にあっても何らかの一般の私人間の紛争が問題となっている。そのような紛争の解決の基準となっているのが民法である。しかも，民法は，権利義務の視点から社会関係を規律しており，紛争を，関係当事者間の権利義務関係を明らかにすることで解決を図っているわけである。そこで，民法の事例問題には様々な問題があり，設問にも異なったものがありうるが，基本的には，関係当事者間の権利義務関係を明らかにすることであるといえよう。

　だが，民法にあっては，権利は，発生，変更，消滅する。そこで，民法の事例問題の「最初の時点」での当事者間の権利・義務関係を指摘するだけでは十分でない。「最初の時点」で，権利が発生していたとしても，その後，そのような権利関係は変動する余地があるので，どのように変動して「現在」どのようになっているかを明らかにする必要がある。

　むろん，権利変動のすべてにわたって，基本的には，民法の規定によって根拠づけられなければならない。民法の規定の多くは，一定の法律要件が充たされれば，権利の発生，変更，消滅という法的効果が生ずるという構造となっている。そこで，民法の規定によって根拠づけるためには，当該規定の要件をあげ，必要があれば解釈を行い，確定された要件に事案があてはまることを明らかにしなければならない。そのようにして，「現在」における関係当事者の権利義務関係を確定することができるわけである。

　以上からすると，まずは，その事例問題を解く際には，基本的に，どのような権利が発生しているのかを法的根拠を示して明らかにしなければならない。だが，民法は，権利の種類によって，権利が発生するルールは異なる。

129

II　認知科学等の知見

　すなわち，民法は，家族関係に関する権利を規律する家族法と財産関係に関する権利を規律する財産法に大別され，財産法は，物権関係を規律する物権法と債権関係を規律する債権法とに分かれ，規律の仕方が異なる。また，債権法は，債権各論で，債権の発生原因として，契約，事務管理，不当利得，不法行為を規定する。そこで，財産法に関する事例問題を解く際には，まず，物権に関する問題か債権に関する問題かを考える必要がある。そして，債権が問題となっている場合には，さらに，契約，事務管理，不当利得，不法行為のいずれが問題となっているかを明らかにしなければならない。むろん，事案によっては，物権も，債権も問題となる。また，債権に関しても，契約，事務管理，不当利得，不法行為のうち複数が問題となりうる。

　ところが，いずれの場合も，事例問題を解く際に，民法典をみれば，どの規定を使えばよいか容易に明確にわかるように，必ずしも整理されているわけでない。民法典は，パンデクテン方式をとっているからである。たとえば，網羅的ではないが，契約の成立に関しては，債権各論に規定があるが，契約の無効・取消し，代理，条件・期限については，民法総則に，契約の履行や契約不履行については債権総論に，契約不履行による解除については債権各論，契約に基づき発生した債権の消滅時効については民法総則に規定が設けられている。

　そこで，契約に関する事例問題を解くにあたって，基本的には，契約によって当事者間でどのような権利が発生し，それらの権利がどのように変更，消滅するかという視点から，関係する民法の規定・判例等をどのように階層構造化すれば，必要な民法知識を効果的かつ効率的にアクセスして利用できるようになるかを考えていくことになる。できるだけ，自らにとってわかりやすい単純な階層構造とする必要がある。民法の事例問題では，最上位のレベルは，財産法と家族法であろう。次の上位のレベルは，財産法では，約定債権（契約），法定債権（事務管理，不当利得，不法行為）である。そして，次のレベルは，契約，事務管理，不当利得，不法行為に関して，まず想起すべきことを考えていくことになる。そして，民法の事例問題を解く際には，最上位のレベルからはじめ，次のレベルに下りて検討していくことによって，その問題に必要な知識を絞り込んでいくわけである。

130

6　熟達者と初心者

　ハフト教授は，最も重要なのは，最上位のレベルで，下に降りていくほど重要性は減じる。しかも，一番下の解釈問題はたいてい重要でないという。その指摘は，次のような意味で重要である。というのは，上位のレベルほど，民法の事例問題を解く際に必ずといってよいほど問題となりうる。しかも，そのレベルで間違えると，いくら難しい解釈論が展開されていたとしても，その解答は的外れなものとなろう。これに対して，民法に関するきわめて多くの判例を覚えていたとしても，それが，試験にでる確率は，上位のレベルと比較すれば圧倒的に低い。しかも，民法の解釈論はそれほど簡単ではないが，解釈の方法を適切に学び練習することによって，基礎的な判例を深く理解できるようになり，しかも，未知の解釈論についても，少なくとも法律家らしい解釈論として是認される程度の解釈論を展開することは十分可能であろう。

　とはいえ，わが国における民法において，解釈問題はたいてい重要でないとは断言することはできないが，上位のレベルほど，完璧に理解し間違いなく使えるように学習するとともに，絶えず確認する必要があろう。解釈論にあっては，繰り返すことになるが，基本的な判例法理を十分理解し，当該判例法理は，どのような解釈上の問題を，どのような考え方，手順によりに作られているかを原理的に分析することにより，未知の解釈論を可能となるように学習していくべきであろう。

(ⅵ)　民法に関する「最適な知識構造」の構築

　とはいえ，民法の事例問題を解くために「最適な知識構造」を，民法の初学者が簡単に構築することは困難である。どのように構築していったらよいであろうか。試論でしかないが，考えてみよう。まずは，教科書や授業で勧めている構造を参考にして，民法に関する知識を学びながら構造化していくことが考えられる。そして，新たな民法の知識を学ぶたびに，その構造を再検討していく必要がある。特に，授業等で簡単なものであれ事例問題が取り上げられたり，検討したりするときには，これまで構築された民法に関する構造化知識がうまく使えるかを検証し，必要があれば知識構造を改訂していくことが必要である。また，友人らとそれぞれが構築した民法に関する知識構造の違いを分析して互いに学び合うことも考えられる。

Ⅱ　認知科学等の知見

　民法の初学者が，このように「最適な知識構造」を構築するにあたり，他からのモデルを参考にするとしても，その知識構造に基づいて民法の事例問題を解くことになるのであるから，その知識構造を細部まで十分に理解して使えるようにしておく必要がある。たとえば，民法の財産法に関する事例問題解く際の知識構造の最上位のレベルは，財産法と家族法，次の上位のレベルとして，財産法では，約定債権（契約），法定債権（事務管理，不当利得，不法行為）であるが，それらを単に覚えたとしても意味がない。事例問題解く際に完璧に使えるようにしなければならない。そのためには，それぞれの概念を説明するとともに，相互の共通点と相違点を説明できる。しかも，典型的な事例でも説明できなければならない。さらに，完璧を期すためには，その判断が難しい具体例，間違った具体例なども「記録に残しておく」必要があろう。

　民法の初学者が，自らで「最適な知識構造」を考えることは簡単ではない。しかし，たとえば，不法行為に関すれば，教科書等で不法行為に関する典型的な事例問題を探し，そこでは，不法行為に関する民法知識をどのように整理・構造化していけば，事例問題の解決の際に効果的にアクセスして使えるようになるかを考えていくことはできるであろう。むろん，最初から完璧を目指す必要はない。新たな民法の知識を学んだときには，その知識は，どのような典型事例の問題において，いかなる場面でどのように使われるかを考えて，その時点で適切と考えた構造を構築していけばよい。絶えず検討して，より適切な構造に改訂してくことが重要である。

　長くなったが，もう一点，付け加えておく必要がある。事例問題は，柔軟に解決できるようにすることも重要であることから，唯一の最適な知識構造を求める必要はないと解される。つまり，民法の事例問題を解く際にも複数の方法が考えられれば，それぞれに応じた民法に関する知識構造を構築すればよいことになる。そして，状況に応じて，より効果的だと思われる知識構造を選択して，必要な知識にアクセスして利用していけばよいと考えられよう。

⑺　民法学習と熟達者研究

以上，正確を期すために，大変　長くなってしまったので，民法の学習の視点から，そのポイントを指摘するとともに，民法を学ぶ難しさをも考えてみよう。

①　民法初学者とワーキングメモリの厳しい制約

民法の学習や民法の事例問題の解決は，ワーキングメモリ内で行われるが，ワーキングメモリは厳しい容量制限がある。そこで，民法の学習や民法の事例問題の解決する際には，ワーキングメモリの容量制限を超えないことが不可欠である。ところが，特に，民法の初学者は，いずれの場合にもワーキングメモリの容量制限を超えてしまう可能性が高い。

②　民法熟達者の特徴

これに対して，民法の熟達者は，自らの専門領域に限るが，その領域の問題解決や学習を容易に行うことができるが，熟達者研究の知見からすると，それは，基本的には，民法の熟達者は，民法に関する高度に構造化された豊富な知識を有し，問題解決のスキルが自動化されている，また，メタ認知能力に優れているからだと解される。

③　民法の事例問題が解けるようになるために必要なこと

そこで，われわれが，民法の事例問題を解けるように学ぶには，民法に関する知識や問題解決のスキルを獲得するだけでは十分ではない。民法に関する知識を高度に構造化して，民法の事例問題を解く際に，効果的・迅速に必要な知識にアクセスして引き出せるようにするとともに，事例問題解決のスキルを自動化する必要がある。また，メタ認知能力を高める必要がある。スキルの自動化については，「手続き的知識の獲得」で検討した[711]。メタ認知能力については後に取り上げるので，ここでは，民法に関する知識をどのように構造化するのが効果的か，また，構造化された知識をどのように構築していったらよいかについて検討してきた。適切に構造化されていないと，民法の事例問題の解決にあたり，必要な知識を効果的・迅速にアクセスして使うことができない。矛盾したことを述べても，それに気づかない。学んだ知識を応用できない。このような可能性が高くなる。そして重要なのは，民法に関する知識を，民法の事例問題の解決する際に，必要な知識を効果的・迅

Ⅱ　認知科学等の知見

速にアクセスできるように構造化することである。そこで，民法の事例問題の解決にあたり，より具体的に，どのように構造化したらよいかを検討した。

④　民法の事例問題を解けるようになることの難しさ

　要するに，民法の事例問題を解けるようになるには，教科書に書かれているような民法に関する知識を学ぶだけではなく，事例問題解決のスキルを獲得するとともに自動化する必要がある。メタ認知能力を高めることも要する。しかも，民法に関する知識についても，適切に構造化しなければならない。むろん，民法がきわめてよくできる学生は，結果的には，その程度は様々であろうが，それらを満たしている可能性が高い。だが，これらについて，一般的には必ずしも知られていないであろう。そのため，民法の学習がうまくいっていない学生も少なくないと思われる。民法がきわめてよくできる学生にあっても，以上のことを十分理解して，自らの学習に取り入れていれば，より効果的に学べたといえよう。

　もっとも，上記の点を十分理解したからといって，民法の事例問題を解けるようになることは簡単であることを意味しない。民法の事例問題解決のスキルを獲得し自動化するには，すでに述べたように，多くの長い練習を要する。また，知識を構造化するとは，関係する知識間の関係を考えていくことである。民法に関する規定は他の領域よりもきわめて多く，そこで，民法に関する知識は膨大で，民法全体の構造も個々の制度の複雑なものが少なくない。それゆえ，それらの相互関係は，これまたきわめて膨大なものとなる。そのため，当然，民法の事例問題解決にとって「最適な構造」を一度に構築することはできない。前述のように，一歩一歩構築するとともに，絶えず「最適性」を検証して，再構築していく必要があるので簡単ではない。なお，後に取り上げるがメタ認知能力を高めることも必ずしも容易ではない。ただ，構造化された知識を獲得していくと民法の新たな領域を容易に理解し，効果的に学習していくことができ，また当然のことながら民法の事例問題を容易に解決することができるようになることは，強調しなければならない。

7 認知負荷理論

7 認知負荷理論

(1) 認知負荷理論を取り上げる意義

　ワーキングメモリの容量の厳しい制約を回避するため，スキルの自動化とともに知識の適切な構造化が必要であり，民法の知識に関してどのように構造化していったらよいかを見てきたが，民法のまったくの初学者は，民法に関する構造化された知識を，まったく，ないしほとんどもたないため，そもそも，民法に関する新たな複雑な知識を学ぶ際，ワーキングメモリの容量を超えて，うまく学べない可能性が高い。民法だけでなく，一般的にも，まったくの初学者が，新たな領域を学ぶ際も同様である。そのような初学者が，ワーキングメモリの容量の厳しい制約を回避して，新たな領域の新しい知識を学ぶには，どのようにして効果的に学ぶことができるか。このことは，熟達者研究では必ずしも十分に明らかにされていないように思われる。また，民法に関する最適な知識構造を論じたが，そこでも必ずしも十分明らかにすることはできなかった。

　しかし，民法の学習のあり方を考える本稿においては，この問題は重要な課題である。一般的な教育や学習においても同様である。そして，前述した認知負荷理論は，教員はどのように教えたらよいかという視点からではあるが，上記の問題に正面から取り組んでいる[712]。そこで，本稿の目的からしても，知負荷理論の知見を取り上げることは，きわめて重要な意味があるといえよう。認知負荷理論は，わが国で必ずしも十分に紹介されていない[713]ので，本来ならば，やや詳しく紹介したいところである。しかし，きわめて長くなってしまうので，ここでは，それらの知見のエッセンスと，それらが民法の学習や事例問題の解決においていかなる意味をもつかを簡潔に指摘するにとどめたい。

(2) 内在的負荷と外在的負荷

　認知負荷理論によれば，ワーキングメモリの負荷は，学習課題自体の本質的な性質（内在的負荷）と学習課題の提示方法（外在的負荷）によって影響を

135

Ⅱ　認知科学等の知見

受け714)，学習に必要な教材により課される認知負荷は，内在的負荷と外在
的負荷とを合計したものである。その総認知負荷が，利用できるワーキング
メモリの資源を超えると，ワーキングメモリは必要な情報を処理できない。
少なくとも部分的に処理できない事態に陥る715)。そのような場合には，ま
ずは，外在的負荷を最小限におさえ，次に内在的負荷を最適化することに
よって，学習者のワーキングメモリが過負荷にならずに十分に活用されるよ
うにする必要がある716)。

(3)　内在的負荷
①　内在的負荷の原因

　内在的負荷は，情報の本質的複雑さと，その情報を処理する者が有する知
識によって決まると解されている717)。情報の本質的複雑さとは，「要素間の
相互作用」のレベルの高さ（ワーキングメモリ内の情報同士の関係しあう数の
多さ）である。そこで，学習者が考える必要のある新しい情報の要素が多け
れば多いほど，また，相互作用の数が多いほど，内在的負荷が高くなる可能
性がある718)。たとえば，民法の最新の複雑な判例は，情報の本質的複雑さ
を有する。だが，それが，どの程度の内在的負荷となるか否かは，学習者が，
その判例に関連する民法の知識をどの程度有しているかによって決まる719)。
関連する民法に関する知識がほとんどない，あっても少ない初学者にとって
は，その複雑な情報をスキーマ（構造化された知識）にまとめることができず，
ワーキングメモリで相互作用する多数の要素を同時に処理する必要があり，
きわめて難しく高い内在的負荷がかかることになる720)。他方，経験豊富な
民事裁判官にとっては，その判例を理解することは容易であり，ほとんど内
在的負荷がかからないであろう721)。結局，内在的負荷は，教える，学習さ
れるものを変更する，または，学習者の知識を変えることによってしか軽減
させることはできない。そこで，課題の内在的負荷を最適なものとするには，
次のような方法が考えられている。

②　課題の分割

　まずは，課題の内在的負荷を軽減させる方法として課題の分割がある。学
習者が課題の内在的負荷に圧倒されるような場合，その課題を分割すること

によって，内在的負荷を軽減できる[722]。たとえば，民法の事例問題を解く
スキルを一度に学ぶのでなく，解き方のスキルを分割して，その一つ一つを
クリアーして，その後全体を学ぶ。教科書を学ぶ際，まずは，基礎的なとこ
ろだけを学び，難しい解釈論は基礎的なところが理解できた後に学ぶ。要す
るに，一度に多くを学ぼうとせず，一歩一歩学んでいくという方法である。
そのことによって，それぞれの内在的負荷は最適なものとなるわけである。

　分割の方法が異なるが，内在的負荷のきわめて高い複雑な課題を学ぶ際，
課題をより単純化して，徐々に複雑化し，最終的に，最初の複雑な課題に取
り組むという方法もある[723]。たとえば，不法行為法を学び何とか事例問題
が解けるようになったとしても，すぐに，現実の複雑な不法行為事件を解く
のではなく，まずは，簡単な短い事例問題を解いた後に，やや複雑な事例問
題を，さらに，類似の過去に起きた不法行為事件に取り組んだ後に，現実の
複雑な不法行為事件に取り組むという方法である。

③　事 前 指 導

　内在的負荷を軽減させる次の方法は，事前指導・学習である[724]。たとえ
ば，オンラインで，対面授業での課題の基礎知識について学んできてもらい，
それを基に，対面授業で応用的な課題に取り組むというようなことが考えら
れる。法科大学院の初学者を対象とした民法の授業でも，複雑な多くのこと
が取り上げざるを得ないこともあり，民法を初めて学ぶ者にとっては，高い
内在的負荷がかかり，なかなか理解が困難であることもあろう。そのような
場合，その学習内容の全体像やポイント，そこで学ぶ具体例等が書かれた配
布物が配られ事前に予習してくることが求められることが少なくないであろ
う。それは，予習することによって，授業で取り上げる内容の大まかな知識
が頭に入っていれば，授業で学ぶ課題の内在的負荷を軽減でき，授業での課
題が十分に理解することが可能になるからである。

(4)　外在的負荷

　外在的負荷の程度は，教え方や教科書の書き方による[725]。そこで，教え
方や書き方を変えることで余分な外在的負荷を減らすことができる[726]。外
在的負荷も，内在的負荷と同様，要素間の相互作用」に関係すると解されて

137

Ⅱ　認知科学等の知見

いる 727)。つまり，効果的な指導手順は要素間の相互作用を低下させ，効果的でない指導手順は要素の相互作用性を上昇させると解されている 728)。外在的負荷に関連するものとして，①冗長性，②分割注意，③モダリティ，④模範例 729)（Worked Example）などがある。①から③については，ごく簡単に触れた後，本稿の課題との関係で重要な④については，やや詳しく述べることにする。

①　冗長性（redundancy）

冗長性とは，直接関係のない余分な情報が提示されたり，同じ情報を複数の形で提示されたりした場合に生ずる 730)。いずれの場合も，余分な認知負荷がかかり学習を阻害する可能性がある 731)ため，冗長性は排除すべきだということになる。「余分な情報」の典型例は，授業中，教師が授業とはまったく関係がない話をすることである。「同じ情報を複数の形で提示された」とはややわかりにくい。その典型例は，教師がテキストを読みあげ，学生らは，それを聴きながらテキストを読むなどをあげることである。前者は説明を要しないであろう。後者は，常識的には，学習の効果があるようにも思われ，少なくとも，学習に阻害をもたらさないと考えられそうである。だが，後者にあっては，学習者は，テキストと教師の口頭での説明を関連づけるために，ワーキングメモリに余分な負荷がかかり，必要な情報を理解し学習することができなくなる可能性があるという 732)。

もっとも，具体例をも交えながら，わかりやすいことばで丁寧に書かれている場合，初学者にとっては冗長とはいえず，よりよく理解できるであろうが，関連知識が比較的多くある上級者にあっては冗長となりうる 733)。

②　分割注意（sprit attention）

分割注意とは，相互に関連し統合されるべき情報を，空間的あるいは時間的に分断して提示した場合である。このような場合，複数の情報を統合するために余分な認知負荷がかかる 734)。「空間的分断」の例としては，たとえば，民法 176 条と民法 177 条との関係を理解するための図がある頁に載っているが，その説明が，図が載っている頁と次の頁にまたがっているような場合である。「時間的分断」としては，授業で，民法の事例問題で，判例法理の使い方を説明したが，休憩時間がきてしまったので，その具体例をあげての説

明は休憩後なされたという例があげられよう。

③　**モダリティ**（modality）

相互に関連する複数の情報を同時に提示する場合には，画像提示と文字提示を用いるよりも，画像提示と音声提示を用いる方が，学習効果が高いことが明らかになっている735)。これをモダリティ効果という。ワーキングメモリのバドリーモデルでは，前述のように，視空間情報と聴覚情報は別々に処理されているため，画像提示と音声提示を同時に用いることにより，有効なワーキングメモリ容量を増やすことができるためだと解されている736)。

④　**模範例**（worked example）

問題解決のスキルを学ぶ際，学んだ後，学生が新たな問題を独力で解いていくことが，より深く学ぶことができるとも考えられないではない737)。しかし，ハッティ教授らは，「認知負荷アプローチと一致する根本的な原則は，熟達していない者は，獲得したばかりの知識を適用できないか，または適用する可能性が低いことである738)」という。つまり，問題解決のスキルを学んだ後であっても，初学者が新たな問題を解いていくことは困難であるというというのである。そこで，認知負荷理論の知見によれば，問題解決のスキルを学んだ後であっても，模範例（すでに解かれた問題で，すべての手順が完全に明確に示されている）を学ぶことが，同等な問題で，何の手順も示されていないものを解くよりも効果的であることが明らかになっている739)。しかし，模範例は，単に文字列をみたり，同じように解いたりするだけでは効果をあげにくく，学び手による自己説明効果に依存することがわかっている740)。つまり，一つひとつの手順の理由をきちんと理解しているかどうかを確認しながら，自分で説明していくことによって，より深く問題解法の手続きを理解することが可能となるからである741)

（ⅰ）　模範例学習の有効性の根拠

模範例学習が，何のガイドもない問題解決活動と比べ，なぜ効果的なのであろうか。次のような指摘がなされている。初学者がガイドのない同等の問題を解く場合，試行錯誤で問題を解くことができても認知負荷が高く，問題解決スキーマの構築にワーキングメモリの容量が十分残されていないため，問題解決スキーマが構築されないリスクが高い742)。構築できても間違って

Ⅱ　認知科学等の知見

いる可能性があろう。他方，模範例は問題解決のすべての解法手順が明確に示されているため，模範例学習は認知負荷が少なく，問題解決の解法手順に集中でき，問題解決スキーマを効果的に構築できる[743]。

　もっとも，模範例学習の認知負荷理論の知見は，民法の事例問題の解決にあっても妥当するのかという問題があろう。だが，数学や科学，言語，人文科学，芸術，さらには，法律事件に関する推論の研究[744]でも，模範例学習が効果的であることが明らかとされていることからすると民法の事例問題の解決にあっても，上記の知見は基本的には妥当するとみてよいであろう。

　(ii)　模範例学習の制約

　もっとも，模範例学習には重大な制約がある。第1は，模範例学習は，学習者が初心者である場合に効果が限定されており，学習者がある程度熟達すると，効果がなくなるという点である[745]。熟達した学習者は，むしろ，ガイドのない問題解決からより多くの利益を得ることができるようになる[746]。つまり，問題解決により，習得したスキルを強化・拡張できるようになるというわけである[747]。なお，このような問題を解決するため，初心者には，まず，十分なガイドがある模範例を提示し，次第により不完全な模範例を提示していくという方法が提案されている[748]。

　第2に，適切な模範例を設計することは難しいという点である。模範例は，前述のように学習者が解き方を丁寧に十分に理解して自らで説明できるような内容である必要がある。また，模範例は，初心者に対する負荷が軽減されなければならないのであるから，模範例を設計する教師は，外在的負荷ができるだけ少なくする必要がある[749]。

　第3に，模範例学習は，注意深く学習して理解すれば，その効果は大きいが，学生は，必ずしも注意深く学習して十分理解するとは限らないという問題がある[750]。そこで，いろいろな提案がなされている[751]。たとえば，模範例が提示された後，しかも，すぐ後にガイドがない問題解決を求める方法である[752]。同じような問題を解かなければならないということを知っていれば，学生は，模範例を学習する意欲が高まると考えられる[753]。また，模範例学習の可能性を十分に引き出すには，単に模範例をモデルにして類似の問題を解くだけでは不十分で，前述のように，学生が模範例の解答の根拠を自

140

己説明できなければならないと解されている。しかも，自己説明ができているというためには，模範例を基本原理に基づいて説明するか，なぜ，ある原理が特定の例に適用できるかを説明できなければならない。このように原理にもとづく説明が特に重要なのは，次のような2つの理由からである[754]。事例をその根底にある原理と結びつけることは，第1に，学生を，問題の表面的な特徴だけでなく，深い構造までみることができるようにする。第2に，新しい問題への転移の基礎を提供する[755]。もっとも，自己説明はワーキングメモリに過大な負荷をかける可能性がある。そこで，上記のような自己説明を引き出す手がかりやヒントが書かれた模範例が，そのような手がかりやヒントのない模範例よりも学習効果が高いと解されている[756]。

(5) 認知負荷理論からみた民法学習のあり方

　以上みてきた認知負荷理論の知見は，基本的なものでしかないが，民法の初学者が民法を学んだり，民法の事例問題を解いたりする際に，どのような意義があるか。民法の初学者が，その知見から何を学べるか，学ぶべきかという視点で，若干の試論（私見）も交えながら考えていこう。

① まず，認識すべきは，われわれは，まったく新たな領域を学ぶことは，ワーキングメモリの容量の厳しい制約があるため，きわめて困難を伴うという点である。そこで，民法をはじめて学ぶ，それと同程度であるような場合，ワーキングメモリの容量の厳しい制約を超えないように学ぶ工夫がきわめて重要となる。

② ワーキングメモリの容量の制約を超えたか否かは，大まかにいえば，学んでも理解できない。学んだことがほとんど頭に残っていないというような場合といえよう。

③ 民法を学ぶ際のワーキングメモリの負荷（認知負荷）は，教材や教え方による負荷（外在的負荷）と，民法そのものの難しさによる負荷（内在的負荷）を合計したものである。そこで，読んでいる教科書読んでもほとんど理解できないとなれば，まずは，読んでわかる教科書を探す必要がある。つまり，外在的負荷をより小さなものと思われる教科書に代

Ⅱ　認知科学等の知見

えてみるわけである。しかし，それでも，よく理解できないとなれば，
その難しさは民法そのものの難しさ（内在的負荷）によるものとなる可
能性が高い。内在的負荷を軽減するには，やさしい教科書を読む前に，
民法全体や各制度につき大まかに書かれ理解できる本を学んでおおざっ
ぱでもよいので概略を知ったうえで，その教科書を読むことが考えられ
よう。概略を知るということは，その教科書を読む予習の意味をもつと
ともに，課題を分割したとも考えるのではないか。やさしい教科書の基
礎なところをまず理解してから，徐々に難しいところに挑戦する，一度
に多くを学ばないというように，課題を分割して，一歩一歩学んでいく
工夫が必要となるわけである。むろん，かなり民法を学んできた段階で
は，最初難しいと感じた教科書にも挑戦する必要がある。

④　授業が難しいような場合にあっても，教え方による負荷（外在的負
荷）と民法の難しさそのものよる負荷（内在的負荷）の両方が影響して
いる可能性がある。その授業が特に未修者用であれば，教師に，その旨
を伝える必要がある。だが，法科大学院のあっては，短い時間で多くの
ことを教えなければならず，その難しさは，取り上げられている，民法
の課題自体の難しさによる負荷が大きい可能性が高い。そこで，そのよ
うな場合には，それに対処するには，基本的には，授業がよくわかる程
度まで，予習することが不可欠である。ただ，予習のために，授業で使
われている教科書を事前に読んでも十分理解できないような場合に，③
を参考にして，予習する必要があろう。

⑤　③や④での工夫をしても，よく理解できないときには，教員や友人を
積極的に活用する必要がある。

⑥　初学者が民法の事例問題を解くことは，その問題を解くために必要な
民法に関する知識や解き方の基本を学んでいたとしても，きわめて難し
いことを，まず認識すする必要がある。初学者にとって，まずは重要な
のは，民法の事例問題を解く手順や考え方を，その基本原理から十分理
解して身につけるとともに，民法の事例問題を解くために，必要な民法
に関する知識を効果的かつ迅速にアクセスして引き出すために最適に構
造化することである。

142

多くの事例問題を解いたとしても，これらが達成できなければ意味が
ない。そこで，原理的な解き方や，民法に関する知識をどのように構造
化したらよいかについても分かるような，詳細な解説がついた簡単な事
例問題で，それらを学び，他人に説明できるようにする必要がある。た
だ，適切な「模範例」を見つけることは困難であるかもしれない。そこ
で，完璧な「模範例」でなくても，よいので，できるだけ，具体的に解
き方が詳しく解説してあるものを参考にして，原理的な解き方や，民法
に関する知識をどのように構造化したらよいかを考えてみることも考え
られよう。ただ，簡単ではないかもしれないので，友人同士で，上記の
ことを目的として，互いに学び合うことも考えられよう。互いに上記の
ことにつき十分理解したか否かは，互いに自らの理解を他に説明，その
ことが十分理解してもらえるか否かでわかるからである。ただ，徐々に，
独力で解いていく練習をしていかなければならない。その際，自らが理
解した民法の事例問題を解く手順や考え方に問題がないかをたえず検証
していく必要があろう。むろん，積極的に，直接，いろいろな教員に，
また，民法がきわめてよくできる学生に聞いてみるべきであろう。

　熟達者研究の知見からすると，民法の事例問題を解けるようになるには，
民法に関する知識や問題解決のスキルを獲得するだけでなく，①民法に関す
る高度に構造化した知識，②民法に関する事例問題解決のスキルの自動化，
さらに，③メタ認知能力が必要である。すでに②につき，また，今回①につ
き検討した。そこで，かなり長くなってしまったが，次に，メタ認知能力が
民法学習によっていかなる意義があるかを検討していくことにしよう。

8 メタ認知

　上記のように，民法の学習や事例問題解決には，メタ認知がきわめて重要
である。「メタ認知は，効果的な認知活動を行うためには不可欠な力[757]」と
指摘されている。たしかに，これまでもメタ認知とかメタ認知能力という言
葉を使って，若干の説明を行うことはあった。しかし，メタ認知という言葉

Ⅱ　認知科学等の知見

は，聞き慣れない抽象的なもので，本来学ぶべき民法の知識とかけ離れている。そこで，これまでの記述では，民法学習や民法の事例問題解決におけるメタ認知の重要性を理解するには十分でない。もう少しまとまった形で詳しくメタ認知に関する認知科学の知見をみていくことにしよう。

(1)　メタ認知とは

　これまで何度も用いてきたが，まずは，あらためてメタ認知とは何かをより明らかにしておこう。「メタ認知という語は，もう一段上の認知という意味を持つ。それはあたかも，自分を見つめるもうひとりの自分のような存在である758)」。メタ認知とは，「みずからの知的な活動を一段上から客観的にとらえ，行動を調整すること759)」，「自己の認知活動（知覚，情動，記憶，思考など）を客観的に捉え評価した上で制御することである760)」とも指摘されている。要するに，メタ認知とは，「自分の認知活動を見直し，誤りを正し，望ましい方向に軌道修正すること761)」だといえよう762)。

　メタ認知は，日常生活においても使われている。たとえば，われわれは，今日やるべきことをメモしたりするが，それは，自分の記憶能力の限界を把握してそれに対処するための行動である。これは，まさにメタ認知のはたらきによるものである。

　では，民法の学習や民法の事例問題を解く際に，メタ認知は，どのように機能しているのであろうか。次のような例をあげることができよう。Aさんは，いつものように，民法の授業の予習のために教科書を読んでいて，うまく自分の言葉で説明できなかった箇所がいくつかでてきたので，その箇所が十分理解できていないことがわかった。そこで，その箇所を特に注意して授業を受けたが，それでも十分理解できない箇所があったため，授業後，教員や民法がよくできる友人に聞いて理解できた。そこで，勉強仲間に，その箇所について聞いたが，よく理解できないというので，具体例をあげて説明したところ，その勉強仲間は，よく分かったと言ってくれたので，さらに，教員であれば，その知識に関する試験問題を出すとすれば，どのような問題が考えられるかも話し合った。その後，教科書のその箇所に印をつけるとともに，理解できなかったところや，自らの民法学習の課題を書き付けている

144

8 メタ認知

「民法ノート」に，学んだ要点を書いておいた。

　Bさんは，過去の期末テストに取り組んだ。いつものように解釈上の論点をみつけて解いていこうと思ったが，そのような論点がみつからない。ふと，授業で，事例問題を解くときには，まずは，事案を分析して，関係条文を見つけ，その要件を明らかにして，それぞれの要件を事案に適用していくことが基本であることを思いだし，そのようなアプローチで検討していくと，うまく，その問題を解くことができた。

　このように，教科書を読み授業を受け民法の知識を適切に学ぶ，事例問題を適切に解くことができるのは，メタ認知のはたらきによるわけである。もし，適切にメタ認知がはたらかなければ，民法の学習や問題解決がうまくいかない可能性が高いわけである。上記の例でいえば，Aさんが日本語として読めるので理解できると思っていたり，Bさんは，取り組んだ事例問題を，いつものアプローチで強引に解いてしまい，そのアプローチでうまくいけると思い，自らのアプローチの妥当性につき何の疑問ももたなかったとしよう。その場合，上記のように学んでいった場合と比べ，Aさん，Bさんは，長い年月の間には「民法の学習力」「民法の事例問題解決力」は圧倒的な差となって現れるであろう。

　メタ認知の概念規定については，不明確な部分があるが，「メタ認知が『認知についての知識』といった知識的側面と，『認知のプロセスや状態のモニタリングおよびコントロール』といった活動的側面とに大きく分かれるという点では，研究者間ではほぼ一致をみるようである763)」。メタ認知の活動的側面は，「メタ認知活動」，「メタ認知調整」と呼ばれており，メタ認知の活動は「メタ認知的知識」に基づいて行われる。民法の予習の例でいえば，教科書を理解できているか否かモニターしながら読んだからこそ，ある箇所が理解できないと評価できたわけである。そして，その結果を受けて，その点を解くに注意して授業を受け，さらに理解できない箇所を教員や友人から聞く。これらは，まさに，メタ認知活動である。これらのメタ認知活動は，自分の言葉で説明できれば一応理解できたといえる，理解できないことを理解するには，その箇所を特に注意して授業を受ける，教員や民法が得意な友人に説明してもらうという知識，つまりメタ認知的知識に基づいているわけで

145

Ⅱ　認知科学等の知見

ある。

　なお，メタ認知の活動を効果的に行える技能という意味で「メタ認知スキル」という言葉が，メタ認知活動を行う心理的な能力という意味で「メタ認知能力」という言葉がよく用いられる。

①　メタ認知活動

　学習者がメタ認知スキルを理想的に適用して学習やパフォーマンスを向上させる方法を説明する，さまざまなモデルを研究者は提案している。それらは，細かい点で異なっているが，自らの学習を（メタ認知的）モニタリングし，（メタ認知的）コントロールするために学習者は多様なプロセスを実行する必要があるという考えでは共通しているという[764]。

　メタ認知モニタリングとは，自らの認知状態をモニターすることで，「問題の趣旨がよくわからない」といった認知についての感覚や，認知についての気づき，予想，点検，評価などが含まれる[765]。これに対して，メタ認知的コントロールとは，自らの認知状態をコントロールすることである。たとえば，「問題に真正面から簡潔に答えよう」といった認知の目標設定や認知の計画・修正などが含まれる[766]。民法の予習の例でいえば，理解できるかをモニターし，数箇所理解できないと評価したことはモニタリングで，その結果，認知活動に問題が出てきたので，注意して授業を受ける，教員等に聞くというコントロールを行ったわけである。さらに，実際に，勉強仲間に自分の言葉で説明して理解できたといってもらったということは，さらに，自らの理解度をチェックして評価したわけである。また，勉強仲間と，その知識に関する問題を考えることにより，より深く理解したといえようが，後に，その知識に関連する実際の事例問題を解くことができれば，深く理解できたと評価できることになる。

　アンブローズ教授らは，モニタリングとコントロールのプロセスは相互に影響し合うため，モデルはサイクルという形で表されることが多いとして，次のような基本的なメタ認知プロセスのサイクルをあげる[767]。「このようなメタ認知プロセスを行うスキルを発達させたとき，パフォーマンスが向上するだけでなく，自律した，よりよい学習者となる知的習慣を獲得することになる」という[768]。そのサイクルでは，学習者は，課題で要求されているこ

8 メタ認知

とを，その目標と制約を考慮しながら見きわめ，自分の知識とスキルを評価し，適切なアプローチを計画し，さまざまな方略を適用して計画を実行し，進捗状況をモニタリングし，必要に応じて調整し，実行中のアプローチがどの程度うまくいっているのか省察するといったことを実行することになる[769]。

　たとえば，民法の授業で不法行為に関して一通り学び，授業で事例問題をどのように解いたらよいかについても学んできたので，それらにつき，きちんと学べたかを確認する意味で，やや長い事例問題に答える模擬テストを1週間後行うということになったとしよう。その模擬テストに向けて復習を行っていく際には，まずは，その模擬テストの目標を見極める必要がある。そして，現在，自分が不法行為に関する知識，不法行為に関する事例問題解決のスキルをどの程度身につけているか，自らの強みと弱みを評価しなければならない。その上で，上記の目標を達成できるための知識・スキルとのギャップを認識し，1週間の間に，そのギャップを埋める計画を立て，それを効果的に実行する方法を考える必要がある。その方法で数日実行して，どの程度うまくいっているかをモニタリングして，問題があれば，その方法や目標を調整していく必要がある。ただ，前述の認知負荷理論の知見によれば，初学者が民法の授業で不法行為に関して一通り学び，授業で事例問題をどのように解いたらよいかについても学んだとしても，自分自身で新たな不法行為に関する事例問題を解くことは困難である。重要なのは，民法の事例問題を解く手順や考え方を，その基本原理から十分理解して，身につけるとともに，民法の事例問題を解くために，必要な民法に関する知識を効果的かつ迅速にアクセスして引き出すために最適に構造化することである。そこで，この視点から，これまでの，その授業でだされた事例問題で解説がついたものを探し出し，その解説を読み，それらの点を確認したり，学んだり，必要があれば，自らが持っている民法知識の構造を修正する必要があろう。むろん，よくわからないところがあれば，教員や優秀な仲間に積極に聞く必要がある。

　アンブローズ教授らは，さらに，「知性と学習に関する学生の思い込み」も，このサイクル全体に大きな影響を与えるという。たとえば，知性は固定されていると信じる学生は，学習してよい成績を上げる可能性は低いのに対し，知性は増大すると信ずる学生は，よく学びよい成績を上げる可能性が比

Ⅱ　認知科学等の知見

較的高いという[770]。

②　メタ認知的知識

　上記のように，学習や問題解決という認知活動がうまくいくためには，適切なモニタリングやコントロールがなされる必要があるが，そのためには，適切なメタ認知的知識の存在が前提となっている[771]。しかも，「メタ認知は，効果的な認知活動を行うためには不可欠な力[772]」である。そこで，「学習に役たつメタ認知的知識を豊富にもっている学習者ほど，学習を有利に進めることができる[773]」と考えられているわけである。

　メタ認知的知識とは，メタ認知活動を行うために必要とされる知識である。たとえば，「民法を学ぶには，どのような学習方法が効果的か」といった学習方法の種類や有効性についての知識や「その方法はいつ使うとよいのか」といった条件に関する知識なども含まれる[774]。学習観（学習者の持つ学習に対する信念[775]）も，一段抽象的な思考を表していることから，メタ認知的知識の一部と考えられている[776]。アンブローズ教授らがいう「知性と学習に関する学生の思い込み」も同様に解すことができよう。そこで，メタ認知的な知識には，間違った信念を含むこともある[777]。

（ⅰ）　メタ認知知識の分類

　三宮教授は，メタ認知的知識に関して，「人間の認知特性についての知識」，「課題についての知識」，「方略についての知識」に分けて，具体例をあげて説明している[778]。そこで，その具体例や説明を参考に，できるだけ，民法の学習・問題解決に関する具体例をあげて，メタ認知的知識につき，やや詳しくみていくことにしよう。

（a）　人間の認知特性についての知識

　人間一般についての認知特性として，たとえば，「新しい事柄を学ぶ際には，すでに知っていることと結びつけながら理解する」，「ワーキングメモリの容量には厳しい制約がある」などをあげることができよう。

　また，自分自身の認知特性についての知識，他者の認知特性についての知識もある。前者の例として，「私は論理的思考が苦手だ」など，後者の例には，「いっしょに勉強する予定のAは，メタ認知能力に優れている」などという例をあげることができよう。

148

8 メタ認知

(b) 課題についての知識

課題の性質が，われわれの認知活動に及ぼす影響についての知識である。たとえば，「民法は条文数が多く，しかも，パンデクテン方式をとっているため，民法の事例問題を解く際に，関連条文を指摘することは難しい場合が少なくない」，「民法の事例問題にあって，関係当事者が多ければ多いほど複雑となり，問題を解決することが，一般に難しくなる」などがある。

(c) 課題解決の方略についての知識

目的に応じた効果的な方略の使用についての知識である。方略という言葉は，これまでもでてきたが，法律を学ぶ者にとって聞きなれないものである。三宮教授によれば，方略とは「課題をよりよく遂行するための工夫に関する知識[779]」であり，また，「一般に，ある範囲の活動をよりよく運営するためには，いつ何をすればよいかについての明確なプランをさす[780]」。「メタ認知の中でも，ただちに思考力の向上に結びつきやすいのは，方略の適切な使用だろう[781]」という。

課題解決の方略についての知識としては，たとえば，「長期的にみれば，集中学習より分散学習が効果的である」，「民法の教科書を何度も読むよりも想起練習の方が学習効果が高い」，さらには，「長期記憶に定着させるには，丸暗記するよりも，深く理解した方が効果的である」という知識をあげることができる。このような「課題解決の方略についての知識を豊富にもち，これを活用することによって，課題遂行のレベルを高めることができ」る[782]。しかし，「人間の認知特性についての知識」および「課題についての知識」をももって，「なぜその方略が有効なのか」を十分に理解しなければ，必要な場面で役立つ方略を自ら選びだし，有効活用することができないという[783]。また，人は，より高い機能を発揮するであろう新しい方略に変えるよりも，ほどほどに機能する慣れ親しんだ方略を使い続けることが多いということが研究で明らかにされている[784]。

「学習においては，方略についての知識をいかに豊富にもっているかが学習効果の決め手とな」る[785]が，学習方略[786]についてのメタ認知的知識は，自分のものとなって初めて効力を発揮する。その意味では，自ら工夫して編み出した学習方略は，後々まで役に立つであろうと指摘されている[787]。もっ

Ⅱ　認知科学等の知見

とも，「学習に役立つメタ認知的知識は，……心理学の研究成果の中にある788)」とされている。そこで，工夫して編み出した学習方略は，上記の研究成果を踏まえたものである必要があろう789)。

　深谷達史教授は，メタ認知的知識の一つが学習方略についての知識だとして，もっぱら学習方略につき説明する790)。まずは，学習を有効に進められる人は学習方略についての知識を多く有していることが明らかにされているとした上で，植阪教授の論文791)に従い，「認知的方略」，「メタ認知的方略」，「外的リソース方略」の３つに分けて説明する792)。

　認知的方略は，情報をいかに処理するかについての方略だとして，たとえば，深い処理の認知的方略として「精緻化」や「体制化」をあげる793)。メタ認知的方略とは，自分の知的な状態に意識的に目を向ける学習方法である。認知的方略が学習内容に注意をむけ，その覚え方などに工夫をするのに対して，メタ認知的方略は，自分の知的な状態に注意を向ける点に特徴がある。たとえば，「自分が理解できたかをチェックするにはどうしたらよいか」，「学習内容が理解できないときにはどうすべきか」をあげる。

　民法の予習の例で，理解できたか否かを自分の言葉で説明できたか否かによって評価したのは，メタ認知的方略によるものといえる。外的リソース方略とは，環境に存在する外的な資源を活用して学習を進める方略で，その例として，図を書いて考える，教科書や他者に質問したりする方略をあげる。民法の予習の例で，授業でも理解できないものは教員や優秀な友人に聞くというのは，まさに外的ソース方略である。民法の予習の例では，これらのメタ認知的知識にもとづいて，モニタリングやコントロールを行ったことになる。このように，上記の学習方略を事前にレパートリーとして十分に身をつけ，必要に応じて活用していくことが有効と考えられている794)。

　なお，学習方略は，特定の領域に限定されない，いわば領域横断的な方略である。そこで，文章読解や数学的問題解決のような特定の領域の問題解決を促進するための方略が存在し795)，その方略は「課題解決方略796)」と呼ばれる。課題方略については，これまで理論的な検討が中心に行われてきたが，近年は，説明文における読解方略797)，英文読解における方略798)，数学的問題解決を促進する方略799)などの研究が見られる。民法の事例問題を解決す

8 メタ認知

るための方略も考えられ，その方略は，課題解決方略に属することになる。
もっとも，民法を学ぶのは基本的には事例問題を解けるようにすることが重
要であるので，民法学習の方略は，必ずしも領域横断的な方略とはいえない
であろう。むろん，そのような方略もあることは否定できない。

(ⅱ) 学 習 観

前述のように学習観もメタ認知的知識の一種である。その意味での，学習
観の意義を考えていこう。これまで，効果的な学習方法に関する信念という
意味での学習観についての研究がなされてきており800)，これらの研究によ
ると，意味を考えながら覚えることを重視したり，途中過程を理解すること
を重視したりする，いわゆる認知主義的学習観801)をもつ学習者は，効果的
な学習方法を利用しやすい傾向があり，その結果，学習成果も高くなるとい
う802)。他方，丸暗記やたくさんの問題をこなすことが大切だと考える，い
わゆる非認知主義的学習観803)の強い学習者は不適切な学習方法をとりやす
く，学習成果も上がりにくいことが明らかになるとする804)。このように，
学習方略をはじめとする学習行動は，学習観に大きく規定されている805)。
しかも，「学習観は長年の経験から形成されたものであり，容易には変えが
たい。また，信念だけを変化させても，それにあった学習方法が伴わないと
効果が実感できず，元の信念に戻ってしまうと考えられる806)」と指摘され
ている。そこで，まずは，学習方略を変化させ，その後に，学習観を変化さ
せることが有効であるとする807)。

前述した，アンブローズ教授らが指摘する「知性と学習に関する学生の思
い込み」も，上記の学習観と同様な機能をもつと考えられる。実際，強みに
ついてであろうと弱みについてであろうと，自分の能力に対する思い込みは
自己のメタ認知プロセスを著しく妨げるため，学習と成長を阻害する可能性
があるという808)。しかも，「一般的な知見として，思い込みと態度を変える
のは難しいとされている」が，「学生の思い込みを変えて学習を改善するの
は可能だという希望を与えてくれる」新しい研究もみられるという809)。

以上の知見は，民法学習においても重要な意味をもつ。学習観によっては，
不適切な学習方略をとりやすく，学習成果も上がりにくい場合がありうる。
しかも，学習観を変えることは簡単ではないからである。

151

Ⅱ　認知科学等の知見

③　メタ認知と自己調整学習

　メタ認知とともに，教育心理学において「自己調整学習 810)（self-regulated learning）」理論が活発に論じられてきている 811)。メタ認知と密接な関係があるので，ここで補足的に触れておこう。

　自己調整とは，「学習者がメタ認知，動機づけ，行動において，自分自身の学習過程に能動的に関与していること」であると指摘されている 812)。簡単に言ってしまえば，「自己調整的な学習者は，自らの学習過程を自らモニターしながら，調整を行うことができる学習者である 813)」という。

　自己調整学習の代表的モデルであるサイクルモデル 814)では，自己調整学習において中核をなすのは，予見，遂行，自己省察という 3 つの段階で構成されるサイクルである。学習に際し，まず学習者は，予見段階では，課題を分析して学習の目標を定め，どのように進めていくかの計画が立てられる 815)。次は遂行段階で，計画した学習活動がうまく進むように自らの認知過程を自己モニタリングし，その結果に応じて，個別具体的な課題方略や学習方略を使用しながら自己コントロールがなされる。自己省察段階では，遂行の結果の分析がなされ，修正すべき点があれば，より効果的な方略を探索し適応を図る。そして，また次のサイクルへとつなげられていく。

　以上からもわかるように，メタ認知も自己調整学習も，その研究の進展とともに重なりが大きくなって，それぞれの範疇に入り込んで，はっきり区別することは難しくなってきているという 816)。また，次のような指摘もある 817)。メタ認知の研究は，年少の生徒が学習，読み，書き，数学的問題解決を効率よくモニターし，調整できるかどうかを理解したいと望む研究者により行われてきた。他方，自己調整学習の一般モデルは，もっぱら教育的観点から育ってきたもので，学生の成績に寄与していそうな学生の活動と彼らの環境のあらゆる側面を捉えようと努力してきている。そこで，目標設定，自己効力感，領域知識，モチベーションなどの要因を強調する枠組みに基礎的な認知能力を統合することに関心をもっているという。だが，一般モデルの中核は，ほとんどの場合，メタ認知の二つの強力な概念のモニタリングとコントロールからなっているというのである。

　また，アンブローズ教授らは，大学教育を念頭に 7 つの原理を指摘するが，

8 メタ認知

その中の一つの原理として，先にも紹介したが，「自律的な学習者になるには，学生はタスクで要求されていることをみきわめ，自分の知識とスキルを評価し，アプローチを計画し，進捗状況をモニタリングし，必要に応じて方略を調整しなければならない[818]」との原理をあげ，この原理は，本当の意味での自立的学習者になるために重要なメタスキルを明確に述べているという[819]。

(2) メタ認知の機能

熟達者と初心者の違いの一つがメタ認知にあり[820]，メタ認知が熟達化の速度に関与している[821]。学習の転移においても，メタ認知が重要な機能をもっている[822]。これらは，すでに述べたところである。

だが，さらに，メタ認知が学習を改善したり，促進したりすることが多くの研究により明らかとされている[823]。教科学習の指導の中にメタ認知能力の育成を組み入れることにより，学生の学業成績はめざましく向上することも，多くの研究によって確認されているという[824]。アンブローズ教授らも，多様な科学領域による研究によって，学生に自己モニタリングを教えることで学生の学習が改善されると指摘する[825]。

2014年に刊行された，メタ認知に関するOECD出版物であるCritical Maths for Innovative Societies: The Role of Metacognitive Pedagogies[826]では，「過去10年の間に学校での成績において，またそれを超えて，メタ認知が重要な役割を果たしているという見方が広く受け入れられるようになってきた[827]」として，つぎのような研究結果が紹介されている[828]。高いレベルのメタ認知スキルを持つ子供や若者は，メタ認知レベルの低い生徒よりも，学業面で成功しているようにみえる。さまざまな学習分野において，異なる学年でも，知的能力の影響を除いた場合でも，メタ認知によって学校の成績が予測できる。

さらに，岡本真彦教授は，メタ認知知識の有無が教科学習と関連することを明らかにするいくつかの研究を紹介し，「ここまでの研究から，教科学習におけるメタ認知知識の影響について考察すると，メタ認知知識を有していることは，それぞれの教科の学習を効率的にすることが実証されてい

153

Ⅱ　認知科学等の知見

る829)」とする。もっとも，それらの研究は，読解，科学的問題解決，数学的
問題解決という限られた教科であったが，「Flavell（1976）にしたがえば，
メタ認知はすべての教科学習に関わっていると考えることができ，これら以
外の教科学習においてもメタ認知知識の有効性は高いと考えてよいであろ
う」と結論づける830)。また，岡本教授は，より早い段階の研究で，「本研究
で算数文章問題の解決においても文章解決能力の上位群と下位群の間に明ら
かなメタ認知能力の差があることが示され，文章題解決においてもメタ認知
が影響していることか」を明らかにした831)。その上で，問題解決の下位段
階ごとにメタ認知を捉え検討した結果，「文章題の指導の中では問題の理解
や目標の同定のためのモニタリングに関する算数指導を行うこと，さらに解
決に到達するためのプランをどのように立てるかを指導することが重要であ
ると示唆された」とする832)。

　ごく最近の研究833)でも，大学レベルの統計学入門クラスの2つの授業で，
無作為で割り当てた学生に，試験前に，学生が利用可能なリソース（講義
ノート，宿題の問題，教員のオフィースアワーなど）につき，どのリソースを
使って勉強するか，なぜそのリソースが役に立つのか，どのようにリソース
を使うのかについて戦略を立てることが求められた。そのことにより，それ
らの学生は，自らの学習をより内省的に考え，リソースをより効果的に使用
したと報告し，対象外の学生よりも成績がよかった。しかも，ジェンダー，
年齢，学習能力にかかわりはなかったという。

　では，法律の学習においてはどうであろうか。アメリカにおいて，ロース
クールにおける法律の学習や法学教育においてメタ認知の重要性が認識され，
それに関する多くの論文が発表されてきている834)。最近では，アメリカの
ロースクールの学生におけるメタ認知と学業成績との関係についての実証的
な研究が報告されている835)。その研究では，ロースクールにおけるメタ認
知と効果的な学習戦略につき学生に指導し，学習の振り返りと調整というメ
タ認知的な課題に取り組むように促した。その結果，メタ認知スキルの高い
学生，すなわち，学習方略を意識し，方略を導入し，セメスターの長いコー
スの中で自分の学習を自己評価し，調整することをいとわない学生は，コー
スの成績がよかったという836)。

154

8 メタ認知

　また，フロリダ国際大学のロースクールで2013年に導入された学習プログラムに関する報告がある。すでに述べたところであるが，そのプログラムの導入により学生の著しいパフォーマンスの向上が図られたという。その学習プログラムは，分散学習，認知スキーマ理論，想起練習とともに，メタ認知・自己調整学習が重要な柱となっているとみることができる。「学習の最も重要な側面の一つは，学生が自分の学習を管理し，自分の弱点を理解し，改善方法を計画すること」だという。このような学習を，シュルツ教授は，自己調整学習と述べているが，これはまさにメタ認知だともいえる。シュルツ教授自身も，「自己調整型学習はメタ認知を実現するものと考えることもできる」という。そこで，分散学習，認知スキーマ理論，想起練習などの学習方略など[837]，いわば自分自身で主体的に法律を学んでいく方法を教え，それらの方略を使えるようにするとともに，さらに，その学習を自らがモニタリングして問題があればコントロールできるようにする，つまりメタ認知スキルを学ぶことを目指しているわけである[838]。その意味では，学生の著しいパフォーマンスの向上がはかられたのは，メタ認知スキルによるところが少なくないとみることができよう。

(3)　メタ認知の難しさ

　以上のように，メタ認知は学習や問題解決にとって，きわめて重要なものであるが，自らの認知状態を客観視してコントロールすることは簡単ではない。

①　理論的視点から[839]

　まず，理論的視点から，その難しさをみておこう。まず，そもそも，メタ認知は自己内対話であるため，学生はメタ認知の重要性に気づかないことが多いという問題がある[840]。だが，メタ認知の重要性に気づいたとしても，モニタリングの結果に基づきコントロールがなされることから，モニタリングが適切でなければ，コントロールも不適切なものとなる[841]。同様に，モニタリング，コントロールを含めたメタ認知活動は，メタ認知的知識に基づいてなされるため，メタ認知的知識が不適切であれば，メタ認知活動も不適切なものとなってしまう[842]。結局，適切なモニタリング，コントロールを

155

Ⅱ　認知科学等の知見

なすには，適切なメタ認知的知識が必要とされる843)。たとえば，「課題につ
いてのメタ認知的知識をまったく持っていない領域に取り組む場合，方略を
知らない場合」，メタ認知はうまく機能させることはできないことがわかっ
ているという844)。

　たとえば，民法の事例問題を解く際，難しい問題であるにもかかわらず，
簡単な問題だと評価して，時間はたっぷりあると思い，知っていることをた
くさん書いていったところ，後に難しい箇所を発見し時間が足りなくなると
いうことがあろう。また，難しい問題であることはわかったが，その解き方
がよくわからなかったので思いつきで解いていったとすると，適切な解答に
はならない。また，難しい解釈上の問題だと評価できても，そこで問題と
なっている解釈上の問題を解く適切な方略をもっていなければ，適切に解く
ことはできないことになる。しかも，前述のように，メタ認知的知識は，学
習観や思い込みにより，強く規制されているため，適切でない学習観や思い
込みをもっていると，メタ認知がうまく機能しないおそれがあり，そのよう
な学習観や思い込みを，より適切なものに変えることは簡単ではないという
問題もある。

　さらには，やっかいなのは，特に初学者は，メタ認知能力をもっていたと
しても，民法に関する複雑で難しい事例問題を解く際に，同時にメタ認知活
動を行うことは困難となる可能性が高い。そのような問題を解くこと自体，
ワーキングメモリに大きな負荷がかかり，ワーキングメモリに，メタ認知活
動を行う余裕がないからである845)。

②　実証的研究から

　アンブローズ教授らは，これまでの研究からすると，「学生がメタ認知ス
キルを適用するレベルと頻度は，必要な水準に達しない傾向がある846)」。す
なわち，「目の前のタスクの評価と適切なアプローチの計画を作成する際に，
学生は不適切な評価を行い不適切な計画を立ててしまいがちで」，「評価や計
画という不可欠なステップを全く考慮しないこともある」という847)。しか
も，学生は，計画を立てるために必要な，自らの強みと弱みを認識すること
が苦手である848)。計画を立てた後，進捗状況をモニタリングして，自らの
アプローチに問題があっても，他のアプローチを知らない可能性があり，成

果が高くなる新しい方略を提案されても，そこの成果が上がる慣れ親しんだ方略を使い続ける傾向がある 849)。また，前述のように不適切な知性や学習に関する思い込みは学習と成長を阻害する可能性があるという 850)。

　本稿の目的からするとより注目すべきは，アメリカのロースクールでの実証的研究 851) である。その研究によると，アメリカのブリガム・ヤング大学の J. ルーベン・クラーク・ロー・スクール（全米トップ 30 位からトップ 50 位にランクされている）における，2 つの異なる年の法学部 1 年生 150 人のメタ認知を定量的に測定した。その学生らの成績は，全米のロースクールの入学者の上位 4 分の 1 に容易に入ることができるものであった 852) が，そのような学生でさえ，十分に発達したメタ認知スキルを示さないことが明らかとなったというのである 853)。むろん，そのような結果が，すべての，または，ほとんどのロースクールで同じようにいえるか，また，時間の経過によっても変わらないものといえるかは明確ではないとの疑問が提示されている 854)。ただ，これに対して，アメリカの高校でも大学の学部でも学生が自分で学習をコントロールすることを教えられなくなっていることから，上記のような結果は，驚きではないとの指摘もある 855)。

　以上は，アメリカの状況であり，そこから直ちにわが国でも同様であるとは必ずしもいえない。しかし，前述のようにメタ認知スキルを身につけることは難しく，また，メタ認知スキルは独りでに身につくものではない。さらに，わが国では大学においても法科大学院にあっても，メタ認知スキルを訓練するような教育が一般的になされているとは必ずしもいえないであろう。そこで，上記のアメリカの状況と大きく変わるものではないとして考えておきたい。むろん，メタ認知能力は，個人によって異なり，一般には，法科大学院にあっても，より優秀な学生はメタ認知能力に優れ，他方，苦労している学生はメタ認知能力に問題があると推測される 856) が，わが国においても，今後，実証的な研究が求められよう。そこで，より厳密な検討は将来の課題である。

(4)　メタ認知を促す学習活動

　以上のように，メタ認知スキルを適切に行使するのは簡単ではない。しか

Ⅱ　認知科学等の知見

も，「メタ認知能力はひとりでに発達するわけではない[857]」。だが，メタ認知能力は，固定的なものではなく，これまで述べてきたことからも明らかなように，メタ認知能力は学習によって高めることが可能である。メタ認知の教育可能性を否定する者はいなく，学習におけるメタ認知を促進することは，きわめて効果的な学習支援法と考えられている[858]。そのことは，「単に学習法を教えるといった狭い意味合いのものではなく，学習に関する基本的な姿勢や考え方，感じ方，動機づけなどに働きかけ，学習者が自分の意と選択によって学習に積極的にかかわることを可能にするという」。

そこで，これまでも，メタ認知能力を高めようとする研究が多くなされてきた。しかも，どのような教育方法が効果的かについて論じられてきている。ここで，詳細に紹介する余裕はないので，比較的，一般的に指摘されている点を中心に紹介するにとどめたい。

なお，民法を学んでいる者にとって，メタ認知スキルを身につけることは，要するに，学び手が，自らの教師になることでもあることから，民法や法律を教える教員だけでなく，学び手にとっても，以下に述べることは重要なものと考えられる。ただ，以下は，可能な限り，民法の学び手の視点で考えていこう。

①　メタ認知の重要性・有用性の認識

第1に，メタ認知の重要性を強調する必要がある[859]。メタ認知は，いわば自己内対話であることから，学生はメタ認知の重要性に気づかないことが多いからである[860]。むろん，その重要性を認識してもらうために，学習者にとってメタ認知活動がいかに役立つかを伝える必要があることが強調されている[861]。そこで，本稿でも，メタ認知の有用性，重要性を論じてきたわけである。

②　教科の学習活動の中で

第2に，メタ認知能力の育成は，教科の学習活動の中で行う必要がある[862]。教科によってモニタリングの方法は異なる[863]。また，一般的な文脈の中で獲得されたメタ認知能力は，転移が生じにくい[864]。さらには，新たな知識を学生が既に知っていることと結びつける必要があるから[865]との理由があげられている。つまり，メタ認知スキルをガイダンスやメタ認知等を

教える特別の授業では効果的ではなく，民法，刑法，憲法などの各教科の中で教える必要があるというのである。そこで，民法を学ぶ際にも，メタ認知スキルを学ぶ必要があるというわけである。また，メタ認知活動には，メタ認知的知識が必要で，民法のメタ認知的知識は，刑法や憲法のメタ認知的知識とは必ずしも全く同じとはいえない。また，モニタリングやコントロールの方法が異なりうるからである。

　なお，メタ認知スキルを学ぶ際にも，一般的・抽象的な知識を学ぶことは重要であるが，その知識を具体的な場面で使えるようになる，つまり学習の転移が起こりにくいので，その知識とその知識を使う多くの具体的場面とで行き来できるようにすることが必要だと指摘されている866)。この点は，民法を学ぶ際にメタ認知スキルを学ぶ際に当てはまるであろう。たとえば，理解できるといえるためには，自分自身の言葉で説明できることだということを知るだけでなく，さまざまな判例法理を，理解できたか否かを自らで判断する際に，ほとんど意識せずに，自らの言葉で言ってみようと思うようになっていなければ，そのような知識は使える知識になっていないことになる。

③　メタ認知の意識化

　第3に，メタ認知は自己内対話の形式をとるので，自己内対話を促すことによってメタ認知能力を高めることができる867)。気付きと効果的な実行を確実にするために，メタ認知を意識させる指導が重要だとの指摘868)も同様なものと理解できよう。次のような方法があげられているが，それらは上記の具体的な方法と解すことができよう。

（i）　認知過程の可視化

　認知活動を可視化（外化）することによって，メタ認知レベルで捉えやすくなる。たとえば，思考内容は文章や図に表せば，記憶負荷が減じ，メタ認知が働きやすくなる869)。民法の学習に関していえば，たとえば，自分は，民法の事例問題をどのように解いているかを文章なり図式化して，その妥当性を評価してみるというようなことが考えられよう。むろん，うまく文章や図に表すことができないことがあるかもしれない。そのような場合には，民法の事例問題を解くとはどういうことか，どのように解いたらよいのかが，よくわかっていないことがわかるわけである。そのような場合，どうしたら

Ⅱ　認知科学等の知見

よいであろうか。それは，メタ認知コントロールの問題である。文章なり図
式化できたとしても，それが妥当なものであるかを判断しなければならない。
自らで判断できればよいが，判断できないとすればどうしたらよいであろう
か。メタ認知的知識が不足しているからで，そこで，結局，その知識を学ぶ
必要があるわけである。

(ⅱ)　メタ認知的手がかりの提供

　課題解決の方略を知っており，メタ認知スキルが利用可能であるにもかか
わらず，使わない，ないし使うのに慣れていない場合，その原因がいくつか
考えられるが，手がかりのリストを見て，その課題を行うという方法が主張
されている[870]。このような手法は，学生自身でも使うことができよう。た
とえば，民法の事例問題の解答を書く際に，余分なことを長々と書いたり，
問題の指示に従わなかったり，メリハリのないものであったりするという問
題があったとする。そのような場合，答案を書く際の注意リストをあげ，練
習のために，民法の事例問題の解答を書く際に，ますは，そのリストを利用
して書く練習をすることが考えられよう。書く際の注意点だけでなく，事例
問題を解く際の注意リストを作り，民法の事例問題を解く練習をする際に
使ってみることも有用であろう。むろん，上記の注意リストは，最初から完
璧を目指す必要はなく，まずは，気づいたものを書いておき，様々な機会に
修正・補完して進化させていけばよいわけである。さらに，広げて，民法を
学ぶ際に注意リストなども考えられよう。

(ⅲ)　仲間との協同学習

　仲間との協同学習や他者に教えることで，メタ認知が促進されると解され
ている[871]。仲間との学習では他者のものの見方や考え方に触れることで自
らの認知を相対化・対象化しやすくなり，メタ認知が働き易くなるからであ
る[872]。協同学習にあっては，互いに答案を書いて，それらを批判的に検討
することが少なくないようであるが，メタ認知スキルを学ぶには，むしろ，
そのような答案を書くにいたった過程を報告したり検討しあったりすること
が効果があると考えられる。つまり，ある事例問題を解く際に，克明に何を
どのように考えていったか，戸惑ったことは何か，間違ってしまったところ
はないか，そして，その戸惑いや間違いをどのようにして気づき，解決して

8 メタ認知

いったのか，この点がきわめて重要である。互いに，そのような説明をして，必要があれば議論し，最後に，そこで学んだことを，できるだけ抽象化させ教訓として整理しておく必要があろう。むろん，わからなかった点も課題として書くとともに，その課題をどのように解決することができるかも考えておく必要があろう。さらには，準備せずに，その場ではじめてみる事例問題について，互いに，どのように考えていったらよいか，具体的に考えていることを全てことばに表現していくことも有効な方法であろう[873]。

　また，他者に教える例としては，たとえば，未修者が1年を修了して2年生になった4月の段階で，ある程度民法を知っている初学者に簡単な事例で民法の事例問題をどのように解いていったらよいかを教える機会を設ければ，メタ認知スキルを高めることができるであろう。

④　メタ認知活動の長期的訓練

　メタ認知活動を，自由かつ持続的に使えるようにするためには，長期的に訓練を行うことが必要だと指摘されている[874]。メタ認知活動は，いわばスキルである。スキルを身に着けるには，実際に何度も繰り返しメタ認知活動を行うことによって，それほど意識せずに，必要に応じてモニタリングやコントロールができるようになることが必要だからである。ただ，自らで訓練するには，訓練計画のようなメモを作っておくことも考えられよう。このようなことからも，それぞれの教科で，メタ認知活動の訓練を行う必要があると考えられるわけである。た

(5)　民法学習におけるメタ認知に関する認知科学の知見の意義

　では，これまでのメタ認知に関する認知科学に関するに知見が民法学習・民法の事例問題解決においていかなる意味をもつのかを整理しよう。その知見は，基本的には，民法学習や民法の事例問題を解く際にも妥当すると解される。「メタ認知とは，効果的な認知活動を行うために不可欠な力」といわれ，民法学習や民法の事例問題を解くことは，まさに認知活動に該当するからである。

①　そこで，民法学習でも民法の事例問題を解く際にも，適切にメタ認知が機能しなければ，それらはうまくいかないことになる。その意味で，

Ⅱ　認知科学等の知見

メタ認知は，民法学習でも民法の事例問題を解く際にも重要な意味をもつわけである。

②　メタ認知は，知識的側面と活動的側面に分かれる。前者はメタ認知的知識，後者はメタ認知活動と呼ばれる。メタ認知活動は，さらに，一般に，メタ認知的モニタリングとメタ認知的コントロールに分けられる。民法の学習に関して言えば，計画どおり学習が上手く進んでいるかをモニタリングして，うまくいっていないところがあれば，それを適切に修正するのがコントロールというわけである。そこで，民法学習や民法事例問題の解決がうまくいくには，適切なメタ認知的知識に基づいていなければならない。このことは極めて重要な意味をもつ。教科書を何度も読んですらすら読めるようになったので，理解するとともに記憶することができたという前提で，自らの学習をモニタリングしコントロールしたとしても，いくら努力したところで，効果的な学習を行うことができないからである。また，学習に関する適切でない信念・学習観もメタ認知に重大な影響をもたらし，しかも，信念・学習観は長年の経験か形成されているので容易に変えがたいという。このことも，民法学習や民法事例問題の解決にとって，きわめて重要な意味をもつ。そこで，民法を学ぶ際にも，自らの学習に関する信念や学習観を振り返ることがきわめて重要なように思われる[875]。

③　結局，適切に民法学習や民法の事例問題を解くためには，それに関する適切なメタ認知的知識や信念・学習観もっている必要がある。それらは，本論文で明らかにした知見の中に見つけることができる。自分で考えた学習方略も，それらの知見を踏まえたものである必要がある。そのことは，民法学習や民法の事例問題を解けるようになるためにも，学習に関する認知科学的知見がきわめて重要だということを意味する。

④　メタ認知的知識には，人間の認知特性についても知識，課題についての知識，課題解決の方略についての知識があり，学習において方略の知識をいかに豊富にもつかが学習効果の決め手となるということから，民法学習においても基本的に同様と考えられる。ただ，そのような方略を単に覚えているだけではだめで，人間の認知特性についても知識，課題

162

についての知識にもとづき十分理解したうえで，しかも，使える必要があるので，それらの知識をもとに，民法学習や民法の事例問題を解くときに，何度も使って無意識的に使えるようにする必要があろう。ただ，その前に，すでに自分が持っている民法学習や民法事例問題解決における方略知識を洗い出すとともに，その適切性を吟味し適切なものであることが明らかになれば，それをリスト化して，積極的に使うようにすることが考えられよう。さらに，教員や優秀な学生から，さまざまな方略知識を学んだり，仲間と互いに学び合ったりして，方略知識をより豊富なものとしていくことが必要であろう。

⑤　メタ認知を重視するということは，学生に自立した学習者になることを求めるということで，アンブローズ教授らの基本原理，「自律的な学習者になるには，学生はタスクで要求されていることをみきわめ，自分の知識とスキルを評価し，アプローチを計画し，進捗状況モニタリングし，必要に応じて方略を調整しなければならない[876]」も，民法学習において重要な指針となろう。

⑥　メタ認知能力に優れた学生が一般に成績がよいことが明らかになっているが，アメリカのロースクールでも同様の結論の実証研究もみられる。そこで，わが国の法科大学院でも，同様なことがいえるのではないかと推測される。むろん，そのことを明確にいうには，実証的研究をまたなければならない[877]。

⑦　だが，自らの認知状態を客観視して，コントロールすることは簡単ではないことが，メタ認知は，理論的視点からも実証的研究からも明らかにされている。民法学習者についても一般的にはそのようにっ推測できよう。

⑧　だが，メタ認知能力は学習によって高められることが明らかになっている。その方法も，ある程度明らかになっており，それらは民法学習者にとっても基本的には妥当すると考えられる。そこで，まず，民法学習者がメタ認知能力を高めるためには，メタ認知の重要性・有用性を認識する必要がある。しかも，教科の中でつまり民法に関するメタ認知スキルは，民法の中で学ぶ必要がある。さらにメタ認知を意識化するために，

Ⅱ　認知科学等の知見

　　自己内対話を促す必要がある。そのためには認知過程の可視化，メタ認
　知的手がかりの提供，仲間との共同学習などがあげられている。だが，
　メタ認知活動は，スキルであるため身につけるには，長期の訓練が必要
　である。その意味で民法に関するメタ認知能力を高めるのは簡単ではな
　い。意識的な継続的な努力が必要とされる。

〔注〕────────────────────────────────

26)　市川伸一・伊藤裕司編著『認知心理学を知る　第3版』1-7頁（市川伸
　一）（ブレーン社，1996），森敏昭「21世紀の学びの意味を問う」森敏昭編・
　21世紀の認知心理学を創る会『認知心理学者新しい学びを語る』4-8頁（北
　大路書房，2002），乾俊郎「認知心理学の歴史」日本認知心理学会編『認知心
　理学ハンドブック』2-5頁（有斐閣，2013）参照。

27)　学習をめぐって，佐伯胖「そもそも『学ぶ』とはどういうことか：正統的
　周辺参加論の前と後」組織科学48巻2号38-49頁（2014）が，行動主義心理
　学，認知主義心理学，認知科学，状況的認知論がどのように扱ってきたかの
　歴史をわかりやすく振り返り，新たな提言を行っている。

28)　行動主義心理学については，今井ほか・前掲書（注18）4-9頁参照。

29)　コンピュータに代表される「情報処理システム」は，基本的には，情報収
　集し，内部表現を作り出し（入力），加工・分析・記録し，新たな情報を作り
　出し（処理），伝達・動作する（出力）といった階層的なサブシステムからな
　る基本構造をいう。その情報処理システムでは，入力システム（キーボード
　やマウス等）で，符号化が行われ，その信号がCPUで処理され，内部表現を
　作り出し（複合化），記憶システムとの間で照合が行われ，情報として認識さ
　れ，それらはディスプレイやスピーカーを通して，画像情報や音声情報とし
　て出力される。この基本的特徴は，人間でも当てはまることから，人間を情
　報処理システムとして捉えることによって，他の情報処理システム（コン
　ピュータ）との対比が可能となり人間の認知の特性が理解できる（以上，石
　口彰編著『知覚・認知心理学』（放送大学教材，2019）22-25頁）。

30)　人間の情報処理の流れは一方的ではなく，ボトムアップ処理とトップダウ
　ン処理の双方向の流れが存在する。ボトム処理（データ駆動型処理）はデー
　タの入力から始まり，より高次の処理へと続く，トップダウン処理（概念駆
　動型処理）とは，知識をもとに推論する。これらの二方向の処理は通常相互
　に作用しながら働く（箱田裕司ほか『認知心理学』8頁〔箱田裕司〕〔有斐閣，
　2010〕，太田信夫ほか『認知心理学　知性のメカニズムの探求』23頁〔永井淳
　一〕〔培風館，2011〕参照）。知覚の場合には，一般に，トップダウン処理の

〔注〕

役割はそれほど大きくないが，記憶，思考へと情報処理が進んで行くにしたがって，トップダウン処理の役割がしだいに大きくなっていくという（高野陽太郎『認知心理学』53頁〔放送大学教材，2013〕）。

31）　道又爾ほか『認知心理学　知のアーキテクチャを探る〔新版〕』3頁（有斐閣，2011）。

32）　石口編著・前掲書（注29）4頁。

33）　太田信夫編著『記憶の心理学』15頁（太田信夫）（放送大学教材，2008）。鈴木宏明『教養としての認知科学』26頁（東京大学出版会，2016）は表象を次のように説明する。マグカップが置かれており，私が「マグカップがある」とわかるということは，私という情報処理システムがマグカップの表象を頭の中に作り出したと考えるわけである。

34）　今井ほか・前掲書（注18）17頁。

35）　今井ほか・前掲書（注18）11-17頁参照。

36）　今井ほか・前掲書（注18）16頁参照。*See* Weinstein & Sumeracki, *supra* note18, at 15-17. 脳科学と教育が根拠なく間違って結びつけられた「神経神話」が少なからず存在する。OECD教育研究革新センター編著（小泉英明監修・小山麻紀・徳永優子訳）『脳からみた学習　新しい学習科学の誕生』169-200頁（明石書店，2010）は，8つの神話を詳細に批判的に解説する。

37）　実験的研究と観察研究の概要については，高野陽太郎・岡隆編『心理学研究法　心を見つめる科学のまなざし　補訂版』20-32頁（有斐閣，2017）参照。

38）　高野ほか・前掲書（注37）147-156頁（横澤一彦）。

39）　道又爾ほか・前掲書（注31）19-23頁。

40）　認知科学の歩みについては，安西祐一郎『心と脳──認知科学入門』（岩波新書，2011）参照。

41）　道又爾ほか・前掲書（注31）16頁。認知科学という言葉でどの分野をさすのかということは現在のところあまり確定していないという。最広義では，「生物および機械の知を研究するすべての諸科学」，つまり，心理学，コンピュータ科学，哲学，言語学，文化人類学，大脳生理学などをそれぞれ部分的に集めたものをさし，やや狭い意味では，「人間の知を情報処理的観点から研究する科学」で，認知心理学と同義で，人工知能の研究であっても，そのシステムが人間の認知過程のモデルとして考えられている場合には，この意味での認知科学に属することになる。最狭義の認知科学とは，「コンピュータによるモデル化を方法として用いる人間の知の研究」だという。ただ，重要なのは人間の知に対する理解を深めようとの学際的な機運が高まっている事実だという（市川伸一・伊藤裕司『認知心理学を知る　第3版』6-7頁〔市川伸一〕〔ブレーン出版，1996〕）。鈴木・前掲書（注33）1-2頁は，認知科学の

165

Ⅱ　認知科学等の知見

パイオニアたちは，「認知科学はその定義を行わない」，「認知科学というのは，何をやってもいいのだ」と述べていたことを紹介したうえで，このような考え方に全面的に賛成するとして，イメージを提供するためとして，「認知科学とは，知的システムの構造，機能，発生における情報の流れを科学的に探る学問」とする。

42)　学習科学とは，「認知科学を背景に，人が賢くなる仕組みを見つけ，その仕組みを使って人がほんとうに賢くなれるかどうかを確かめながら，科学的理解に基づいた質の高い実践を目指す科学」で，「『人はいかに学ぶか』についての理論を作り，その理論がどこまでほんとうか，理論をもとに実践してみて，その結果から少しずつしっかりしたものにして次の実践につな」いでいくという（https://coref.u-tokyo.ac.jp/archives/5674〔2019年7月4日閲覧〕）。大島純・千代西尾祐司編『主体的・対話的で深い学びに導く　学習科学ハンドブック』（北大路書房，2019）ⅰ-ⅱ頁では，「学習科学は，学びの主体者である学び手の成長を第一とし，人の学びのメカニズムに関する数多くの知見を融合させ，その視点から授業を設計し，実際に授業実践と評価のサイクルを繰り返しつつ，継続的な教育改革のために教師の学びや教育政策との連携を重視する，教育改革全般を対象にした学問分野」で，経験や憶測でなく科学に基づいて教育・学習を考えるべきとする。学習科学の誕生と発展につき，白水始・三宅なほみ・益川弘如「学習科学の新展開：学びの科学を実践学へ」認知科学21巻2号254-267頁（2014）参照。また，詳細なものとして，R. K. ソーヤー編（森敏昭ほか監訳，望月俊男ほか編訳）『学習科学ハンドブック〔第二版〕第1巻』（北大路書房，2018），同『学習科学ハンドブック〔第二版〕第2巻』（北大路書房，2016），同『学習科学ハンドブック〔第二版〕第3巻』（北大路書房，2017）がある。また，三宅なほみ・白水始『学習科学とテクノロジ』（放送大学教材，2003），波多野誼余夫ほか『学習科学』（放送大学教材，2004），大島純ほか『教授・学習過程論 学習科学の展開』（放送大学大学院教材，2006）参照。

43)　なお，「学習」を，学習者が社会的な文脈に実際に参加することを通して起こるものとみる見解も最近は有力である（アラン・コリンズ＝マヌ・カプール〔北田佳子訳〕「認知的徒弟制」R.K. ソーヤー編・前掲書第3巻）（注42）91頁参照）。

44)　ただ，ここで述べたことは，基本的には法学部の学生や法科大学院を修了した者も参考になるものと思われる。

45)　法律の学習の場面において，認知心理学における記憶のメカニズムを参考に，法律の学習の方法につき論ずるものとして，加賀山茂『現代民法　学習法入門』（注1）91頁-95頁がある。

〔注〕

46) 心理学の記憶研究の簡単な流れについては，市川ほか・前掲書（注41）37-44頁〔市川伸一〕，太田信夫「現代の記憶研究概観」太田信夫・多鹿秀継編著『記憶研究の最前線』1-11頁（北大路書房，2000）参照。また，記憶に関しては，一般向けには，池谷『記憶力を強くする』（注18），高橋雅延『記憶力の正体——人はなぜ忘れるのか？』（ちくま新書，2014），苧坂・前掲書（注18）。専門的なものとして，太田編著・前掲書（注33），高野陽太郎編『認知心理学2　記憶』（東京大学出版会，1995），太田・多鹿編著・前掲書，森敏昭編・21世紀の認知心理学を創る会『認知心理学を語る第1巻　おもしろ記憶のラボラトリー』（北大路書房，2001），ラリー・R・スクワイア／エリック・R・カンデル（小西史朗・桐野豊監修）『記憶のしくみ上・下』〔LARRY R. SQLITRE & ERIC R. KANDEL, MEMORY: FROM MIND TO MOLECULES（2d. ed. 2009）の翻訳〕ブルーバックス・2013）。

47) 箱田ほか・前掲書（注30）97頁（箱田裕司），石口編著・前掲書（注29）138頁（池田まさみ）参照。

48) 石口編著・前掲書（注29）138頁（池田まさみ）では，視覚情報については，記憶量は9文字だという。

49) 森敏昭「記憶のしくみ」高野編・前掲書（注46）13-14頁，太田ほか・前掲書（注30）（永井淳一）69頁，鈴木・前掲書（注33）71-72頁参照。「感覚記憶では，何が入っているのか意識が伴わず，外界の情報がそのままの形で分析抜きに存在している」という（鈴木・前掲書72頁）。

50) 日本心理学会編・前掲書（注26）122頁（太田信夫），鈴木・前掲書（注33）73頁，石王敦子「作動記憶」森敏昭編『認知心理を語る第1巻　おもしろ記憶のラボラトリー』195頁（北大路書房，2001），JOHN R. ANDERSON, COGNITIVE PSYCHOLOGY AND ITS IMPLICATIONS 127（8th ed. 2014）等。

51) 三宅晶「短期記憶と作業記憶」高野編・前掲書（注46）71-78頁参照。

52) 日本心理学会編・前掲書（注26）123頁（太田信夫）参照。

53) 三宅晶・齋藤智「作動記憶研究の現状と展開」心理学研究72巻337頁（2001）参照。ワーキングメモリは，作動記憶のほか作業記憶ともいわれる（石口編著・前掲書（注29）140頁〔池田まさみ〕参照）。だが，記憶システムを，短期記憶と長期記憶から構成されていると考える二重貯蔵モデルも，短期記憶という機能の実現のためには，短期貯蔵庫だけでなく，制御機能が不可欠で，その点では共通しているが，ワーキングメモリにおける制御機能は単純に保持機能を支えるのではなく，認知活動のなかのダイナミックな記憶を支えるため，もっと複雑な働きを担っているとの指摘もある（三宅・齋藤・前掲337頁，湯澤正通・湯澤美紀編著『ワーキングメモリと教育』13頁〔齋藤智・三宅晶〕〔北大路書房，2014〕）。ワーキングメモリについては，一

167

Ⅱ　認知科学等の知見

般向けには，苧阪・前掲書（注 18）がある。

54)　　高野・前掲書（注 30）96 頁参照。短期記憶とワーキングメモリは，しばしば同義語として用いられており，両者の関係の本質は，これまでのところ，研究者の間で議論があるという（David A. Sousa, How the Brain Learns 48 (5th ed. 2017)。

55)　　なお，上述の説明からすると，われわれは，憶えるものをそのまま客観的に，貯蔵庫に貯蔵し，必要なときに，そのまま検索されるかのように思われるかもしれない。それは，われわれの記憶の一般的なイメージでもあろう。だが，認知科学の知見によれば，記憶は，客観的なものでなく，われわれは，様々な知識を使って解釈し，解釈した結果を記憶しているという（今井・前掲書（注 18）23-24 頁参照。）。また，記憶は，再建されるもの，つまり，記憶を検索する度に，実際には，記憶は変わっているということが多くの研究から明らかにされている（See Weinstein & Sumeracki, supra note 18, at 66-68.）。記憶は再建されるものということは，必然的に客観的なものではなく（Ibid, at 68），誤ったものともなりうる（Ibid, at 69）。高野・前掲書（注 30）127-133 頁参照。）。

56)　　もっとも，その学生が怠慢だというだけではすまされない。というのは，われわれのほとんどは，集中できる時間は 15 分から 20 分程度で，それを過ぎると，気が散ってしまうという（See John Hattie & Gregory Yates, Visible Learning and the Science of How We Learn 113 (2014).）。

57)　　対象を一つに定めて注意を向けることを選択的注意という。注意についても認知科学で多くの研究がなされてきている（岩崎洋一「注意の理論とその歴史」原田悦子・篠原一光編『現代の認知心理学 4 注意と安全』2-35 頁（北大路書房，2011））。一度に複数のことに注意を払うことはほぼ不可能であることが実証的に明らかにされている。複数のことを同時に行っていると思われるときにも，短時間で頻繁に切り替えを行っているのであり，それぞれの処理に関して集中して行うことが出来なくなっていることが明らかになっている（See Weinstein & Sumeracki, supra note 18, at 52-54.）。

58)　「この値（7 ± 2〔筆者〕）はリハーサル（頭の中で繰り返すこと〔筆者〕）など，様々な方略を用いて課題を遂行した結果を反映していると考えられ，そうした結果を反映したると考えられ，そうした方略の使用を妨害した場合には，4 程度の値となる」（日本心理学会編『認知心理学会ハンドブック』〔有斐閣，2013〕124 頁〔齊藤智〕）。内村直之ほか『はじめての認知科学』（新曜社，2016）20 頁注〔3〕も参照。

59)　「ここ（長期貯蔵庫〔筆者〕）にはいった情報は恒久的に保存される」（市川ほか・前掲書（注 41）39 頁〔市川伸一〕），「長期記憶の保持時間には限度

168

〔注〕

がありません」(松尾太加志編『認知と思考の心理学』10 頁〔安藤花恵〕〔サイエンス社，2018〕)，「長期貯蔵庫には，短期貯蔵庫のような容量の限界や維持時間の限界はないと考えられています」(犬塚美輪『認知心理学の視点　頭の働きの科学』5 頁〔サイエンス社，2018〕) というように，長期記憶の保持時間に制約はないと説明される場合も少なくない。たしかに，忘却という現象があることは認められているが，その原因は，記憶痕跡が時間とともに薄れていくのではなく，記憶は残っているにもかかわらず，別のことが干渉して思い出すことを妨げている，ないし，検索に失敗したからだと理解しているものと思われる (太田ほか・前掲書 (注30) 113-117 頁，伊藤裕司「長期記憶Ⅰ──エピソード記憶と展望記憶」日本認知心理学会監修　太田信夫・厳島行雄『現代の認知心理学 2　記憶と日常』54-56 頁〔エピソード記憶の忘却に関して〕〔北大路書房，2011〕，高野・前掲書 (注30) 155-158 頁参照)。また，スクワイア＝カンデル『記憶のしくみ上』(注46) 208-212 頁参照。

60)　高橋雅延『認知と感情の心理学』76 頁 (岩波書店，2008) 参照。もっとも，「理屈上は，制限がないが，実際はそれを確かめる術がないので，本当のところはわかない」が「短期記憶より容量がはるかに大きいことは確かである」とも言われている (太田編著・前掲書 (注33) 18 頁〔太田信夫〕)。

61)　*See* Michael W. Eysenck & Marc Brysbasert, Fundamentals of Cognition 153 (3d ed. 2018). 太田ほか・前掲書 (注30) 71-72 頁 (永井淳一) は，維持リハーサルは全く効果がないわけではなく，再生課題では効果がほとんどないものの，再認課題では成績を向上させる効果をもつことが報告されているとする。

62)　高橋・前掲書 (注60) 85-90 頁，太田編著・前掲書 (注33) 27-29 頁 (太田信夫)，太田ほか・前掲書 (注30) 98 頁参照。広義の意味での精緻化は，多くの記憶の理論家の間では，学習および記憶を強化する最善の方法の一つだと指摘されている (*See* Weinstein & Sumeracki, *supra* note 18, at 102)。

63)　市川伸一編著『学力と学習支援の心理学』54 頁 (放送大学教材，2014)。

64)　市川編著・前掲書 (注63) 54 頁。

65)　鈴木・前掲書 (注33) 84-92 頁，犬塚・前掲書 (注59) 6-7 頁，Weinstein & Sumeracki, *supra* note 18, at 101-103.

66)　高橋・前掲書 (注60) 85 頁。

67)　鈴木・前掲書 (注33) 91-92 頁。

68)　Jonathan K. Foster, Memory: A Very Short Introduction, 69-70 (2009).

69)　鈴木・前掲書 (注33) 85 頁，三宮真智子『メタ認知で〈学ぶ力〉を高める　認知心理学が解き明かす効果的学習法』92 頁 (北大路書房，2018)，豊田弘司「記憶に及ぼす自己生成精緻化の効果に関する研究の展望」心理学評論

169

Ⅱ　認知科学等の知見

41 号 257-274 頁（1998）。

70)　鈴木・前掲書（注 33）85 頁。豊田・前掲（注 69）263 頁は，自己生成精緻化の効果は，学習事象に関連する先行知識が活性化することによるものであるという。

71)　藤田哲也編著『絶対役立つ教育心理学 実践の理論，理論を実践』79 頁（藤田哲也）（ミネルヴァ書房，2007），高橋雅延「生成効果の解釈をめぐる問題」心理学評論 29 号 171-185 頁（1986），多賀秀継・原幸一「記憶の生成効果の解釈——再考」愛知教育大学研究報告（教育科学）39 号 95-116 頁（1990）参照。

72)　鈴木渉・齋藤玲「自己説明からみた languaging の理論と研究」宮城教育大学紀要 52 号 222 頁（2018）参照。自分自身への説明には，言い換えや精緻化，理解の確認および疑問の生成など，入力情報を意味づける種々の活動が含まれるという（深谷達史「科学的概念の学習における自己説明訓練の効果——SBF 理論に基づく介入」教育心理学研究 59 巻 342 頁〔2011〕）。

73)　*See* Weinstein & Sumeracki, *supra* note 18, at 106-107. また，伊藤貴昭「自己説明効果の理論と実践」慶応大学大学院社会学研究科紀要：社会学心理学教育学：人間と社会の探求 59 号 29-36 頁（2004），多賀秀継ほか「メタ認知方略としての自己説明の特性」神戸親和女子大学研究論叢 49 号 41 頁（2016）参照。

74)　Kiran Bisra et al., *Inducing Self-Explanation:a Meta-Analysis*, 30 Educ. Psychol. Rev.703（2018）.

75)　Bisra et al., *supra* note 74, at 720. 自己説明方法の興味深い一適用として，教える準備をする方法がある。そこでは，他人を教えることができるように十分に習得しなければならないため，教材を，きわめてよく学習することになる。実際に教えなくても，教えなければならないと思うだけでも，テストの準備に比べ大きな学習効果をもたらすという（*See* Weinstein & Sumeracki, *supra* note 18, at 106-107.）。

76)　豊田弘司「長期記憶Ⅰ情報の獲得」高野編・前掲書（注 46）104 頁，太田編著・前掲書（注 33）111 頁（原田悦子），北神慎司「視覚的記憶」日本認知心理学会編・前掲書（注 26）162 頁参照。

77)　ペーヴィオの二重符号化理論は，言語情報の処理を行う言語システムとイメージなどの非言語情報の処理を行う非言語的システムという 2 つのシステムが仮定され，これらは基本的には独立だが，状況によって相互に結合しながら機能するとする。そして，言語情報は言語システムしか機能しないのに対して，画像情報は言語システムと非言語システムの両方が機能するため，記憶成績がよくなると説明されるという（北神慎司「視覚的記憶」前掲 162 頁，箱田ほか・前掲書（注 30）128 頁〔箱田裕司〕参照。）。

170

78) 高橋・前掲書（注60）89頁参照。*See* WEINSTEIN & SUMERACKI, *supra* note 18, at 111-112. 前述のように，学習には，個々人で学習スタイルが異なり，それぞれの学習スタイルに応じた方法で学習することが効果的であるとの見解がかなり広く主張されているが，この点は，本稿52-53頁および，そこでの注を参照されたい。

79) *See* WEINSTEIN & SUMERACKI, *supra* note 16, at 112. Burgess, *supra* note 19 は，「法律家のように考える」方法を理解するために視覚教材・視覚的練習が役立つとする。

80) *See* WEINSTEIN & SUMERACKI, *supra* note 18, at 108-111.

81) *See* DANIEL T WIILINGHAM, WHY DON'T STUDENTS LIKE SCHOOL? A COGNITIVE SCIENTIST ANSWERS OF QUESTIONS ABOUT HOW THE MIND WORKS AND WHAT IT MEANS FOR THE CLASSROOM 67 (2009) （ダニエル・T・ウィリンガム〔恒川正志訳〕『教師の勝算 勉強嫌いを好きにする9の法則』159頁〔東洋会館出版社，2019〕）

82) *See* WEINSTEIN & SUMERACKI, *supra* note 18, at 108-111.

83) *See* WIILINGHAM, *supra* note 81, at 69. （ウィリンガム・前掲書（注81）164頁）

84) *See* Burgess, *supra* note 19.

85) John Dunlosky et al., *Improving Students Learning with Effective Learning Techniques: Promising Directions from Cognitive and Educational Psychology*, 14 PSYCHOLOGICAL SCIENCE IN THE PUBLIC INTEREST 4-58 (2013). この論文の概要が，「学習方法の有効性を体系的にまとめた最近の研究」として，齋藤玲・巴本俊亮「学習リテラシー——学習方法としての想起練習に着目して」読書科学60巻4号200-202頁（2018）により紹介されている。

86) BRADLEY BUSCH & EDWARD WATSON, THE SCIENCE OF LEARNING: 77 STUDIES THAT EVERY TEACHER NEEDS TO KNOW 7 (2019).

87) *See Id.*

88) 低い効用の学習方法としては，他に，「キーワード記憶術（キーワードであったり，心的なイメージを使うことで，言語材料との連合をつくる）」(Dunlosky et al., *supra* note 85, at 21-24), 「テキスト学習時の想像法（学習対象を読んだり，聞いたりしている最中に，心的なイメージをつくる）」(Dunlosky et al. 24-26) をあげている。

89) Dunlosky et al., *supra* note 85 at 7.

90) *Id.* at 18.

91) *Id.* at 8-11.

92) *Id.* at 11-14.

Ⅱ　認知科学等の知見

93)　自己説明での説明（拙稿「民法の事例問題を解けるようになるのは何故難しいのか⑴――認知科学の知見から民法の学び方を考える」中央ロー・ジャーナル 16 巻 4 号 60-61 頁〔2020〕）において取り上げなかったが，大島・千代西尾編・前掲書（注 18）25-28 頁（望月俊男）が「自己説明」のテーマで，「自己説明のメカニズム」および「どのように，どのような内容を説明するのがよいか」について，同書 128-131 頁（望月俊男）は，「自己説明を促す教授法」をテーマに，「模範例」，「相互教授法」，「事例対比」を論じていて大変参考となる。「自己説明は認知的負荷（一度に考えることができる情報の限界〔同書 23-24 頁〔大島純〕参照〕）が高く，学び手が自分で取り組むのはたいへん」である（同書 129 頁〔望月俊男〕）。そこで，パリンサーとブラウンは相互教授法という協調学習の方法を生み出したとして，互いに説明し合うことで，自己説明を自然に促し，自分がどの程度理解できているか，何を理解しなければならないか等をモニターする力を習得できる方法の有効性を指摘する（同書 129 頁）。自己説明は慣れないと難しいが，筆者がこの方法を授業で使った経験でしかないが，この方法により，自己説明の敷居が低くなるとともに，何度も繰り返すうちに，自己説明の方法を学んでいくことができるように思われる。

94)　想起練習については，齋藤＝巴本・前掲（注 85）199 頁，ブラウンほか（依田訳）・前掲書（注 18）29-52 頁。キャリー（花塚訳）・前掲書（注 18）120-157 頁参照。

95)　想起練習とは何かについては，齋藤＝巴本・前掲（注 85）202 頁参照。
See Weinstein & Sumeracki, *supra* note 18, at 124.

96)　齋藤＝巴本・前掲（注 85）204 頁参照。

97)　齋藤＝巴本・前掲（注 85）205 頁，ブラウンほか（依田訳）・前掲書（注 18）37-46 頁（かなり詳細に紹介している。）参照。

98)　*See* Cooper, *supra* note 19, at 562. ブラウンほか（依田訳）・前掲書（注 18）50 頁参照。アメリカにおいて，きわめて多くの実証的研究により，大学の学部学生の学習行動が分析され，学習行動と学業成績との明確な関係が明らかにされている。その結論は，学習に費やされた時間は学業の成功をもたらすものではなく，学習時間の質（それは，学習者によって用いられている特定の行動および戦略によって決定される。）が学業の成功を決定するというものである（Cooper & Gurung, *supra* note 19, at 367-368.）。また，想起練習は，後述する「定期的な復習（分散学習）」とともに，学業の成功と強い相関関係があるという（Cooper & Gurung, *supra* note 19, at 368.）。

99)　Cooper & Gurung, *supra* note 19, at 392-394. ロースクールの学生は，深く理解するとともに，複雑な知識構造を構築し，さらに，最も重要なのは，

知っていることと知らないことを理解するために，すべての学習段階で想起練習・自己テストを組み込む必要があるという。HERALD, *supra* note 19, at 68は，ロースクールの学生に対し，次のようにいう。繰り返し自分自身をテストすることは，学んだことをリハーサルする機会を与えるだけでなく，実際には知らないにもかかわらず，知っているかもしれないという誤った印象を明るみに出すことになる。より学べば，より学んだと思うが，それは真実でないかもしれない。論理的に考えれば，何かを知っていると思えば，それ以上学ばないかもしれない。学べているか否かの判断が誤っていれば，重要な結果をもたらすテスト前に，自ら訂正する機会を失う。そこで，定期的に想起練習するためのテストや課題を求める必要がある。その際，間隔をあけて想起練習することが，そのことにより練習したことが長期間保持されるため，より適切な方法である。

100） Cooper & Gurung, *supra* note 19, at 388.

101） Louis N. Schulze, Jr., *Using Science to Build Better Leaning: One School's Successful Efforts toRaise its Bar Passage Rates in an Era of Decline*, 68 JOURNAL OF LEGAL EDUCATION 230（2019）.

102） ブラウンほか（依田訳）・前掲書（注18）85-88 頁参照。MICHAEL W. EYSENCK & MARK T.KEAN, COGNITIVE PSYCHOLOGY: A STUDENT'S HANDBOOK 233（7th ed. 2015）は，Pys, M. A. & Rawson, K. A., *Testing the retrieval effort hypothesis: Does greater difficulty correctly recalling informationlead to higher level of memory?* 60 JOURNAL OF MEMORY AND LANGUAGE 437-447（2009）を紹介する。

　　その研究では，困難ではあるが成功した想起は，簡単に成功した想起よりも効果的であるとの仮説を検証するために，練習中の想起は成功したが，想起の難易度を変更して実験がなされ，その結果は，仮説を支持し，練習中の想起の難易度が増加するにつれて最終テストのパフォーマンスが増加することを示した。

103） *See* WEINSTEIN & SUMERACKI, *supra* note 18, at 122-124. そこでは，Roedigerと Karpicke の次のような実験結果が紹介されている（Roediger Ⅲ, H, L. & Karpicke, J. D, *Test-enhanced learning:Taking memory tests improves long-term retention.* 17 PSYCHOLOGICAL SCIENCE, 249-255〔2006〕）。学習後，5 分後に，学んだことをできるだけ多く正確に思い出すことが求められた場合，文章の一節を読み，想起練習を行った場合よりも 2 度読んだ方がよい成績であった。だが，2 日後，さらには 1 週間後では，読んで想起練習をした学生の方がより多く記憶していた。

104） *See* WEINSTEIN & SUMERACKI, *supra* note 18, at 122.

105） *See Id.* at 119.

II 認知科学等の知見

106) 齋藤＝巴本・前掲（注85）205-208頁参照。そこでは，主要な仮説とし
て，検索努力説（学習において心的努力が多いほど学習が成立しやすい。），
精緻化検索仮説（想起練習ではある手がかりから特定の学習項目にたどりつ
くため，その学習項目に関連する概念を活性化することで学習項目と手がか
りとの関連が豊かになるため学習効果が高くなる。），エピソードコンテク
スト仮説（想起練習により学習項目のエピソードコンテクストが豊かになる
ため記憶成績がよくなる。）があげられている。また，想起練習に伴い後続の
学習行動を変化させるといった関係効果も指摘されている。

107) わが国で最近，この問題を論じた齋藤教授らの見解（齋藤＝巴本・前掲
（注85）207-208頁）は，新たなモデルを提案する。そこでは，一回目の学習
活動と想起練習，再学習活動からなる。一回目の学習活動では学習内容の符
号化が行われ，自発的に学習項目同士あるいは学習項目と既有知識との精緻
化を行うことは多くない。想起練習では，思い出せた学習項目に対しては，
その失敗を補うために戦略的に学習することを目的として当該項目への集中
的な符号化処理が生ずるその処理の結果として，当該の学習項目が精緻化され，
このときのエピソードコンテクストも生成され，それも検索手がかりとして
利用可能となる。このように再学習活動時に，想起練習に誘発された学習活
動の調節が生ずる点が重要だとする。

108) ブラウンほか（依田訳）・前掲書（注18）26頁。

109) WEINSTEIN & SUMERACKI, *supra* note 18, at 120 は，このような効果に関す
る研究を簡単に紹介し，その有効性を十分認めるものの，この効果は必ずし
も常に強固なものといえないという。これに対して，齋藤＝巴本・前掲（注
85）208頁は，この効果は，場合によっては，他の効果以上に，想起練習の学
習効果に貢献するものだという。

110) WEINSTEIN & SUMERACKI, *supra* note 18, at 133 は，次のようにまとめる。
想起練習は，想起することが記憶を強化し，当該情報を後により想起しやす
くする（より容易に記憶する）ことができる。さらに，想起練習をすること
により，当該情報を新しい文脈に転移する，つまりその知識を新たな状況に
適用するような，高次の有意味学習を促進することが示されている。

111) たとえば，次のような指摘がある。学習判断の実験では，人間のメタ記
憶（自分の記憶に関する知識や認知）がいろいろな意味で不正確で，最も典
型的な現象が，学習判断の過剰確信効果である（北神慎司・林創『心のしく
みを考える 認知心理学研究の深化と広がり』〔ナカニシヤ，2015〕46頁〔村
山航〕）。また，「一般に人は自分の弱みを認識するのが非常に苦手であり，と
りわけ学生は自分の知識とスキルの評価が苦手そうだということが研究から
わかって」おり，「さらに，知識とスキルのレベルが低い学生は，高い学生ほ

174

〔注〕

どには自分の能力を適切に評価できないことが研究結果から示されている」
（アンブローズ他・前掲書〔注17〕189頁）。レビュー論文によれば，学習者は，
学習が達成されたか否かにつき容易に誤解し，通常は自信過剰となるという
（Robert A. Bjork et al., *Self-Regulated Learning: Beliefs, Techniques, and Illusions*, 64 ANNU. REV. PSYCHOL. 417, 423〔2013〕）。*See* JEFFREY D. HOLMES, GREAT MYTHS OF EDUCATION AND LEARNING 1-10 (2016).

112)　ブラウンほか（依田訳）・前掲書（注18）123頁。

113)　ブラウンほか（依田訳）・前掲書（注18）79-80，88-89頁では，「consolidation」および「reconsolidation」（*See* Brown et al., *supra* note 19, at 72-74）が「統合」，「再統合」と訳されている。しかし，一般に，「固定化」，「再固定化」と訳されている（大川宜昭・野本真順・井ノ口馨「記憶固定化」〔脳科学辞典〕〔bsd.neuroinf.jp〕〔2020年3月19日閲覧〕，鈴木章円・横瀬淳・井ノ口馨「記憶想起」〔脳科学辞典〕〔bsd.neuroinf.jp〕〔2020年3月21日閲覧〕参照）。そこで，本稿は，そのような訳語に従うことにした。なお，「脳科学辞典」は日本神経科学学会の事業で，脳科学分野の約1000個の用語を解説する。利用者としては脳科学分野で研究活動を行っている，または行おうとしている学生と研究者を主に想定している。

114)　ブラウンほか（依田訳）・前掲書（注18）79頁。

115)　ブラウンほか（依田訳）・前掲書（注18）79頁。

116)　ブラウンほか（依田訳）・前掲書（注18）79頁。同79-80頁は，固定化のプロセスを，「エッセイの執筆」にたとえて，説明しておりわかりやすい。つまり，初校は冗長で漠然としているが，後に推敲を重ね，余分な部分を省き，しばらく寝かせ見直し，主張したいことが明確になり，読者になじみのある例や裏付け情報を結びつけ，内容を整理し，要点を明確にする。

117)　ブラウンほか（依田訳）・前掲書（注18）80頁。WEINSTEIN & SUMERACKI, *supra* note 18, at 118では，想起練習により，将来の使用に備え，記憶をより強固なものにするだけではなく，より柔軟なものとすることが明らかにされている。

118)　ブラウンほか（依田訳）・前掲書（注18）80頁。また同書107頁参照。

119)　短期記憶はシナプス伝達効率の一時的な変化によって支えられる不安定な状態で，その後シナプスの構造的な変化による安定した長期記憶へと移行する。この過程を「固定化」という。一旦固定化した記憶は永続的に安定であるとされてきたが，近年，固定化された長期記憶であっても想起することで再び不安的な状態になり，安定状態となるためには再固定化が必要であるとの仮説が提唱された。その仮説が動物実験で検証され，ヒトの手続き記憶においても想起により不安定化が起こることが明らかにされ，さらには，ヒ

175

Ⅱ　認知科学等の知見

トの陳述記憶において想起することによって再び不安定な状態となる可能性
が検証された（田辺史子・茂木健一郎「陳述記憶における再固定化過程」認
知科学 13 巻 4 号 545-555 頁〔2005〕）。記憶が想起によって不安定になるのは，
どのような意義があるのか。大川ほか「記憶固定化」前掲（注 113）は，次の
ような 2 つの意義があげられているという。「一つは，一旦不安定になること
で，既存の記憶が新たに獲得した経験と相互作用できるようになり記憶が"修
飾（アップデート）"される可能性である。もう一つは，想起によって記憶が
"強化"される可能性で，実際に，受動的回避学習の実験で，想起された記憶
が強化されると報告される」。井ノ口馨『記憶をあやつる』176 頁（角川選書，
2015）は，記憶の連合の実験によって，「二つの独立した記憶が，両方を思い
出すことによって一つの記憶にまとまっていく時に，確かに再固定化が働い
ているという証拠を摑んだ」として，「古い記憶をわざと不安定化することに
よって，新しい記憶とコネクトできる部分を作ってやる。そして，記憶と記
憶をドッキングさせる。これがおそらく「知識の形成」の正体なのでしょう」
という。

120)　ブラウンほか（依田訳）・前掲書（注 18）88 頁。同書 106 頁参照。

121)　Weinstein & Sumeracki, *supra* note18, at 76. 井ノ口・前掲（注 119）
171-177 頁が記憶の再固定化により記憶が連合され「知識の形成」がなされる
ことを簡単に解説する。

122)　Logan Fiorella & Richard E. Mayer, Learning as a Generative
Activity: Eight Learning Strategies That Promote Understanding 98（2015）
は，想起練習の理論的根拠として次のようにいう。想起練習によって，学生
は長期記憶から以前に学習した情報にアクセスする練習をすることによって，
情報を既存の知識と整理・統合するプロセスを促進して，長期記憶の強化を
もたらす。

123)　ブラウンほか（依田訳）・前掲書（注 18）26 頁および齋藤＝巴本・前掲
（注 85）206-208 頁参照。

124)　水野りか「分散学習の有効性の原因──再活性化量の影響の実験的検証」
教育心理学 46 号 11 頁（1998），水野りか『学習効果の認知心理学』11-12 頁
（ナカニシヤ出版，2003）参照。

125)　豊田弘司・芝智弘「記憶における分散効果と表記型」奈良教育大学紀要
63 巻 1 号（人文・社会）35 頁（2014），水野・前掲（注 124）11 頁参照。

126)　*See* Weinstein & Sumeracki, *supra* note 18, at 92. そこでは，単純な語彙
の学習，事実の学習，テキストの一節からの学習から，問題解決，自動車運
転技術，楽器演奏の学習があげられている。

127)　水野・前掲書（注 124）11-12 頁。

〔注〕

128) WEINSTEIN & SUMERACKI, *supra* note 18, at 99.

129) WEINSTEIN & SUMERACKI, *supra* note 18, at 90-91 は，RAWSON, K. A., & KINTSH, W., *Reading effects depend on time of test*, 97 JOURNAL OF EDUCATIONAL PSYCHOLOGY 70-80（2005）を紹介する。その研究は，実験に参加した学生らに長い科学の教科書を1度，連続して2度，または1週おきに2度読ませ，その半分は直ちに，残りの半分は2日後に，長いテキストの特定の部分から思い出せるものをすべて書くというテストを行った。直ちに行ったテストでは，連続してテキストを2回読む（集中学習）が最も効果的な方略（the most effective strategy）であった。つまり，1度読む，1週おきに2度読むよりも成績が良かった。だが，2日後のテストにあっては，このパターンは逆転する。1週おきに2度読むことが，1度読む，連続して2度読む場合と比べ，きわめて効果的であることが明らかになったという。また，POOJA K. AGARWAL & PATRICE M. BAIN, POWERFUL TEACHING UNLEASH THE SCIENCE OF LEARNING 94-96（2019）は，Rohre, D., & Taylor, K., *The effects of overlearning and distributed practice on the retention of mathematics knowledge* 20 APPLIED COGNITIVE PSYCHOLOGY 1209-1224（2006）を紹介する。大学生に，数学の問題10題を1週間で終わらせる実験と同じ数学の問題10題を2週間に分けて終わらせる実験とが行われた。いずれの問題解決にあっても全く同じ時間でなされた。1週間ですべての問題をやるか2週間に分けて行うかの違いがあるだけである。1週間後になされた試験は，集中学習の成績（75%）が，分散学習の成績（70%）よりも，わずかに，よい結果となった。だが，4週間後の試験では，集中学習の成績（32%）は半分以上落ちたのに対して，分散学習では，その成績は，ほんの少し70%から64%まで落ちたにすぎない。つまり，10問の数学問題の完成を1週間ではなく2週間で行うだけで，忘却を劇的に減少させることになる。

130) 睡眠は学習にとってきわめて重要である。睡眠不足は，注意，問題解決，意思決定に障害をもたらす。特に認識すべき重要なことは，わずかな睡眠不足でも，これらのことが起こる点である。あるいくつかの研究によれば，毎夜1〜2時間の睡眠不足があれば，健康障害や認知障害の危険性を増大させる。つまり，毎日6時間程度の睡眠しかとっていない場合，学習を含む認知機能に問題が生ずる。他方，学習後，睡眠をとると，後に，学習効果が向上する。特に，情報の理解や問題解決に著しい向上がみられるという。このことが，分散学習と異なり集中学習が，学習にとって悪影響をもたらす可能性がある別の理由だという。集中学習にあっては，試験前の夜にあっては，しばしば睡眠不足となるからである。*See* WEINSTEIN & SUMERACKI, *supra* note 18, at 148.

Ⅱ 認知科学等の知見

131）　Terry Doyle & Todd Zakrajsek, The New Science of Learning: How to Learn in Harmony With Your Brain, 13（2d ed. 2019）. また，三宮・前掲書（注 18）74 頁参照。

132）　注 125 にあげた文献参照。

133）　See Agarwal & Bain, *supra* note 129, at 96.

134）　See Shana K. Carpenter & Pooja K. Agarwal, How to Use Spaced Retrieval Practice to Boost Learning 11（2019）（http://pdf.retrievalpractice. org/.SpacingGuide.pdf〔2020 年 4 月 22 日閲覧〕）; Diane Cummings Persellin & Mary Blythe Daniels, A Concise to Teaching With DesirableDifficulties 32（2018）.

135）　See Sean H. K. Kang, *Spaced Repetition Promotes Efficient and Effective Leaning: Policy Implications for Instruction*, 3 Policy Insights from the Behavioral and Brain Sciences, 12, 14（2016）.

136）Schwartz & Manning, *supra* note 19, at 25 が，アメリカのロースクールにおいて同様なことを述べている。

137）　ブラウンほか（依田訳）・前掲書（注 18）56 頁。

138）　このことからすると，集中学習では，学んでいる対象を全く，ないしほとんど忘れていない時期に繰り返し学ぶことから，固定化を促さない。そのため，長期記憶として十分定着しないことから，短期間で，学んだことを忘れてしまうと理解できよう。See Carpenter & Agarwal, *supra* note 134, at 5.

139）　ブラウンほか（依田訳）・前掲書（注 18）70 頁。

140）　レム睡眠（浅い眠りで，速い眼球運動を伴う睡眠）の間に，「新しく学んだことをすでに知っていることと関連づけたり記憶を整理したりする活動が生じ，記憶の定着が起こるとされてい」る。

　　　また，「眠る前には気づかなかった，ある情報と関連性に気づきやすくな」るという（三宮・前掲書（注 18）75 頁）。また，大川ほか「記憶固定化」前掲（注 113），嶋田総太郎『認知脳科学』112-113 頁（コロナ社，2017），田村了以「睡眠と記憶固定——海馬と皮質のダイアログ」心理学評論 56 巻 2 号 216-236 頁（2013）参照。

141）　復習は，学んだ後，忘れないうちに，すぐにやることがよいと，書かれていたり，言われたりすることが少なくないように思われる。

142）　See Agarwal & Bain, *supra* note 129, at 100 ; Persellin & Daniels, *supra* note 134, at 31.

143）　See Carpenter & Agarwal, *supra* note 134, at 5 ; Agarwal & Bain, *supra* note 129, at 105.

144）　文部科学省国立教育政策研究所「大学生の学習実態に関する調査研究に

〔注〕

ついて（概要）」（2016 年 3 月）（https://www.nier.go.jp/05_kenkyu_seika/pdf06/160330_gaiyou.pdf　2020 年 3 月 31 日閲覧）が重要なものだが，学生が具体的にどのような学習方法をとっているかについて調査されているわけではない。

145)　Toshiya Miyatsu, et al., *Five Popular Study Strategies: Their Pitfalls and Optimal Implementations*, 13 PERSPECTIVES ON PSYCHOLOGICAL SCIENCE, 390-391 (2018). この論文は，学生らは，認知科学的見地からすると効果的な学習方略をなかなか使おうとせず，自らが使ってきた学習方略を手放さない傾向があることから，それらの学習方略（再読，下線・ハイライトつける，ノートを取る，アウトライン，フラッシュカード）を認知科学の見地から分析して，学生が受け入れやすいような提案を行っており，きわめて実践的かつ重要なものである。

146)　Cooper & Gurung, *supra* note 19, at 363.

147)　筆者が中央大学法科大学院における 15 年間の間，個人的に見たり聞いたりした記憶の範囲内でしかない。

148)　ブラウンほか（依田訳）・前掲書（注 18）18-19 頁。

149)　ブラウンほか（依田訳）・前掲書（注 18）20-21 頁。

150)　ブラウンほか（依田訳）・前掲書（注 18）211-212 頁。E. BRAUCE GOLDSTEIN & JOHANNA C. VAN HOOF, COGNITIVE PCYCHOLOGY, 216 (2018) は，再読することによって，読むことが容易になり，その教材を学んできているとの錯覚をもたらすが，流暢になったことは，必ずしも，その教材をより記憶がなされていることにはならないという。

151)　学生は授業で聞いた語句をそのまま懸命に書き留め文章そのもののなかに主題の本質があると思い込む。講義や教科書の内容を憶えることと，その背景にある概念を理解することはまったく別なのだが，繰り返し読んでいるうちに根底の概念を理解したような気になる。だが，教科書や講義ノートの一節を復唱できても，そこに含まれる教訓や応用方法あるいは主題に関する知識との関連性を理解したことにならない（ブラウンほか（依田訳）・前掲書（注 18）21-22 頁）。

152)　ブラウンほか（依田訳）・前掲書（注 18）211-212 頁。

153)　GOLDSTEIN & VAN HOOF, *supra* note 150, at 216.

154)　*Id.* また，E. B. ゼックミスタ・J. E. ジョンソン『クリティカルシンキング《実践篇》』49-50 頁（北大路書房，1997）参照。

155)　*See* Miyatsu, et al., *supra* note145, at 392; Akbar Shaikhi Fini, et al., *Comparing the effect ofmass and distributed study techniques on remembering level and its relation with the exam date*, 5 PROCEDIA-SOCIAL AND BEHAVIORAL

Ⅱ　認知科学等の知見

SCIENCES 1751-1759 (2010); Carla E. Greving & Tobias Richter, *Distributed Learning in the Classroom: Effects of Rereading Schedules Depend on Time of Test*, 9 FRONTIERS IN PSYCHOLOGY 1-15 (2019).

156)　だが，それも，重要な情報の記憶を必要とする評価の場合についてであり，主要な情報を統合し，テキストから推論することを学生に要求する評価の場合には，それほど効果的でないと思われるという（Miyatsu, et al., *supra* note 145, at 392.）。

157)　*See* Dunlosky et al., *supra* note 85, at 29 ; Kang, *supra* note 135, 14.

158)　*See* Miyatsu, et al., *supra* note 145, at 390.

159)　*See* Miyatsu, et al., *supra* note 145, at 393.

160)　Miyatsu, et al., *supra* note 146, at 392-393. そこでは，再読前に読む内容を想起することは，学習を促進するとして，McDaniel, M.A., et al., *The read-recite-review study strategy: Effective and portable* 20 PSYCHOLOGICAL SCIENCE, 516-522（2009）を引用する。

161)　Miyatsu, et al., *supra* note 145, at 392-393.

162)　Miyatsu, et al., *supra* note 145, at 393. 認知科学的分析の視点からの「文章理解」については，大村彰道監修・秋田喜代美・久野雅樹編『文章理解の心理学　認知，発達，教育の広がりの中で』（北大路書房，2001），谷口篤「文章理解──私たちはどのように文章全体の意味を理解しているのか」森敏昭編集『認知心理学を語る第2巻おもしろ言語のラボラトリー』（北大路書房，2001）75-97頁，秋田喜代美「文章理解におけるメタ認知」三宮真智子編著『メタ認知　学習力を支える高次認知機能』97-111頁（北大路書房，2008），甲田直美『文章を理解するとは　認知の仕組みから読解教育への応用まで』（スリーエーネットワーク，2009），犬塚美輪・椿本弥生『論理的読み書きの理論と実践　知識基盤社会を生きる力の育成に向けて』（北大路書房，2014）等参照。また，より一般向けのものとしては，西林克彦『わかったつもり　読解力がつかない本当の原因』（光文社新書，2005），秋田喜代美『読む心・書く心　文章の心理学入門』（北大路書房，2002）がある。なお，現代社会における読解力の重要性については，新井紀子『AIに負けない子どもを育てる』（東洋経済新報社，2019）参照。

　　民法をはじめとする法律の学習では，実に大量の教科書・参考書，判例等を読んで理解し様々な知識を獲得しなければならない。また，的確に分析していかなければならない。文章の理解について，認知科学の視点からの多くの研究があり，それらは，われわれにとっても，きわめて有用なものである。とはいえ，ここで詳しく紹介する余裕はない。後に，記憶と理解との関係を取り上げるときに，その点につき，若干詳しく論ずるので，ここでは，ごく

〔注〕

簡単に，基礎的で重要な点を述べることにしたい。

　まず，きわめて重要なのは，「人間が文章を読むときには，書かれていることをそのまま丸写ししたりコピーしたりするようには理解してい」ない（犬塚・前掲書〔注59〕82頁），「人間の文章理解とは，文章そのものを頭にインプットすることではない」（太田ほか・前掲書〔注30〕211頁）ということである。文章を理解するとは，「読み手が積極的に一貫した心的表現を構築する活動」で，この理解プロセスはボトムアップのプロセス（読み取ったデータを積み重ねていくことで，命題間のつながりとして表象されるような文章の全体像を明らかにしていくプロセス）と，トップダウンの処理（読み手自身が持っている知識やスキーマを利用して，文章の表象を構築する方向で行われるプロセス）の二方向から行われ，両者が相互に影響を与えながら進んでいく（犬塚・前掲書〔注59〕93頁，犬塚・椿本・前掲書2-4頁〔犬塚〕参照）。そして，「『読んで理解する』」ことは，単に文字を読み単語の意味を一つひとつ取り上げていく単純作業ではない。文章全体について理解表象を構築し（マクロ構造），自分の知識とつなぎ合わせること（状況モデルの構築）がなされたときに，初めて，『文章がよく理解できた』と言える」と解されている（犬塚・椿本・前掲書6頁〔犬塚〕）。つまり，文章に明示的に書かれた内容に基づく「テキストベース」の表象だけでなく，読み手の知識と結びついた表象（「状況モデル」）になることで，「現実場面への適用や応用ができるようになる」というのである（犬塚・前掲書〔注59〕93-94頁）。

　「読むことは，語や文法の知識，書かれていない内容の知識，文章構造の知識など読み手がもっている知識と，接続詞や図など文中に埋め込まれた手がかりを利用しながら，書かれた内容に知識を織り込んでつなぎ，1つの意味のまとまりを頭の中につくり出していくこと」，つまり，「文字さえ追ってみていれば自然にわかってくる」ものではなく，「心の中で意識的につなぐ活動をしなければいけない」との指摘（秋田・前掲書51-52頁）も同様のものであろう。

163)　中央大学法科大学院にあって，筆者の民法の授業やテーマ演習をとった未修の学生（法学部出身であった。）で，基本的に教科書を何度も読むという学習方法をとっていたにもかかわらず，法科大学院でもかなり優秀な成績を修め，しかも，かなりよい成績で司法試験に受かった学生がいた。再読に関する認知科学の知見との関係をどのように考えたらよいかが問題となろう。

　彼は，学部にあって，法律学とは関係のない，難しい古典の著者に関する何本かの論文を書いたことがあり，その際，かなり難しい本を読んだが，最初読んでもわからなかったが何度も読むうちに理解できるようになったという。おそらく，そのような経験から民法をはじめ法律学の勉強をする際も，

Ⅱ　認知科学等の知見

何回も教科書を読むという方法をとったものと思われる。しかし，彼の場合，ただ，漫然と同じ教科書，しかも，それほど厚くないものを何度も何度も読んでいたわけではない。同じ科目でも，かなり厚い異なるテキストを何冊も，それぞれかなりの回数，計画的に読んでいた。異なるテキストを読んだのは，これも推測でしかないが，学部の時の論文を書く際の経験によるものと思われる。というのは，論文を書く際には，同じ本を何度も読んだとしても書けるようにはならない。難しい本であれば理解することも難しい。そこで，異なった本を読まざるを得ない。むろん，論文を書くために読むので，まずは，よく理解しようとするであろう。同じことでも本によって書き方や考え方が異なるので，いろいろ疑問をもちながら，著者と対話しながら読むことになろう。そのことによって，深く理解していったと考えられる。おぼえようとする勉強はやらないという趣旨のことを聞いたことがある。また，もはや「わからないことはない」とも言っていた。要するに，複数の厚い教科書を何度も読んだのは，深く理解して，わからない点がないようにすることを一つの目標としていたと推測できる。その結果，読んだものは，彼の知識と密接に結びついた表象（「状況モデル」）になり，「現実場面への適用や応用ができるように」なっていったといえよう。また，本稿でも後に記憶と理解の分析をおこなうが，彼の場合，きわめて深く理解することにより，長期記憶として定着していったと考えられる。

　「知識の一元化」ということが重要だと指摘されることがよくあるが，彼の場合，何か一冊の教科書やノートにではなく，彼の頭に知識を一元化していたといえよう。しかも，民法だけでなく，他の教科の教科書も計画的に読んでいたので，テキストの再読といっても，かなりの間隔をあけた分散学習を行っていたといえよう。そこで，その学習効果も大きなものであったと解される。これも学部時代の経験によるであろうが，論文を書くために，本を読む際には，当然のことながら，論文を書く際に役立つことはないかという視点で読んでいくことになる。また，彼は，かなり速いスピードで本を読むことができ，しかも，長時間，集中して読むことができたようである。授業も熱心で，授業で取り上げられる事例の問題の解き方や解釈のやり方などをかなり深く学んでいたようである。そこで，当然，事例問題を解く際に，また，解釈を行う際に，使えるものはないかというような視点，さらには，自分なりの疑問点を解決しようとして，テキストを読んでいたと思われる。以上からすると，彼の勉強法は，表面的にみれば，基本的に教科書を何度も読むことだといえるが，認知科学の知見が想定するテキストの再読の実態とはきわめて異なるものである。

　書く練習もそれほど多くやらなかったようであるが，書くことには苦労し

〔注〕

なかったようである。これまた，学部で論文を執筆する際に学んだ，彼なりの文章の書き方を必要に応じて修正して，その方法にもとづいて法律に関する文章を，それほど苦労せず書けるようになっていたのではないかと思われる。むろん，きわめて多くの文章を書いた経験があることから，頭に浮かんだことを的確に文章に表現することができるようになっていたと推測される。なお，彼の勉強方法が可能であったのは，当然のことながら，多くの科目を学部で少なくともある程度は勉強していたということも重要であろう。

164）　アメリカの大学生やロースクールの学生を念頭においたものであるが，わが国の大学生，さらには，法科大学院の学生にも，よく見られる学習のやり方ではないかと思われる。むろん，わが国でも法科大学院の学生がどのようなやり方で民法をはじめ法律学を学んでいるか，さらには，それらと学業成績との関係を調査する必要があろう。

165）　北神・林・前掲書（注111）50頁（村山）参照。*See* Bjork et al., *supra* note 111, at 427. 一連のアメリカの研究報告（多くは大学生が対象）によれば，想起練習の効果を認識できているのは，学業成績の高い者に限られているという（齋藤＝巴本・前掲（注85）208頁）。

166）　北神・林・前掲書（注111）47, 50-51頁（村山）。

167）　ブラウンほか〔依田訳〕・前掲書（注18）23頁。マークマン教授も「よどみのない，流暢な語り口の講義を聞いていると，聞き手は耳から入ってくるそれぞれの要素を自分で結びつける工夫をしなくなり，苦労して頭を使ったときほど内容を理解せずに終わってしまう傾向がある」という（マークマン・前掲書〔注18〕208頁）。

168）　ブラウンほか〔依田訳〕・前掲書123頁。

169）　Elizabeth L. Bjork & Robert A. Bjork, *Making Things Hard on Yourself, But a Good Way: Creating Desirable Difficulties to Enhance Learning*, in HENRY L. ROEDIGER ET AL., ed. USING TESTINGTO IMPROVE LEARNING AND MEMORY 58 (2011).

170）　Bjork & Bjork, *supra* note 169 at 58; Robert A. Bjork & Elizabeth L. Bjork, *Forgetting as the friend of learning: implications for teaching and regulated learning*, 43 ADVANCES IN PHYSIOLOGYEDUCATION 164,166 (2019).

171）　Bjork & Bjork, *supra* note 169 at 58; Bjork & Bjork, *supra* note 170, at 166.

172）　分散学習，想起練習の他に練習の環境に変化をつける（たとえば，同じ教材を2度同じ部屋で学ぶのではなく異なった部屋で学ぶ。），インターリーブ（同じ課題を集中して行うのではなく，異なる課題を交互に学ぶ。）などが望ましい困難としてあげられている（*See* Bjork & Bjork, *supra* note 169 at

Ⅱ 認知科学等の知見

58-62; Bjork & Bjork, *supra* note 170, at 164-165)。

173) Bjork & Bjork, supra note 169 at 58; Bjork & Bjork, *supra* note 170, at 166.

174) Persellin & Daniels, *supra* note 134, at 4-5.

175) 筆者の15年間の中央大学法科大学院で見聞きしたこと，さらには，書籍やインターネット情報にもとづくものでしかない。

176) たとえば，星野・前掲書（注25）147-148頁参照。もっとも，星野教授は，その根拠については必ずしも明らかにされていない。

177) 理解と記憶はいずれも重要であるが，理解したからといって，理解した知識が必ずしも記憶されるわけではないので，きちんと記憶しなければならないというわけである。このような見解も，なぜ，理解は重要なのか，理解するということは，どのようなことを意味するのか，そのことと，記憶とは，どういう関係になるのか。必ずしも明確にされているわけではない。

178) 筆者の15年間の中央大学法科大学院で見聞きしたこと，さらには，書籍やインターネット情報にもとづくものでしかない。もっとも，理解するよりも，まずは記憶する必要があるという考えも，いろいろニュアンスが異なり，一律に論ずることは難しいであろう。まずは，理解できなくても暗記をすることが大事で，後に理解するように学んでいくべきだ，という考えもあるであろう。これに対して，理解できなくとも暗記できれば，後に理解する努力は不要だとの見解もあろう。さらには，できるだけ理解するようにすべきであるが，理解できない，ないし困難なものについては，たとえば，難しい判例法理では，そのまま憶えてしまい，その判例法理を書くことが求められているような場合には，そのまま書いてしまえばよいというように考える見解もあろう。

179) *See* Eysenck & Brysbaert, *supra* note 61, at 224.

180) 川﨑惠里子「長期記憶Ⅱ知識の構造」高野編・前掲書（注46）117頁参照。

181) 「抽象化」の意義について，藤澤伸介『言語力 認知と意味の心理学』117-120頁（新曜社，2011）が重要な指摘をしている。ポイントはこうである。「具体的に考えることで物事はわかりやすくなり，日常の問題解決が行いやすくなる。それと同時に，抽象化することで，効率よく考えたり，規則性を見つけ出して予測したり，現在まだ存在しないものについてまで，考えられるようになる。したがって，具体的にだけ考えるとか，抽象的にだけ考えるということでなく，抽象レベルを絶えず上下しながらものを考えていかなければならない」（同書119頁）。これらは，民法をはじめ法律学の学習・問題解決においても，きわめて重要な考え方である。ただ，重要なのは，民法を含め法律学を教える教員は，そのような考え方の重要性を経験や直観で認識し

〔注〕

ているのではないかと思われるが，そのような考え方は法律学特有のものではないという点であろう。

182) 犬塚・前掲書（注59）29頁参照。もっとも，概念とは何かについては，理論的に検討がなされてきたが必ずしも成功していないようである。代表的な理論としては，①定義的特徴理論（必要かつ十分な定義に基づく），②プロトタイプ理論（典型例にはいるか否かによる），③事例理論（個々の事例の集合を概念と考える），④説明に基づく概念理論（概念を体制化している理論に事例が説明的な関係を有するかどうかで判断される）がある。これらの理論については，川﨑・前掲（注180）117-123頁，日本認知心理学会編・前掲書（注26）134-135頁（邑本俊亮），太田ほか・前掲書（注30）156-162頁（邑本俊亮），箱田ほか・前掲書（注30）168-177頁（箱田裕司）参照。犬塚・前掲書（注59）33頁は，主要なモデルのいずれも単独で人間の概念とカテゴリーの構築を説明できないようであり，それぞれのモデルが得意とする状況があり，いくつかの異なるやり方で概念を把握しカテゴリーを構築している可能性を示唆する。

183) 太田ほか・前掲書（注30）155-156頁（邑本俊亮），日本認知心理学会編・前掲書（注26）134頁（邑本俊亮）参照。

184) 高野・前掲書（注30）134-135頁，森敏昭ほか『心理学の世界　基礎編2　学習心理学　理論と実践の統合をめざして』50頁（岡直樹）（培風館，2011）参照。

185) われわれが自然に獲得する事物の概念カテゴリーには，その抽象度により「上位」「基礎」「下位」の3つのレベルがあり，もっとも使用されやすいカテゴリーが「基礎レベル」と位置づけられている（日本認知心理学会編・前掲書〔注26〕135頁〔邑本俊亮〕）。民法の概念カテゴリーは，学問上のもので，必ずしも自然に獲得するものではないが，抽象度により，いくつかのレベルに分けることができる。例えば，法律行為，契約，売買契約，さらには，不動産売買契約である。

186) 階層的ネットワークモデルは，「意味ネットワークモデル」ともいわれている。川﨑・前掲（注180）123-125頁，箱田ほか・前掲書（注30）193-194頁（都築誉史）参照。

187) たとえば，「カナリアは鳥である」という文よりも，「カナリアは動物である」という文のほうが，真偽判断に要する時間が長いことが明らかとなった。これは，「カナリア」との関係では，「鳥」よりも「動物」が，より上の階層の概念であるため反応時間が長くなると予想された通りのものであった（井上毅「長期記憶Ⅱ──知識としての記憶」太田信夫・厳島行雄編『現代の認知心理学2　記憶と日常』79頁〔北大路書房，2011〕，高野・前掲書〔注30〕

185

Ⅱ　認知科学等の知見

136-137 頁参照）。

188)　川﨑・前掲（注 180）125 頁参照。

189)　このモデルでは，概念をノードとしてそれらをリンクで結ぶという「ネットワーク」表現と，検査時間はリンクをたどる距離に比例するという考えを階層的ネットワークモデルから引き継いでいる（犬塚・前掲書（注 59）35 頁参照）。

190)　活性化するとは，「既存の知識構造において，特定の記憶表象がただちに利用可能な状態に変換されることを意味する」（箱田ほか・前掲書〔注 30〕196-197 頁〔都築誉史〕）。

191)　川﨑・前掲（注 180）128 頁参照。

192)　*See* Alan Baddeley, Michael W. Eysenck, & Michael C. Anderson, Memory 223 (3d 2020).

193)　今井ほか・前掲書（注 18）99 頁は，「ある領域に関して人が持っているひとまとまりの知識」であり，スキーマはたくさんの断片的な知識要素が因果関係・包含関係・順序関係などの関係で結びついたものである，という。

　　スキーマ理論は，バートレットにより 1932 年の研究書で心理学に導入された。バーレットによれば，記憶は入力情報の単なるコピーではなく，スキーマを心的枠組みとして新しい情報を取り込み，再構成するプロセスを含むという（日本認知心理学会編・前掲書〔注 26〕132 頁〔川﨑惠里子〕，川﨑・前掲（注 180）130 頁，梅本堯夫「認知心理学の系譜」大山正・東洋編『認知心理学講座 1　認知と心理学』〔東京大学出版会，1984〕48-50 頁参照）。また，ピアジェが，子供の認知発達において生ずる変化を理解するのに，シェマという一種のスキーマ概念を用いている（井上毅「記憶と知識──認知の過程を支えるベースとしての知識」森編・前掲書（注 46）141 頁参照）。

　　だが，スキーマ理論が本格的に論じられるようになったのは，1970 年代に入ってからだという（井上・前掲 141 頁参照）。以上につき，市川『考えることの科学』（注 18）135-138 頁が，わかりやすく簡潔に述べる。必ずしも新しいものでないが，小嶋恵子「スキーマによる理解と学習」波多野誼余夫編『認知心理学講座 4 学習と発達』27-40 頁（東京大学出版会，1982），川﨑惠里子「記憶におけるスキーマ理論」小谷津孝明編『認知心理学講座 2 記憶と知識』167-196 頁（東京大学出版会，1985），鈴木高士「既有知識と文章理解」鈴木宏明ほか『教科理解の認知心理学』153-220 頁（新曜社，1989），川﨑・前掲（注 180）129-138 頁が詳しい。また，一般向けではあるが，小嶋恵子「知識の獲得過程」「知識獲得のための読みの促進」波多野誼余夫編『自己学習能力を育てる──学校の新しい役割』102-136 頁（東京大学出版会，1980）が，スキーマの機能を，具体例をまじえてわかりやすく論じている。また，中島義

〔注〕

明『情報処理心理学　情報と人間の関わりの認知心理学』（サイエンス社，2006）133-148頁，道又ほか・前掲書（注31）153-162頁，甲田・前掲書（注162）22-37頁参照。

　なお，スキーマ的知識の有用性としては，次のようなことがあげられている（井上・前掲（注187）88頁参照）。①スキーマにより予測が可能となる。②見聞きしたことの不足点を補い理解を深める。③視覚的な光景の認知の際に役立つ。これらは，知覚，言語理解，記憶の想起などの過程における，トップダウン型処理の進行をうまく説明する。だが，スキーマの構造自身まだ不明な点が多いと言う。以上のスキーマの有用性と重複するが，スキーマの機能として，今井・前掲書（注18）29頁が次のように分かりやすく述べている。「私たちはスキーマによって状況を判断し，次にすべきことを予測できる。スキーマによって状況のどこに注意を向けたらよいのかがわかる。逆に，スキーマがなければ，見た情報，聞いた情報の取捨選択ができず，理解もできず，したがって記憶することは著しく困難となる」。要するに，「人は自らスキーマをつくり，そのスキーマのフィルターを通してものごとを観察し，解釈し，考え，記憶する」（今井・前掲書〔注18〕62頁）という。

194)　中島・前掲書（注193）134頁。

195)　伊東裕司「文章理解と知識」市川ほか編著・前掲書（注26）70頁参照。

196)　スキーマは一定不変のものでなく，常に変化するものと考えられる。あるスキーマが用いられ，情報の処理が行われたとすれば，その結果として，このスキーマの適用範囲に新たなデータが追加されるので，場合によってはスキーマ自身を改造したほうがより整合的でよりよいものとなることもある。このようにダイナミックで柔軟なものであろう，という（中島・前掲書〔注193〕146頁）。

197)　伊東・前掲（注195）72頁参照。

198)　中島・前掲書（注193）134頁参照。

199)　スキーマの特徴につき，日本認知心理学会編・前掲書（注26）132-133頁（川﨑惠里子）参照。スキーマの特徴として，本文で述べたもののほかに，スキーマは，定義ではなく知識を表現するもので，その知識は百科事典的であるという点があげられている。

200)　市川伸一教授は，この点，次のようにいう。「テープレコーダーやビデオのように，できるだけ生の情報に近い状況で保存しようなどと思っていたら，たちまち容量があふれてしまう。それに，情報をまるごと保存したビデオテープのようなものでは，必要な情報を検索することも困難である。そこで，苦肉の策として（というより進化の産物として）人間のあみだしたのが，既有知識に関連づけながら，情報を構造化して蓄積するという方式である（同『考

187

Ⅱ　認知科学等の知見

えることの科学』〔注18〕139-140頁）。

201）　本文に述べたもの以外にも次のような指摘がある。「人間の宣言的知識の
　　構造は，意味的に関連する命題（知識の最小単位）同士が結びつけられたネッ
　　トワーク構造を成していると考えられている。したがって，新しい宣言的知
　　識の獲得は，その知識（命題）が既有知識のネットワーク構造に組み入れら
　　れることを意味している」（無藤隆ほか『心理学（新版）』119頁〔森敏昭〕
　　〔有斐閣，2018〕）。ピアジェに代表される認知主義の考え方によれば，「学習
　　とは，認知構造の変化である。ピアジェは，新しい知識を既有知識の体系の
　　中にとりこむことを同化，整合的にとりこめないときに既有知識の体系を変
　　化させてとりこむことを調整と呼んだ。…同化と調整を繰り返しながら整合
　　的な知識体系をつくりあげていくというのが，認知主義からみた学習という
　　ことになる。また，この考え方は，知識は外部からそのまま刷り込まれるも
　　のではなく，学習者により主体的に構成されるものであるとすることから，
　　構成主義といわれることもある」（市川伸一「習得の授業のデザイン」市川編
　　著・前掲書（注63）86-87頁）。構成主義については，北沢武「構成主義と構
　　築主義」大島ほか・前掲書（注18）29-31頁参照。

202）　アンブローズほか（栗田訳）・前掲書（注17）30頁。同書32頁は，「学
　　生が現在学んでいることを正確かつ関連性のある先行知識と結びつけられれ
　　ば，学生はより学び，身につけることができる。つまり，新しい知識は，結
　　びつく先行知識があるときによく『くっつく』」という。

203）　藤澤伸介編『探求！教育心理学の世界』54頁（井上毅）（新曜社，2017）。

204）　岡直樹「知識獲得を促す学習指導──『カンピュウタ』かデータ重視か」
　　若き認知心理学者の会『認知心理学者　教育を語る』9頁（北大路書房，
　　1993）。さらに，次のようにいう。「つまり，新しい情報を組み入れる枠組み
　　が用意されているのである。そのため，新しい情報を組み入れやすくなり，
　　検索時の手掛かりも豊富となると考えられる。われわれは与えられたものを
　　そのまま記憶していくのではなく，自ら関係を見いだしたり，既有知識と関
　　連づけるなど情報に意味づけることによって，知識に組み込んでいくのであ
　　る」。また，同9-10頁は，われわれは膨大な知識を保有しているが，「たいへ
　　んうまく整理して記憶されているに違いない。…だとすれば，学習指導にお
　　いて知識の獲得を促進するためには，単に新しい情報を与えるだけではなく，
　　既有知識と関連づけやすいように，…指導する必要があるだろう」という。

205）　森ほか・前掲書（注184）52-53頁（岡直樹）。「知識の獲得は，スキーマ
　　を使って，情報と相互交渉する時に，スキーマの同化・調節の働きとして達
　　成される」との指摘もある（小嶋「知識の獲得過程」『自己学習能力を育て
　　る』前掲〔注193〕120頁）。その詳細は，小嶋・前掲102-121頁参照。

〔注〕

206）　今井・前掲書（注18）158頁参照。

207）　森ほか・前掲書（注184）543頁（岡直樹）。

208）　WIILINGHAM, *supra* note 81（ウィリンガム・前掲書〔注81〕）。

209）　ウィリンガム・前掲書（注81）369頁。もっとも，ウィリンガム教授は，その原理をもとに，抽象的概念を理解することも，新しい状況に応用することも難しい理由，さらに，それらにどのように対処したらよいかを主として論ずる（同書158-190頁参照）。*See* WEINSTEIN & SUMERACKI, *supra* note 18, at 114.

210）　WIILINGHAM, *supra* note 81, at 70（ウィリンガム・前掲書〔注81〕166頁参照）。

211）　ブラウンほか・前掲書（注18）11頁は，「精緻化とは，新しい物事を自分自身の言葉に置き換え，すでに知っていることと関連づけて意味を与える作業だ。新しく学んだことを過去の知識と関連させてうまく説明できるようになるほど，より深く理解し，あとで思い出すためのつながりを作ることができる」という。

212）　稲垣ほか・前掲書（注18）137-138頁（波多野誼余夫）。さらに，「今まで知っていたことのひとつのバリエーションとして新しい情報が位置づけられる場合もあるし，今まで知っていたことから，なるほどそれはうまくいきそうだといった形で，新しく与えられた情報の正当化が行われる場合もあるだろう」，という（同書138頁）。

213）　藤澤編・前掲書（注203）54-55頁（井上毅）。

214）　無藤ほか・前掲書（注201）122-123頁（森敏昭）。

215）　海保博之『心理学者が教える　読ませる技術聞かせる技術　心を動かす，わかりやすい表現のコツ』110頁（講談社，2018）。

216）　海保・前掲書（注215）111頁。

217）　藤村宣之「学校教育の展開と認知心理学の発展」子安増生ほか編『教育認知心理学の展望』190頁（ナカニシヤ出版，2016）。

218）　森ほか・前掲書（注184）56頁（岡直樹）。

219）　ウィリンガム・前掲書（注81）168頁参照。

220）　ウィリンガム・前掲書（注81）170-171頁参照。

221）　ウィリンガム・前掲書（注81）171頁参照。

222）　ウィリンガム・前掲書（注81）172頁参照。

223）　ウィリンガム・前掲書（注81）172頁参照。

224）　ウィリンガム・前掲書（注81）188-189頁参照。

225）　ウィリンガム・前掲書（注81）172頁参照。

226）　藤澤編・前掲書（注203）55頁（井上毅）参照。

Ⅱ　認知科学等の知見

227)　今井・前掲書（注 18）23 頁。

228)　米国学術研究推進会議編著・前掲書（注 6）10 頁。

229)　西林『間違いだらけの学習論』（注 18）10 頁参照。エビングハウスは，実験で，時間の経過によって，一定の材料を反復学習して完全に再生できるようになるまでに要した時間や回数がどのように節約されるかを明らかにした。エビングハウスによれば，節約の減少により，忘却の程度を示すもの，つまり，節約が少なくなればなるほど，忘却が増大したということを意味することになる（GOLDSTEIN & VAN HOOF, *supra* note 150, at 7.）。西林『間違いだらけの学習論』（注 18）10 頁も「節約されなかった分は忘却していたということになる」と指摘する。J.R. アンダーソン（富田達彦ほか訳）『認知心理学概論』174 頁（誠信書房，1982）は，「Ebbinghaus は，節約率得点を彼の保持の標準測度として用いた。…この図（「忘却曲線」筆者）は，急速な忘却は初期に起こるけれども，材料の学習後 30 日までも依然として忘却は起きている」という。

230)　岡・前掲（注 204）9 頁参照。キャリー（花塚訳）・前掲書（注 18）46-47 頁は，「脳がそういう無意味な音節を長く保持できないのは，意味をなさないものだからだ。エビングハウス自身もそのことはしっかりと認識していて，有名な忘却曲線は，彼自身が記憶を試みたもの以外には適用できないかもしれないと記している」という。

231)　アンダーソン（富田ほか訳）・前掲書（注 229）174 頁参照。

232)　西林『間違いだらけの学習論』（注 18）2-32 頁は，この点を強調し，無意味材料が学習対象の場合には，「学習対象の量が少なければ少ないほどやさしい」，「繰り返し経験すればするほど，よくできるようになる」ということが妥当するが，多くの学習，つまり意味のあるものを学習する際には妥当しないという。西林教授は，このことを強調され，ほとんどの学習にあっては，意味のあることを学ぶのであるが，学習全体が，「学習＝機械的暗記」と見なされる傾向が強いとして，「有意味な学習理論の必要性」を主張する（同書 38 頁）。西林教授は，有意味学習の学習論として，たとえば，「学習対象が多くても（意味があれば）簡単に学習できる」とか，「（認知構造に合えば）繰り返しは必要ない」ことをあげる（同頁）。なお，「認知構造」とは，それまでにその有機体（人も人以外の動物も）が持っている知識の総体という意味で，進化の歴史の中で獲得された種に固有な生まれつきのものと，それぞれの個体が後天的に経験の中から獲得したものとから成っていると考えられてい」る（同書 28 頁）。

233)　森ほか・前掲書（注 184）57 頁（岡直樹）。

234)　たとえば，今井・前掲書（注 18）23 頁は，スキーマの機能を説明してい

る箇所で，「スキーマで行間を補うことができないと，先生の説明も，テキストに書いてあることも理解できない。無理やり覚えようとすると，無意味な数字列や単語リストを記憶するのと同じような状況になってしまうのである」という。

235）　しかも，エビングハウスの実験材料は，DAX，BUP，LOC など子音－母音－子音の３文字の組み合わせからなる一連の無意味綴りであった（アンダーソン〔富田ほか訳〕・前掲書（注229）174頁参照）。ところが，たとえば，民法の判例の判旨などはかなり複雑で長いものである。そこで，意味を理解せず，そのまま憶えること自体かなりの困難を伴うであろう。また，記憶の保持もより困難となろう。

236）　ブラウンほか・前掲書（注18）82頁。同106頁参照。

237）　西林『間違いだらけの学習論』（注18）43-44頁参照。

238）　西林『間違いだらけの学習論』（注18）43-44頁参照。

239）　藤澤編・前掲書（注203）55頁（井上毅）。

240）　本稿「⑤想起」参照。

241）　もっとも，これらについて，筆者なりの推論でしかないので，今後さらに，調査検討を要する。

242）　文章理解については，注162に掲げた文献のほかに，小嶋惠子「テキストからの学習」波多野誼余夫編『認知心理学5 学習と発達』181-202頁（東京大学出版会1996），内田伸子「文章理解と知識」佐伯胖編『認知心理学講座3 推論と理解』158-179頁（東京大学出版会，1982），鈴木高士・前掲（注193）153-220頁，内田伸子「談話過程」大津由起雄編『認知心理学3 言語』131-191頁（東京大学出版会，1995），秋田喜代美「文章理解」内田伸子編『新・児童心理学講座6 言語機能の発達』114-116頁（金子書房，1990），伊東・前掲（注195）69-79頁，岸学『説明文理解の心理学』（北大路書房，2004），仲真紀子「談話の産出・理解におけるメタ認知」三宮・前掲書（注162）151-168頁（北大路書房，2008），犬塚美輪「文章の理解と産出」市川編・前掲書（注6）201-226頁，日本認知心理学会編・前掲書（注26）244-245頁（髙橋登），川﨑惠里子編『文章理解の認知心理学』（誠信書房，2014）など参照。一般向けのものとして，石黒圭『『読む』技術　速読・精読・味読の力をつける』（光文社新書，2010）。また，中高生向けのものとして，犬塚美輪『生きる力の身につける14歳からの読解力教室』（笠間書院，2020）がある。

243）　たとえば，川﨑惠里子「文章理解のモデル」川﨑編・前掲書（注242）2頁は，「文章理解の理論の多くは，読み手や聴き手が文章を理解する際に心的表象（mental representation）が形成されると仮定する」と述べ，文章理解

Ⅱ　認知科学等の知見

の理論は，読む場合だけでなく，聴く場合を含まれていることを明らかにしている。また，高野・前掲書（注30）294-299 頁は，「談話の理解」を取り上げる。談話とは，多くの文からなっている言語情報だとして，話し言葉と書き言葉をまとめて「談話」，「テキスト」と呼んだりするとして，その理解のメカニズムを論ずる。もっとも，小嶋・前掲（注242）181-182 頁は，書き言葉の理解と話し言葉の理解において必要とされる能力は同一でないとする。第1は，聴いてわからないことは，読んでもわからないが，文字言語の場合は，繰り返し読んだり，情報を取り入れる速度を調整したりできるという相違である。第2に，書き言葉は不特定多数を対象とし，話し言葉は対面している相手との情報のやりとりを基本としている。そこで，書き言葉でテキストを構成するルールと話し言葉でコミュニケーションするときのルールとは異なるとする。たとえば，後者では，言葉が伝える内容以外の文脈，話し方，表情，状況などが大いに利用されるという。

244)　ただ，一度読んだだけで，コピーが完了し記憶が定着すると考えることは経験からして現実的でない。そこで，そのような考えでは，一度読んだだけでは，コピーが薄くて再生できないため，何度も繰り返して読める程度に濃くしていく，ないし，一度では，すぐ薄くなってしまうので，何度も繰り返しコピーし直していくと，簡単には薄くならないで，記憶として定着する。このように考えることになろう。

245)　犬塚・椿本・前掲書（注162）54 頁。秋田・前掲書（注162）16 頁は，「その文章が，文字を見ることを通して，情報が頭の中に一方的に入ってくるものではない」という。また，犬塚・前掲書（注59）82 頁，太田ほか・前掲書（注30）211 頁（邑本俊亮）（「人間の文章理解とは，文章そのものを頭にインプットすることではない」。），藤田哲也編著『絶対役立つ教育心理学　実践の理論，理論を実践』170 頁〔西垣順子〕（ミネルヴァ書房，2007 年）など参照。教科書での学習を前提に，高野教授は次のようにいう。教科書を，写真を撮ったように記憶することができると便利のように思うかもしれないが，コストがかさむとともに，情報の検索が難しいという問題がある。しかも，「写真のような記憶」は必ずしも便利ではないという（高野・前掲書〔注30〕112-113 頁参照）。無藤ほか・前掲書（注201）84-85 頁（森敏昭）は，ある人の講演を，IC レコーダーが「記録」する場合と人が「記憶」する場合とを対比していて興味深く説明している。そこでは，読むのではなく，講演を聴く場合であるが，その記憶や理解につき読む場合と同じように考えることができる。IC レコーダーの場合には，講演の内容は，あたかもコピーをとったかのように，そっくりそのまま貯蔵されるが，人間の場合の記憶表象（貯蔵される内容）は，講演の内容のたんなるコピーではない。それは，講演の「意

〔注〕

味」，しかも個々人のもっている知識から理解した「意味」内容だという。

246)　犬塚・椿本・前掲書（注162）54頁。佐藤公治『認知心理学から見た読みの世界——対話と協同学習をめざして』（北大路書房，1996）を引用する。

247)　犬塚・椿本・前掲書（注162）54頁。市川編著・前掲書（注63）88頁は，「人間は，与えられた情報をそのままの形で保存するのではなく，何らかの解釈をして，その意味内容を記憶するものである。」という。

248)　川﨑・前掲（注243）1-26頁に紹介されている。読み手が文章を読むとき，ボトムアップ処理とトップダウン処理，そのどちらを用いて理解しているのかにつき長い論争があったが，現在は，どちらも用いているという考えが定説となり，両者をどのように組み合わせて読解活動がおこなわれているかに研究の焦点が移っているという（石黒・前掲書〔注242〕32頁）。

249)　川﨑・前掲（注243）5頁。キンチュ教授による「構築−統合モデル」については，Walter Kintsch, Comprehension : A Paradigm for Cognition (1998) が詳細で網羅的である。日本語での紹介として，簡単には，谷口・前掲（注162）85-88頁，箱田ほか・前掲書（注30）237-241頁（都築誉史），日本認知心理学会編・前掲書（注26）244-245頁（髙橋登），犬塚・椿本・前掲書（注162）4-5頁，川﨑・前掲（注243）5-11頁，やや詳しくは，甲田・前掲書（注162）40-58頁がある。キンチュ教授およびヴァン・ダイク教授との研究を紹介したものとしては，秋田・前掲（注242）114-116頁がある。なお，文章理解の研究は，キンチュ教授の「構築−統合モデル」に則った研究がほとんどで，また，国内外でモデルの精緻化を行った研究が多数で，テキストベースと状況モデルという文章理解モデルの妥当性は広く確かめられているという（岩槻恵子「深田論文に対するコメント」読書科学52巻1号25頁（2009）参照）。

250)　犬塚・椿本・前掲書（注162）4頁参照。

251)　大村監修・前掲書（注162）17-118頁参照。

252)　文の中では複数の命題が相互に関連したり，命題の中に命題が含まれる入れ子状態になったりして構成される（犬塚・前掲書（注59）85頁参照）。

253)　道又ほか・前掲書（注31）135頁（大久保街亜）参照。高野・前掲書（注30）137-138頁参照。

254)　犬塚・前掲書（注59）85頁参照。

255)　谷口・前掲（注162）86頁，甲田・前掲書（注162）40-43頁参照。ミクロ構造もマクロ構造も，テキストによって直接手がかりが与えられるか，読み手の知識にもとづいて構築される（Kintsch, *supra* note 249, at 292-293.）。

256)　谷口・前掲（注162）86頁。

257)　谷口・前掲（注162），甲田・前掲書（注162）42頁参照。

Ⅱ　認知科学等の知見

258)　谷口・前掲（注162）87頁。甲田・前掲書（注162）42頁参照。

259)　*See* Walter Kintsch & Katherine A. Rawson, *Comprehension, in* THE SCIENCE OF READING: A HANDBOOK 209, 211 (Margaret J. Snowling & Carles Hulme ed., 2005). ミクロ構造，マクロ構造とも，テキストに直接示されているか，読み手（理解者）の知識に基づき（たとえば，テキストに明確になっていない，テキストのマクロ構造を準備するためにスキーマを用いる，または，テキストに実際には述べられていないが，読み手〔理解者〕の知識に基づいてテキストの表現に期待されるであろう若干の細部を付け加えることによって）構築される（KINTSCH, *supra* note 249, at 292）。

260)　*See* Kintsch & Rawson, *supra* note 259, at 219.

261)　深谷優子「読解における図表を用いた概要作成の効果」読書科学52巻1号15頁（2009）参照。

262)　テキストベースは部分的にも全体としても一貫した記憶表象で，テキストのエピソード記憶であり，これに対して，状況モデルの記憶表象は意味記憶と解されている（深谷優子「テキスト学習研究」東京大学大学院教育学研究科紀要36巻292-293頁〔1996〕参照）。

263)　犬塚・前掲書（注59）87頁。

264)　*See* KINTSCH, *supra* note 249, at 107. 状況モデルについて，Morton Ann Gernsbacher & Michael P. Kaschak, *Text Comprehension, in* THE OXFORD HANDBOOK OF COGNITIVE PSYCHOLOGY 464 (D. Reisberg ed., 2013) は，次のようにいう。「状況モデルは，テキストの完全な理解と同義とみられる表象レベルである」。そこでは，読み手が「そこで描かれている状況を理解するため，テキストに含まれる情報に既有知識を統合する。言語理解の研究者のほぼ全員が，状況モデル（または同様なもの）がテキスト理解にとっては不可欠のものであることについては合意するであろうが，状況モデル自体の性質については必ずしも一致をみていない」。すなわち，状況モデルについては，命題表象の拡張としてとらえるか，イメージの表象の性質をもつものとしてとらえるにつき議論がある（箱田ほか・前掲書〔注30〕238-239頁〔都築誉史〕参照）。他方，状況モデルにつき，DANIEL T. WILLINGHAM & CEDAR RIENER, COGNITION : THE THINKING ANIMAL, 296 (4th ed. 2019) は，次のように述べる。われわれはテキストを理解する際，単語や文章を解釈するだけでなく，テキストが描く世界の一貫した表象を構築する。状況モデルは，一連の文章における物体や出来事だけでなく，それらの全体の状況を描写する。その状況を十分に表象するためには，この表象は，実際にテキストにはないが，文脈を考慮すると意味がある内容を長期記憶から加えている。しかし，その情報が追加されると同時に，全体の状況からして周辺的と判断されるテキストから

〔注〕

の情報がカットされる。状況モデルは，要約（summary）と考えることがで
きる。

265） 深谷・前掲（注261）15頁参照。同15頁では，状況モデルとは，その本
に明示的に書かれているだけでなく，読み手の知識によって肉付けされた，
よりダイナミックな理解状況であるという。

266） 岸・前掲書（注242）12頁参照。

267） *See* Kintsch & Rawson, *supra* note 259, at 211, 219；Kintsch, *supra* note
249, at 290, 327-328.

268） *See* Willingham & Riener, *supra* note 264, at 295. 高橋・前掲書（注60）
163頁は，「呼び名に多少に違いはあるものの」本文に述べたような3種類の
テキストの表象が考えられているとする。なお，表層構造，テキストベース，
状況モデルを区別するのは分析のためであり，あくまでも文章に関する単一
の心的表象があると考えられている（*See* Kintsch, *supra* note 249, at 107.）。

269） *See* Eysenck & Keane, *supra* note 102, at 503.

270） ある文章を読ませ，直後，40分後，2日後および4日後，文章に関する
さまざまな文を提示して，それが実際に読んだ文章中に明示されていたかど
うかの判断をさせる実験において，表層的言語記憶はすぐに忘却されてしま
うことが明らかになった。これに対して，状況モデルの記憶痕跡は4日後も
ほとんど変わらなかった。テキストベースは，表層的言語記憶ほどでないが，
徐々に記憶痕跡が弱くなったという。太田ほか・前掲書（注30）212-214頁
（邑本俊亮）参照。

271） *See* Willingham & Riener, *supra* note 264, at 296.

272） *See id.* 箱田ほか・前掲書（注30）240-241頁（都築誉史），太田ほか・前
掲書（注30）214頁（邑本俊亮）参照。

273） 箱田ほか・前掲書（注30）240-241頁（都築誉史）。また，高野・前掲書
〔注30〕114頁も，「記憶についての実験的な研究では，『意味情報は思い出せ
るが，見かけについての情報は思い出せない』という場合の多いことが繰り
返し確認されている」という。トレヴァー・ハーレイ（川﨑惠里子監訳）『心
理言語学を語る　ことばへの科学的アプローチ』266頁（誠信書房，2018）も
同様な指摘をする。

274） テキストからの学習に関しては，小嶋・前掲（注242）181頁（キンチュ
教授の「テキストからの学習」についての記述も含め詳細なもの），深谷・前
掲（注262）291頁参照。

275） *See* Kintsch, *supra* note 249, at 290.

276） *See id.*

277） *See id.*

195

Ⅱ　認知科学等の知見

278)　*See id.*

279)　*See id.* at 327-328.

280)　*See* KINTSCH, *supra* note 249, at 327-331. なお，井関龍太・川﨑惠里子「物語文と説明文の状況モデルはどのように異なるか──5つの状況的次元に基づく比較」教育心理学研究54号464頁（2006）は，「テキスト理解の目標は，文章の内容を把握し，既有知識と統合することで，後々に他の機会にも利用可能な表象を形成することであろう。このような高次のテキスト表象は状況モデルと呼ばれる」という。

281)　もっとも，注意すべきは，キンチュ教授は，「テキストからの学習」と「テキストの記憶」は理論的にも明確に区別することはできないと指摘している点である（*See* KINTSCH, *supra* note 249, at 295.）。また，状況モデルとテキストベースも，別個独立した心的表象としてではなく，文章由来の構成要素と（既有）知識由来の構成要素が一つの心的表象を形成していると考えている（*See id.*）。そして，通常の場合には，読み手が生み出す状況モデルは，テキスト由来（テキストベース）と知識由来の部分とからなる。しかし，読み手が適切な背景的知識をもっていない場合，ないしテキストを理解するために背景的知識を利用しない場合には，テキストの表象はテキストベースとなる（*See id.*）。

282)　*See* KINTSCH, *supra* note 249, at 328.

283)　*See id.* at 328-331.

284)　効果的に学ぶには，学ぶべき情報を掛けるためのフックである既有知識，長期記憶，または個人的な経験が必要で，しかも，そのようなフックが豊富で，フックと学ぶべき情報とに明確な関係があり，学生が正しいフックに掛けるときに，学習が最も成功するという（*See* KINTSCH, *supra* note 249, at 330.）。背景的知識と既有知識は，ほぼ同じ意味と理解できる場合も少なくないであろう。しかし，次のような点でややニュアンスが異なるといえよう。たとえば，「『テキストからの学習』が成功するか否かの最も重要な決定要因は背景的知識だ」という場合，「テキストからの学習」が成功するには，読み手が十分な背景的知識が既有知識となっていなければならない。背景的知識が既有知識となっていなければ，「テキストからの学習」は成功しない。その意味で，背景的知識と既有知識とは同じ意味だとは必ずしもいえないわけである。

285)　このように，キンチュ教授の「構築－統合モデル」にあっては，テキスト処理の構築段階でボトムアップ処理のみがかかわっていると考えられているが，読み手の目標が，テキスト処理のきわめて早い段階で，読み手にどこに注意を払ったらよいかを導くことができるという研究結果（J.K. Kaakinen, & J. Hyönä, *Perspective effects in repeated reading: An eye movement study,*

〔注〕

35 MEMORY & COGNITION 1323-1336〔2007〕が引用されている。）からすると，テキスト処理が理論的に想定されるよりも柔軟であることが示唆されると指摘されている（EYSENCK & KEANE, *supra* note 102, at 504-505.）。そこで，わが国でも，「文章の理解とは，情報を一つずつ蓄積していくボトムアップのプロセスと，知識枠組みによるトップダウンのプロセスが相互に作用しあいながら，統合的な表象をつくり上げていくプロセスである」との指摘がある（犬塚・椿本・前掲書〔注162〕3-4頁。犬塚・前掲書〔注59〕87-88頁参照）。また，石黒・前掲書（注242）34-35頁は，ボトムアップ処理とトップダウン処理は，文章理解の両輪としていずれも欠かすことができないが，速読はトップダウン処理重視，精読はボトムアップ重視，「平読（普通の読み方）」はトップダウン処理とボトムアップ処理が均衡したものという。

286）　四宮和夫「事務管理・不当利得・不法行為」7頁（青林書院新社，1981）。

287）　四宮・前掲書（注286）8-9頁注（二）参照。

288）　全部賠償の原則の例外として損益相殺法理も判例によって認められている。しかし，身体的素因が損害の発生・拡大に寄与した場合に，素因を斟酌して減額できるかという問題では，損益相殺は過失相殺ほど密接な関係があるわけではない。

289）　拙稿「事故と被害者の素因との競合」法律時報57巻8号133頁（1985），橋本佳幸「損害賠償額の割合的調整——原因競合事例を中心に」現代不法行為法研究会『別冊NBL155号　不法行為法の立法的課題』198頁（商事法務，2015）参照。

290）　最判平成8年10月29日（交通民集29巻5号1272頁）は，被害者の疾患を斟酌することを認めたが，被害者の疾患が損害拡大に大きく寄与したことが明白とする。

291）　これは，被害者の過失がある場合ともみることができる（窪田充見・森田宏樹編『民法判例百選Ⅱ債権〔第8版〕』215頁〔窪田充見〕〔有斐閣，2018〕参照）。また，最判平成4年6月25日の事案を詳細には紹介しなかったが，そこでは，被害者に過失といえるような要素があったとも指摘されている（藤村和夫・山野嘉朗『交通事故賠償法〔第3版〕』342頁〔藤村〕〔日本評論社，2014〕参照）。そこでは，一酸化中毒に罹患していたにもかかわらず，それほど時をおかず，あるいは一酸化中毒が回復したわけではないにもかかわらず運転業務に復帰したという事情が認められるからである。もっとも，最判平成8年10月29日交通民集29巻5号1272頁は，被害者の疾患を斟酌することができるかどうかということは，「加害行為前に疾患に伴う症状が発現していたかどうか，疾患が難病であるかどうか，疾患に罹患するにつき被害者の責めに帰すべき事由があるかどうか，加害行為により被害者が被った

Ⅱ　認知科学等の知見

衝撃の強弱，損害拡大の素因を有しながら社会生活を営んでいる者の多寡等の事情によって左右されるものではない」と判示した。

292)　野村好弘「自動車事故における因果関係の認定」交通民集1巻索引・解説号223頁（1969）参照。

293)　平井宜雄『債権各論Ⅱ不法行為』82-84頁（弘文堂，1992），藤岡康宏ほか『民法Ⅳ──債権各論〔第4版〕』309-310頁（藤岡康宏）（有斐閣，2019）など。

294)　大連判大正15年5月22日民集5巻386頁，最判昭和32年1月31日民集11巻1号170頁，最判昭和39年6月23日民集18巻5号842頁など。

295)　学説による多くの批判については簡単には，滝沢昌彦ほか『新ハイブリッド民法4債権各論』256頁〔執行秀幸〕（法律文化社，2018）参照。

296)　西垣道夫「『鞭打症』における損害額算定上の諸問題」坂井芳雄編『現代損害賠償法講座7』312-313頁（日本評論社，1974）。

297)　西垣・前掲（注296）315-316頁参照。

298)　橋本・前掲（注289）200頁参照。

299)　もっとも，深い理解といっても，それは，あくまでも判例法理の内在的理解にすぎない。素因減額については，実に多くの研究があるが，ここでは，最近の研究である，永下泰之「損害賠償法における素因の位置」私法2014巻76号162頁（2014）のみをあげておきたい。

300)　犬塚・前掲書（注59）99頁。秋田・前掲書（注162）63頁は，「文章の内容を分かりやすく自分で言い換えることができることは，それだけ内容をよくわかっていることであり，本当に理解できていることです」という。

301)　犬塚・前掲書（注59）99頁。

302)　犬塚・椿本・前掲書（注162）5頁。

303)　犬塚・椿本・前掲書（注162）5-6頁。

304)　拙稿「民法の事例問題を解けるようになるのは何故難しいのか(1)──認知科学の知見から民法の学び方を考える──」中央ロー・ジャーナル16巻4号61頁（2020）参照。

305)　*See* WILLINGHAM & RIENER, *supra* note 264, at 205. いわゆる思い出すことができない原因としては，記憶痕跡が薄れて消えてしまうということも考えられる（減衰説）。だが，思い出せない記憶も残っている場合があることは確認されている。このように，記憶が残っているにもかかわらず，思い出せない理由としては，別の記憶が干渉して思い出すのを邪魔しているとの理由が考えられている（干渉説）。記憶痕跡の減衰によると思われる忘却も，干渉で説明できるが，減衰により忘却も否定できない。干渉および忘却，いずれもが忘却の原因との見解が有力だという（以上，高野・前掲書〔注30〕155-158

〔注〕

頁参照）。

306）　一般には，民法を学ぶ際，多くの民法の知識を記憶することの重要性が認識されていようが，記憶しても想起できないことがありうることまで十分認識されていないのではないか。その認識がなされていたとしても，より確実に想起できるようにするにはどうしたらよいか必ずしも一般に知られていないと思われる。なお，記憶の実験において，主な測定法として再生（記銘項目や学習項目を自ら想起すること）と再認（テスト時に記銘項目と記銘リストには含まれていなかった項目が提示され，両者を区別する方法）がある（日本認知心理学会編・前掲書〔注26〕）144頁〔松川順子〕参照）。民法の事例問題を解く際には，まさに，その際に必要な情報を想起する必要があることから，そこでは再生が求められることになる。その場合，長期記憶から探索して候補となる情報が選び出され，次にその選び出された情報が求めている情報に間違いないかどうかの照合（確認）が行われると考えられている。これに対して，当該情報が選択肢にあり，それを選べばよいようなテストにあっては，再生ではなく再認が問題となっている。そこでは，候補となる情報の探索は不要で，照合のみをなせば足りる。そこで，一般に，再生の方が再認よりも難しいわけである（以上，藤澤編・前掲書〔注203〕〔井上毅〕）。

307）　拙稿・前掲（注304）60頁。

308）　拙稿「民法の事例問題を解けるようになるのは何故難しいのか(2)——認知科学の知見から民法の学び方を考える」中央ロー・ジャーナル17巻1号50-51頁（2020）参照。

309）　想起（検索）については，多くの研究書が出されている。たとえば，多賀秀継『記憶の検索過程に関する研究』（風間書房，1989），弓野憲一『記憶の構造と検索仮定』（風間書房，1992），猪木省三『記憶における検索てがかりの機能に関する研究』（風間書房，1995），岡直樹『プライミング効果の手掛かりとした知識検索の効率性に関する研究』（北大路書房，2007），月元敬『抑制に基づく記憶検索理論の構成』（風間書房，2007）などがある。しかし，いずれも，かなり専門的なもので，ここで十分活かすことができなかった。

310）　高野・前掲書（注30）126-127頁参照。

311）　以上は，高野・前掲書（注30）152頁によっている。

312）　*See* Baddeley et al. *supra* note 192, at 240.

313）　*See id.* at 241.

314）　時間的・空間的文脈も手がかりとなりうる。陸の浜辺と水中での単語の学習実験で，学習と再生の環境が同じだと再生の成績がよくて，異なると悪くなるということが明らかになっている。以上，桐村雅彦「長期記憶　想起と忘却」高野編・前掲書（注46）159-162頁参照。

II 認知科学等の知見

315) 高野・前掲書（注30）152頁参照。「活性化の拡散」を示す証拠は数多く得られているという（同書〔153-154頁参照）。

316) See BADDELEY ET AL. *supra* note 192, at 241. 本稿「(C) 活性化拡散モデル」25頁参照。

317) 高野・前掲書（注30）152頁参照。

318) See BADDELEY ET AL. *supra* note 192, at 241. 活性化は連続的なもので，あまり活性していないものから，相当に活性しもう少しで思い出せるような状況の情報，さらには，活性度が強く閾値を超えていて，その情報を思い出せる場合というようなものまでがあるという（鈴木・前掲書〔注33〕101頁参照）。

319) See BADDELEY ET AL. *supra* note 192, at 241. この活性化は注意がなされなくなった後も，しばらくの間は持続する（*See id.*）。

320) *See id.*

321) *See id.*

322) *See id.*

323) *See id.* at 245.

324) *See id.* at 244.

325) *See id.* at 246.

326) *See id.* at 247.

327) *See id.* at 246. 2つの手がかりをもつことは，それぞれの手がかりから対象となる記憶を想起する確率を単純に加算した場合よりも，予想以上に有益な場合があることが研究により示唆されているという（*See id.* at 247.）。

328) *See id.* at 245. これを「符号化特定性原理」という（*See id.*）。「符号化特定性原理」については，太田編著・前掲書（注33）34-39頁（太田信夫）参照。

329) *See id.* at 248.

330) *See id.*

331) もっとも，以上は網羅的なものではなく，重要と思われるものを取り上げたにすぎない。

332) ブラウンほか・前掲書（注18）81頁。

333) ブラウンほか・前掲書（注18）81頁。米国学術研究推進会議編著・前掲書（注6）40-42頁は，熟達者の研究を紹介する中で，熟達者は，自分の専門分野に関する豊富な知識をもっているが，ある特定の問題の解決に関連する知識はそのごく一部であり，彼らはどの知識が問題解決に関連しているかを知っている。そこで，彼らは，すべての知識を探索するようなことはしない。そのようなことをすれば，たちまちワーキングメモリの容量を超えてしまう。このことは，熟達者は単に知識を習得しているだけでなく，特定の課題に関

〔注〕

連する知識を効率的に検索できる点でも優れていることを示している。認知科学では，こうした熟達者の知識を「文脈に条件付けられた知識」と表現する。それは，結局，熟達者は，「学んだ知識を，いつ，どこで使うべきか」，さらには，どのように使うべきかを，十分に知っているのに対して，初心者は，それらを知らないため，学んだ知識を，うまく使えないということがおこりうるという趣旨のことが指摘されている。

334) *See* Baddeley et al. *supra* note 192, at 177-178.

335) アンブローズほか（栗田訳）・前掲書（注 17）63 頁。

336) アンブローズほか（栗田訳）・前掲書（注 17）61 頁。

337) アンブローズほか（栗田訳）・前掲書（注 17）73 頁。

338) アンブローズほか（栗田訳）・前掲書（注 17）69 頁。

339) Schwartz & Manning, *supra* note 19, at 57-59.

340) Schwartz & Manning, *supra* note 19, at 58.

341) Schwartz & Manning, *supra* note 19, at 58.

342) Schwartz & Manning, *supra* note 19, at 58.

343) Schwartz & Manning, *supra* note 19, at 58.

344) Schwartz & Manning, *supra* note 19, at 58-59.

345) Herald, *supra* note 19, at 69-78 は，アメリカのロースクールでの法律の学習において，フィードバックの重要性を解説する。エキスパートになる最善の方法は，目標を設定し誤ったことに対するよく考えられた即時のフィードバックを使って練習することだと指摘し，有効なフィードバックの使い方を解説していく。

346) スキルに関する認知心理学に関する諸問題については，新宮英夫『スキルの認知心理学　行動のプログラムを考える』（川島書店，1993）参照。

347) 手続き的記憶，宣言的記憶という記憶の二分法は，スクワイアらが提唱したものであるという（太田信夫「手続記憶」箱田裕司編『認知科学のフロンティアⅡ』93 頁（サイエンス社，1992）参照）。またラリー・スクワイア（河内十郎訳）『記憶と脳　心理学と神経科学の統合』154-172 頁（医学書院，1989）参照。もっとも，手続き的記憶と宣言的記憶の違いにつき，哲学者や心理学者は，直観や内省についての考察にもとづき 100 年以上も前にすでに紹介していたという（スクワイア＝カンデル『記憶のしくみ上』前掲〔注46〕47-48 頁参照）。

348) 日本認知心理学会編・前掲書（注 26）136 頁（森田泰介）。

349) 市川伸一『現代心理学入門 3　学習と教育の心理学　増補版』78 頁（岩波書店，2011）。

350) 日本認知心理学会編・前掲書（注 26）136 頁（森田泰介）。

Ⅱ　認知科学等の知見

351）　波多野ほか・前掲書（注42）89頁は，「数学の問題の解き方も手続き的知識である。数学のある公式を使って問題を解くことができるのは，手続き的知識の利用にほかならない」という。

352）　川﨑伊織＝藤井俊勝「手続き記憶」脳科学辞典（http:/bsd.neuroinf.jp/wiki/ 手続き記憶〔2016〕）（2021年4月1日閲覧）は，手続き記憶の内容につき，「運動技能，知覚性技能，認知性技能（課題解決）」の3種をあげ，知覚性技能として鏡文字の読み取りをあげる。

353）　守一雄『認知心理学』50頁（岩波書店，1995）参照。DUANE F. SHELL ET AL., THE UNIFIED LEANING MODEL: HOW MOTIVATIONAL, COGNITIVE, AND NEUROBIOLOGICAL SCIENCES INFORM BEST TEACHING PRACTICES 38 (2010) は，「手続き的知識は目的を持ったもの，つまり目標に向かっているものである。そのため，手続き的知識を『やり方の知識』と表現することがある。手続き的知識とは，われわれがどのようにして物事を行うことができるかということである」という。手続き的知識には，スキル（技能）の他に，習慣も含まれるという（See BADDELEY ET AL., supra note 192, at 149.）。

354）　アンダーソン（富田ほか訳）・前掲書（注229）235頁参照。See BADDELEY ET AL., supra note 192, at 149.

355）　GOLDSTEIN & VAN HOOF, supra note 150, at 178 は，手続き的記憶は，通常は習得したスキルを伴うことを行うための記憶であるため，スキル記憶とも呼ばれているという。

356）　宣言的記憶と手続き的記憶とは異なる記憶形態であることは，器質的な健忘症患者が，意識的な想起を必要とする記憶課題では障害を示すのに対し，意識的な想起を必要としない記憶課題ではほとんど正常な成績を示すことから根拠づけられている。たとえば，健忘症患者は，運動技能だけでなく，ハノイの塔と呼ばれるパズルのような認知的な技能も学習できることが報告されている（月浦崇ほか「健忘症患者における手続き記憶：運動技能と知覚・認知技能との解離」神経心理学14巻4号216-224頁〔1998〕参照）。また，スクワイア（河内訳）・前掲書（注347）154-160頁，スクワイア＝カンデル『記憶のしくみ上』前掲（注46）68-69頁，山鳥重「学びの脳科学──神経心理学から」佐伯胖監修・渡辺信一編『「学び」の認知科学事典』299-306頁（大修館書店，2010），川﨑ほか・前掲（注352）参照。両者の神経基板は異なり，手続き記憶の神経基盤は宣言的記憶よりもさらに複雑で，小脳，大脳基底核，大脳前頭葉運動野などが関与するという（山鳥・前掲305頁参照）。やや詳しくは，川﨑ほか・前掲参照。

357）　仲真紀子編著『いちばんはじめに読む心理学の本4　認知心理学』102-103頁〔伊東裕司〕（ミネルヴァ書房，2010）参照。

〔注〕

358) *See* JOHN R. ANDERSON, COGNITIVE PSYCHOLOGY AND ITS IMPLICATIONS 287-289 (9th ed. 2020). 池谷『記憶力を強くする』前掲（注18）217頁は，手続き的記憶は，記憶の中で「もっとも忘れにくい記憶」だという。

359) 以上，日本認知心理学会編・前掲書（注26）137頁（森田泰介）参照。

360) ADDIE JOHNSON & ROBERT W. PROCTOR, SKILL ACQUISITION & TRAINING; ACHIEVING EXPERTISE IN SIMPLE AND COMPLEX TASKS 13 (2016) は，「技能は練習・訓練によって獲得される」という。

361) 藤田編著・前掲書（注245）67頁（藤田哲也），藤澤編・前掲書（注203）55頁（井上毅）参照。

362) 藤田編著・前掲書（注245）67-68頁（藤田哲也）は，理科の実験を例にあげ，「手続記憶が獲得されているかどうかは，実際にその手続きを再現してみないと確認できない」とし，さらに，「同様なことは，他の教科でも『教師が例題を解いてみせる』ことだけでは，その解き方が学習者に習得されているとはかぎらないという点で共通しています」と指摘する。

363) *See* JOHNSON & PROCTOR, *supra* note 360, at 113. 森ほか・前掲書（注184）88-89頁（森敏昭）は，運動技能の習得過程として，一般に，①認知的段階，②体制化の段階，③自動化の段階の3段階があるとする。マット・ジャーヴィス（工藤和俊・日苛他智秋訳）『スポーツ心理学入門』150-153頁（新曜社，2006）も，運動技能体得の段階として，認知段階，連合段階，自動化段階に分けて説明した上で，技能の練習で自動化が進み，技能が自動化されれば意識的な介入が不要になるとする一般原則は，最近の認知心理学でも支持されているとする。また，このモデルは，コーチや教師も，選手がどの段階にあるのかを把握すれば，彼らに最適な模範や教示，練習のレベルを決められるという。これに対して，認知技能の獲得過程として，森ほか・前掲書（注184）102-103頁（森敏昭）は，運動技能の学習の場合に対応する，手続きを認知的に把握する段階，個々の手続きを一連の手続きとして体制化する段階，手続きの実行が自動化する段階の3つをあげる。

364) 森ほか・前掲書（注184）88-89，102-103頁（森敏昭）参照。

365) JOHNSON & PROCTOR, *supra* note 360, at 13.

366) *See id*, at 14.

367) *See id*.

368) *See id*.

369) *See id*.

370) *See* JOHN R. ANDERSON, *Acquisition of Cognitive Skill*, 89 PSYCHOLOGICAL REVIEW 369 (1982).

371) ACT-R理論については，寺尾敦「認知アーキテクチャの理論による脳

203

Ⅱ　認知科学等の知見

の構造と機能の解明」電子情報通信学会誌98巻12号1083-1090頁（2015）
が詳しい。ACT－R理論は，認知アーキテクチャについての代表的な理論の
一つであるという。認知アーキテクチャとは，ある抽象的水準で脳の機能を
特定したもので，心の機能がどのようにもたらされるかを説明する。ACT－
R理論によれば，人間の認知機能は特定の機能を担うモジュールの相互作用
により実現される。これらのモジュールはそれぞれ異なった脳部位と対応付
けられている。ACT－R理論は，アンダーソン教授がおよそ40年間にわたっ
て発展させてきた認知アーキテクチャの現在の姿だという（同1084頁）。具
体的な認知課題での人間のパフォーマンスに関して詳細な予測を行うため，
プログラミング環境が用意されているという（同1084頁）。この理論は，宣
言的知識と手続き的知識とを区別し，手続き的知識は，ある条件が満たされ
たときの行為を決定するプロダクションルール（production rule），つまり
「もし～ならば……せよ」というように条件部と実行部を組み合わせたルール
として表現される（同1085頁）。

372)　*See* Anderson, *supra* note 370, at 369-370；ANDERSON, *supra* note 358, at
285-286. また，アンダーソン（富田ほか訳）・前掲書（注229）239-248頁参照。
簡単には，市川ほか編著・前掲書（注41）83-84頁（伊藤裕司），仲編著・前
掲書（注357）104-106頁（伊東裕司），子安増生ほか『教育心理学〔3版〕
ベーシック現代心理学6』100-101頁（有斐閣，2015）参照。

373)　*See* Anderson, *supra* note 370, at 369-370. もっとも，ANDERSON, *supra*
note 358, at 285-289では，認知的段階，連合段階，自動化の段階という言葉
が使われている。

374)　仲編著・前掲書（注357）106頁（伊東裕司）参照。

375)　市川ほか編著・前掲書（注41）85頁（伊藤裕司）は，「技能を学ぶとき
には最初の宣言的段階における宣言的知識の獲得において困難に直面する場
合も多い。また，技能を繰り返し遂行しているうちに，別の効率的なやり方
に気づいたり，工夫をする場合もあるだろう。技能の学習においても，理解
や発見は重要な役割を果たす」という。

376)　森ほか・前掲書（注184）102頁（森敏昭）は，「個々の手続きを正しく
実行するためにはどのような点に注意すればよいかを『頭で理解する』段階
といえる。したがって，この段階で間違った表象が形成されると，それが悪
い癖となり，その後の技能の熟達の妨げになるので注意を要する」という。
また，池谷『記憶力を強くする』前掲（注18）217-218頁は，手続き的記憶は，
「記憶が非常に強固なために，我流でスポーツをやって癖のあるフォームを身
につけてしまうと，その後で正しいフォームに修正しようとしても，なかな
か癖が抜けないといったこともおこ」ると述べる。

204

〔注〕

377) むろん，課題の難易度も高ければ，それだけスキル上達に必要な時間がかかるが，そのことを含めて本文に述べたようなことが，「練習のベキ法則」（Power Law of Practice）として知られている。そのような法則は，さまざまな課題の学習において観察されているという（鈴木宏昭ほか「スキル学習におけるスランプ発生に対する事例分析的アプローチ」人工知能学会論文集23巻3号87頁（2008年）参照）。

378) いわゆるスランプである（鈴木ほか・前掲〔注377〕87-88頁参照）。同論文は，スランプは練習のベキ法則からの誤差的な逸脱として扱われるべきでなく，新たに導入されたスキル（コンポーネント）がそれまでの実行環境とマッチしないこと，および実行環境を再構築する過程で混乱が生じ，その結果スランプが生ずることを明らかにする。

379) MALCOLM GLADWELL, OUTLIERS : THE STORY OF SUCCESS (2008)（マルコム・グラッドウェル〔勝間和代訳〕『天才！成功する人々の法則』〔講談社，2009〕）は，アンダース・エリクソン教授の研究を基礎に，ある分野を極めるためには「1万時間」におよぶ膨大な練習が必要だとして「1万時間の法則」と名付け，広く知られてきている。アンダース・エリクソン＝ロバート・プール（土方奈美訳）『超一流になるのは才能か努力か？』157頁（文藝春秋，2016）は，この法則につき「今では練習の威力といえばたいていの人がこれを思い浮かべるようになった」たという。だが，エリクソンは，グラッドウェルは，エリクソン研究を正確に理解していず，「1万時間の法則」は誤っているとする（同書155-160頁）。なお，エリクソンほか『超一流になるのは才能か努力か？』は，エリクソン教授の長年のエキスパート研究の内容を一般人にもわかるように詳細に書かれたものである。詳細な注もつけられている。

380) 効果的な練習には練習の質も重要であるが，前述のように，練習に関する研究によると，タスクにかける時間の重要性も繰り返し言及されているという（アンブローズほか（栗田訳）・前掲書〔注17〕1334頁参照）。

381) エリクソンほか（土方訳）・前掲書（注379）170-171頁参照。太田勝造「弁護士の民事訴訟におけるパフォーマンス評価：法曹の質の実証的研究」東京大学法科大学院ローレビュー9巻132頁（2014）は，弁護士として実務経験が長ければ長いほど，民事弁護の質はどんどんと向上していくであろうという一般的な仮説を検証する論文で，「弁護士としての実務経験が短いほど，ないし，若い弁護士ほど，民事弁護の質が高い」という結果となったという（152頁）。①経験が短いほど手持ち事件も少なく，一件一件により多くの時間と労力と情熱を注げることができる。②司法試験の勉強の成果がより新鮮に残っているため。③実務経験が長くなるにつれていわゆる「手抜き」の仕方をマスターするようになり，評価者弁護士にそれを見抜かれた，というよう

Ⅱ　認知科学等の知見

な仮説があげられているが，それらの検証は今後の課題だという（152-153 頁）。

382)　エリクソンほか（土方訳）・前掲書（注 379）22-23 頁，171 頁。

383)　エリクソンほか（土方訳）・前掲書（注 379）184 頁。

384)　医師が提供する治療の質が時間とともにどのように変化するかに関する研究を幅広く調べる 2005 年のハーバード・メディカルスクールの研究チームが発表した論考（Niteesh K. Choudhry et al., *Systematic review: The relationship between clinical experience and quality of health care*, 142 ANNALS OF INTERNAL MEDICINE 260-273〔2005〕）である。エリクソンほか（土方訳）・前掲書（注 379）353 頁（注 22）参照。また，医師を対象に意思決定の正確さを調べた別の研究も，経験年数が増える恩恵はごくわずかであるとして（同書 184 頁），PAUL M. SPENGLER et al., *The meta analysis of clinical judgment project: Effects of experience on judgment accuracy*, 37 COUNSELING PSYCHOLOGIST 350-399（2009）をあげる（同書 353 頁〔注 23〕）。

385)　ANDRES ERICSS ON & ROBERT POOL, PEAK : SECRETS FROM THE NEW SCIENCCE OF EXPERTISE 133（2016）（エリクソンほか〔土方訳〕・前掲書〔注 379〕184 頁参照）。

386)　K. Anders Ericsson et al., *Expert performance in nursing: Reviewing research on expertise in nursing within the framework of the expert-performance approach*, 30 ADVANCES IN NURSING SCIENCE E58-E71（2007）（エリクソンほか〔土方訳〕・前掲書〔注 379〕353 頁〔注 24〕参照）.

387)　エリクソンほか（土方訳）・前掲書（注 379）185 頁。「自然にできるようになってしまった能力は，改善に向けた意識的な努力をしないと徐々に劣化していく」という（同書 42 頁）。

388)　エリクソンほか（土方訳）・前掲書（注 379）185 頁。

389)　エリクソンほか（土方訳）・前掲書（注 379）185 頁。医者の継続職業教育の効果に関する研究も紹介されており，そこでは，効果があるのは何らかのインタラクティブ（相互作用的）な要素のある教育法で，講義，セミナーなどは医師の技能を向上させる効果はほぼなかったという（同書 185-186 頁参照）。

390)　熟慮された練習につき，金敷大之「よく考え抜かれた練習に伴う熟達」兵藤宗吉・野内類編著『認知心理学の冒険　認知心理学の視点から日常生活を捉える』230-247 頁（ナカニシヤ出版，2013）参照。

391)　See K. Anders Ericsson et al., *The Role of Deliberate Practice in the Acquisition of Expert Performance*, 100 PSYCHOLOGICAL REVIEW, 363-406（1993）. この論文では，効果的なトレーニングに関する知識が何世紀にもわたって蓄積させてきた音楽の分野で，もっとも効果的なトレーニング方法を探求し，

〔注〕

エキスパートのパフォーマンスは，基本的には才能ではなく，長い期間の「熟慮された練習」の結果であるとする。エリクソン教授の熟慮された練習についての詳細については，エリクソンほか（土方訳）・前掲書（注379）で詳しく知ることができる。もっとも，同書では，「deliberate practice」を「限界的練習」と訳されている。また，ジョフ・コルヴァン（米田隆訳）『究極の鍛錬』(2010)，アンジェラ・ダックワース（神崎朗子訳）『やり抜く力──人生のあらゆる成功を決める「究極の能力」を身につける』(2016) 164-201頁でも，一般人向けに，「deliberate practice」に関して詳しく解説されている。「deliberate practice」につき，『究極の鍛錬』では，「究極の鍛錬」，『やり抜く力』では，「意図的な練習」と訳されている。ここでは，「熟慮された練習」と訳すことにした。なお，『究極の鍛錬』の著者はアメリカ「フォーチュン」誌編集主幹，『やり抜く力』の著者は，「グリッド（やり抜く力）」研究の第一人者でペンシルベニア大学心理学教授である。

392）　エリクソンほか（土方訳）・前掲書（注379）23頁。

393）　エリクソンほか（土方訳）・前掲書（注379）25頁。

394）　エリクソンほか（土方訳）・前掲書（注379）23頁。

395）　エリクソンほか（土方訳）・前掲書（注379）23頁。同書316-336頁参照。

396）　エリクソンほか（土方訳）・前掲書（注379）43頁。

397）　エリクソンほか（土方訳）・前掲書（注379）115頁。同書43頁は，「『この程度できれば十分』という水準で頭打ちになる一般的な練習方法」という。

398）　エリクソンほか（土方訳）・前掲書（注379）43頁。

399）　エリクソンほか（土方訳）・前掲書（注379）42頁。

400）　エリクソンほか（土方訳）・前掲書（注379）44-50頁。

401）　アンブローズほか（栗田訳）・前掲書（注17）128頁は，具体的な目標を定めて練習をする意義として次のようにいう。目標を定めることで，学生にとって学習のポイントが明確になり，より多くの時間とエネルギーをこの部分に注ぐようになる。また，目標達成までの自分の進歩の状況をモニタリング（そして修正）できることである。

402）　エリクソンほか（土方訳）・前掲書（注379）44頁。

403）　エリクソンほか（土方訳）・前掲書（注379）45頁。

404）　エリクソンほか（土方訳）・前掲書（注379）46頁。

405）　エリクソンほか（土方訳）・前掲書（注379）50頁。

406）　エリクソンほか（土方訳）・前掲書（注379）47頁。

407）　エリクソンほか（土方訳）・前掲書（注379）143頁。ジョン・ハッティ，グレゴリー・イエーツ（原田信之訳者代表）『教育効果を可視化する学習科学』151頁（北大路書房，2020）も，ここで説明したと同様のことが説明され

Ⅱ　認知科学等の知見

ている。ダックワース（神崎訳）・前掲書（注 391）171-194 頁は，熟慮され
た練習につき，次のような流れ・要件をあげる。①明確に定義された高めの
目標を設定する。②しっかりと集中して，努力を惜しまず，高めの目標の達
成を目指す。③すみやかで有益なフィードバック。速やかにフィードバック
を求めること，否定的なフィードバックにしっかりと対処することは，いず
れも重要である。④改善すべき点がわかったあとは，うまくできるまで何度
でもくり返し練習する。

408）　エリクソンほか（土方訳）・前掲書（注 379）144-145 頁。

409）　エリクソンほか（土方訳）・前掲書（注 379）145 頁。

410）　エリクソンほか（土方訳）・前掲書（注 379）145-146 頁。また，同書
　　　146-156 頁参照。

411）　エリクソンほか（土方訳）・前掲書（注 379）200-201 頁。

412）　エリクソンほか（土方訳）・前掲書（注 379）200，200 頁参照。

413）　エリクソンほか（土方訳）・前掲書（注 379）131 頁。

414）　エリクソンほか（土方訳）・前掲書（注 379）214 頁。

415）　エリクソンほか（土方訳）・前掲書（注 379）214 頁参照。

416）　ハッティほか（原田訳者代表）・前掲書（注 407）152 頁。ジョン・ハッ
　　　ティ（原田信之訳者代表）『学習に何が最も効果的か　メタ分析による学習の
　　　可視化：教師編』158-164 頁（あいり出版，2017）は，熟慮された練習（そこ
　　　では「熟考された訓練」と訳されている。）につき基本的には本文で述べたと
　　　同様な内容のことを論じている。「問題なのは，練習の総量ではなく，パ
　　　フォーマンスを改善しようとする『熟考された努力』の総量なのである」（同
　　　書 164 頁）。熟慮された練習の諸活動では，「適切で挑戦しがいのある，ほど
　　　よい困難が設定されなければならず，反復練習を許容し，誤りを犯したり修
　　　正したりする余地を与えたり，また学習者に対して有益なフィードバックを
　　　提供することを通して，継続的な改善を可能にしているのである」（同書 164
　　　頁）。

417）　ANDERSON, *supra* note 358, at 305.

418）　ダックワース（神崎訳）・前掲書（注 391）164-201 頁参照。

419）　アンブローズほか（栗田訳）・前掲書（注 17）135 頁。

420）　アンブローズほか（栗田訳）・前掲書（注 17）135 頁。

421）　アンブローズほか（栗田訳）・前掲書（注 17）135 頁。

422）　アンブローズほか（栗田訳）・前掲書（注 17）102 頁参照。

423）　アンブローズほか（栗田訳）・前掲書（注 17）103 頁。

424）　アンブローズほか（栗田訳）・前掲書（注 17）103-104 頁参照。

425）　アンブローズほか（栗田訳）・前掲書（注 17）105 頁参照。

〔注〕

426） アンブローズほか（栗田訳）・前掲書（注17）105頁参照。

427） アンブローズほか（栗田訳）・前掲書（注17）105頁参照。

428） アンブローズほか（栗田訳）・前掲書（注17）100頁。

429） アンブローズほか（栗田訳）・前掲書（注17）114頁。初学者から熟達者までの発達の4段階のモデルが提案されており，それによると，「無意識的無能」の状況（何を学ぶべきかを認識できるだけの知識もない状況）から，「意識的無能」の段階（自分が何を知らないか，何を学ばなければならないかを徐々に認識できるようになる段階），「意識的有能」な段階（多くの能力をもっているが，意識的に考えて行動しなければならない段階）から，「無意識的有能」の段階（その領域でのスキルや知識を自動的に実行するため，自分が何を知っているか，何を行っているか意識にのぼらない段階）に至るという（同書100頁参照）。複雑なタスクにおける関連するコンポーネントスキルを特定する方法については，同書114-115頁参照。

430） アンブローズほか（栗田訳）・前掲書（注17）114頁。

431） アンブローズほか（栗田訳）・前掲書（注17）107頁参照。

432） アンブローズほか（栗田訳）・前掲書（注17）107-108頁参照。

433） アンブローズほか（栗田訳）・前掲書（注17）118頁参照。

434） アンブローズほか（栗田訳）・前掲書（注17）98, 121頁参照。

435） フィードバックについては，多くの研究がある。しかし，ここでは，スキル獲得・熟達のための練習におけるフィードバックに関し，本稿に関係する基本的なことを述べるにとどめたい。*See* JOHN HATTIE & SHIRLEY CLARKE, VISIBLE LEARNING：FEEDBACK（2019）. また，ハッティ（原田訳者代表）・前掲書（注416）173-211頁，ハッティほか（原田訳者代表）・前掲書（注407）101-114頁参照。

436） アンブローズほか（栗田訳）・前掲書（注17）137-139頁。

437） これまでの研究は，フィードバックにあっては，成績，あるいは抽象的な賞賛や批判のようにパフォーマンス全体を評価するより，学生が進歩するために必要なパフォーマンスの特定の側面を明らかにする方が効果的であることを示してきたという（アンブローズほか・前掲書〔注17〕138頁参照）。

438） アンブローズほか（栗田訳）・前掲書（注17）140頁。

439） アンブローズほか（栗田訳）・前掲書（注17）140頁。

440） アンブローズほか（栗田訳）・前掲書（注17）141頁。

441） アンブローズほか（栗田訳）・前掲書（注17）141頁。

442） アンブローズほか（栗田訳）・前掲書（注17）142頁。

443） アンブローズほか（栗田訳）・前掲書（注17）147-148頁。

444） アンブローズほか（栗田訳）・前掲書（注17）148頁。

Ⅱ　認知科学等の知見

445)　アンブローズほか（栗田訳）・前掲書（注 17）221-230 頁参照。そこでは，ルーブリックの見本が載っている。ダネル・スティーブンス，アントニア・レビ（佐藤浩章監訳）『大学教員のためのルーブリック評価入門』（玉川大学出版部，2014）が，ルーブリックを使う理由，利用の作成法などルーブリックに関して詳細に解説している。

446)　アンブローズほか（栗田訳）・前掲書（注 17）148 頁。

447)　相互に教師役の役割交代をしつつ質問を互いに投げかけ説明し合うことで，自己説明を自然に促し，自分がどの程度理解しているか，何を理解しなければならないか等もモニターする力を習得できると解されている（大島ほか編・前掲書（注 18）129 頁〔望月俊男〕）ことからすると，本文で述べたことも十分考えられよう。

448)　*See* Deborah Maranville, *Transfer of Learning, in* BUILDING ON BEST PRACTICES: TRANSFORMING LEGAL EDUCATION IN A CHANGING WORLD 91（Deborah Maranville et al eds., 2015）。また，Gantt, *supra* note 19, at 711 は，法学教育が優れた法律問題解決者を養成することにあるとすれば，法学教育にあっては，学生を，教室で学んだ知識を法律専門家の現場での状況下に転移する方法につき訓練する必要があるという。

449)　もっとも，花本・前掲（注 1）40-41 頁が，転移に影響をおよぼす先行学習の要因として，課題の十分な理解，学習時間の使い方（学習の進行状況のモニタリング，学習内容・手順の理解のフィードバック，学習した知識がいつどこでどのように使うことができるかのフィードバック），学習意欲の強さをあげる。また，文脈を超えた転移を生じさせるためには，学習の際に複数の文脈を用いたり，他の類似の文脈での適用例を示したりすることが効果的だとする。アメリカのロースクールにあっても，学習の転移のための教育という課題が法律の教育者に注目を集め，ロースクールの文献（多くはないが）で取り上げられるようになったのは，最近のことであるという（Maraville, *supra* note 453, at 91）。むろん，教員であれ学生であれ，学んだことを応用することの重要性は十分認識されているといえよう。ただ，応用（学習の転移）のメカニズムや学習の転移を促進する要因・方法については，一般的には，特に学生にあっては，十分に知られていないように思われる。

450)　白水始「認知科学と学習科学における知識の転移」人工知能学会誌 27 巻 4 号 347 頁（2012）。

451)　子安ほか・前掲書（注 372）110 頁〔伊藤裕司〕（有斐閣，2015）。森敏昭・秋田喜代美編『教育心理学キーワード』100 頁（有斐閣，2006）は，「先に学習したことが，後の学習や問題解決に対して促進的あるいは妨害的影響をもつことを意味する」という。そして，促進的な影響をもつ場合を正の転移，

〔注〕

妨害的な影響をもつ場合を負の移転と呼ぶとする。このように，転移には，負の転移も含まれるが，ここでは，もっぱら正の転移について論ずることにする。森ほか・前掲書（注184）155頁（森敏昭）も，心理学では，「先に行った学習が後に行う学習を促進することを正の転移（transfer）と呼ぶ」と述べている。

452) 米国学術研究推進会議編著（森・秋田監訳）・前掲書（注6）51頁。AMBROSE ET AL., *supra* note 17, at 108（アンブローズほか（栗田訳）・前掲書（注17）110頁参照）にあっては，「ある文脈で学んだスキル（または，知識，方略〔strategies〕，手法〔approaches〕または習慣）を新たな文脈で適用することを転移という」。

453) 大島ほか編・前掲書（注18）17頁（山口悦司）。転移の研究は学習者に独力での学習と課題解決を要求してきたが，協調的な問題解決においては，他者と協調して課題解決にあたることができ，必要に応じて書籍などを参照することもできる。このような状況では，最初の学習で完全な知識を獲得する必要はなく，その学習が「未来の学習への準備」になっていればよいと解する見解も主張されている（藤澤編・前掲書〔注203〕59頁〔寺尾敦〕参照）。「未来の学習のための準備」については，大島ほか編・前掲書（注18）83-86頁（大浦弘樹），山口悦司「学習の転移に関する研究ノート── BRANFORD & SCHWARTZ の『将来の学習のための準備』について」宮崎大学教育文化学部教育科学19号1-11頁（2008）参照。

454) 寺尾敦・楠見孝「数学的問題における転移を促進する知識の獲得について」教育心理学研究46号461頁（1998）。同論文は，「数学的問題解決を扱った研究だけを取り上げても，多くの研究が転移の成立が非常に困難であることを証明しているという」（同461頁）。しかし，いくつかの研究は転移の証拠を示すことに成功しているという（同461頁）。

455) 転移につき，様々な視点で研究がなされていきている。白水・前掲（注450）347頁は，それらを振り返り，今後の研究のあり方を展望する。

456) 三宅ほか・前掲書（注42）32頁。

457) 藤澤編・前掲書（注203）58頁（寺尾敦）。同書58頁は，また，「数学の学習で，例題から少しだけ変化した問題がうまく解けないという経験をした人はかなりいるだろう」という。

458) 鈴木宏明『類似と思考　改訂版』（ちくま学芸文庫，2020）47頁。

459) AMBROSE ET AL., *supra* note 17, at 108（アンブローズほか〔栗田訳〕・前掲書（注17）110頁参照）.

460) 大島ほか編・前掲書（注18）83頁（大浦弘樹）は，「多くの教師の経験のようにこの転移を引き起こすことは難しいことが知られています」という。

211

Ⅱ　認知科学等の知見

461)　ウェイン・ホルムスほか（関口貴裕編訳）『教育 AI が変える 21 世紀の学び――指導と学習の新たなかたち』33 頁（北大路書房，2020）。

462)　白水・前掲（注 450）353 頁。

463)　米国学術研究推進会議編著（森・秋田監訳）・前掲書（注 6）67 頁は，一般に，転移とは，学習課題で学んだことを転移課題に応用することだとされているが，「実際には，学習課題に取り組む段階で，すでに転移は生じている。なぜなら，学習課題に取り組む際に，それ以前の先行経験で獲得した知識を使っているからである」と指摘する。そして，「新しく何かを理解することは，既有知識を使って学習することによってはじめて成立する」という原則は，「すべての学習には，先行経験からの転移が含まれている」と言い換えることができるという（同書 67 頁）。そして，そのことと関連する三つの問題点とそれらを克服する方法について検討している（同書 67-72 頁）。①学生は課題に関連した既有知識をもっていても，それを活性化できない場合がある。②学生が既有知識をもっているために，かえって新しい情報をまちがって解釈してしまうおそれがあることである。③学校での教育と地域社会での実践が食い違うために，学校での学習が困難になることである。これらは，法科大学院での学習・教育において重要なものであるが，ここでは，②だけを取り上げる。既有知識が新しい情報の理解を妨げることを明らかにした研究が数多くなされているとして，既有知識に基づき誤概念が形成されていると，教員がいくら授業で工夫をこらした説明をしても，学生がどのような既有知識をもっているかを考慮して説明をしなければ，学生の誤概念を正しい理解に変えることはできないという（同書 69 頁）。筆者もまさに，同様なことを不法行為における過失構造を授業で学んでもらっている時に経験した。丁寧に具体例で説明してもほとんどの学生に理解してもらうことができなかった。その原因は，ほとんどの学生が刑法における過失構造と同じように，不法行為における過失構造を理解しようとしていたことがわかり，刑法の過失構造と不法行為の過失構造とは異なっており，なぜ，異なっているかを説明して，ようやく理解してもらえた。われわれは，すでにもっている知識や考え方に基づき，新たに学ぶ情報を理解しようとするため，法律学の初心者は，誤って理解する場合が少なくない。しかも，初学者自身が，そのことに気づくことは簡単ではない。

464)　それがどの程度の割合になるかは，様々な要因により異なるであろう。

465)　大島ほか編・前掲書（注 18）17 頁（山口悦司）は，「学習の転移が起きるときと，起きないときがあるということが，学習科学研究において確かめられています」という。

466)　以下で考察する認知科学の知見を理解する上で，転移に関する研究の動

〔注〕

向を簡単に知っておくことがよいと思われるが，簡潔に論じても，やや長くなってしまうので，注で論ずることにした。以下については基本的には次の文献を参照した。J・T・ブルーアー（松田文子・森敏昭監訳）『授業が変わる——認知心理と教育実践が手を結ぶとき』45-71 頁（北大路書房，1997），岡本真彦「熟達化とメタ認知——認知発達的観点から」日本ファジィ学会誌 13 巻 1 号 3-4 頁（2001），森ほか・前掲書（注 184）156-171 頁（森敏昭），白水・前掲（注 450）347 頁以下。

ヨーロッパ教育界では古くから，ラテン語，数学，論理学のような難しい教科の学習が一般的な強靱な知性を作り上げ，「一般的な心的な力が転移する」と考えられていた（ブルーアー（松田・森監訳）・前掲書 47 頁）。だが，ラテン語のような学習が他領域の学習に転移する証拠はないことが明らかにされ（ブルーアー〔松田・森監訳〕・前掲書 48 頁，藤澤編・前掲書〔注 203〕57-58 頁〔寺尾敦〕参照），正の転移が生ずるのは，先行学習と後続学習の類似性であるとする同一要素説，さらには，次のような一般原理説が提唱されるに至った（香川秀太「『複数の文脈を横断する学習』への活動理論的アプローチ——学習転移論から文脈横断論への変遷と差異」心理評論 51 巻 465 頁〔2008〕，白水・前掲〔注 450〕348-349 頁参照。一般原理説についての説明は，香川・前掲 465 頁によった。）。一般原理説は，表面上は課題内容（表層構造）が異なっても，課題間で共通する抽象的な一般原理（深層構造）が発見されたときに転移が生ずるとする。この説では，「原理」を発見することが重要になり，そのためには，課題の深層にある「原理」の深い理解，自分の認知過程について意識的に気づき，それをコントロールするメタ認知が重視される。一般原理説は今日まで根強い支持を受け，現在の中心的転移論だという。

これとは別に，1950 年代半ばの認知科学が台頭した初期の頃には，多様な問題領域に適用可能な「弱い方法（weak method）」が知的活動の本質で，一般的な思考の技能と方略が転移すると考えられた（ブルーアー〔松田・森監訳〕・前掲書 48，50-52 頁，森ほか・前掲書〔注 184〕163-165 頁〔森敏昭〕参照）。しかし，その後，「弱い方法」は，パズルのような事実知識がほとんどない領域では役立つかもしれないが，物理や医学のように豊富な領域固有の知識（物理や医学の知識）を必要とする問題解決には役立たない（ブルーアー〔松田・森監訳〕・前掲書 52-53 頁，森ほか・前掲書〔注 184〕166 頁〔森敏昭〕，岡本・前掲 3 頁参照）。そのような問題解決には，領域固有の知識に基づく「強い方法」が有効であることから，知的能力の本質は，領域固有の知識や技能にあると考えられるに至った。そこで，この見解は，領域内ではなんらかの転移が生ずるかもしれないが，領域間ではほとんど，あるいはまったく生じないと解するわけである（ブルーアー〔松田・森監訳〕・前掲書 48

213

II 認知科学等の知見

頁参照。*See* BRUCE G. BUCHANAN, EXPERT SYSTEM: A PERSPECTIVE FROM COMP UTER SCIENCE, *in* THE CAMBRIDGE HANDBOOK OF EXPERTISE AND EXPERT PERFORMANCE 89〔2D., ANDERS ERICSSON ET AL EDS., 2018〕）。ところが，1980 年代に入ると，領域固有の知識や技能は，知能と熟達した活動には，必要条件ではあるが，十分条件ではなく，自分の認知過程について意識的に気づき，それをコントロールするメタ認知技能，幅広い領域に有効な一般的思考技能も必要であると考えられるようになってきた（ブルーアー〔松田・森監訳〕・前掲書 60-71 頁参照）。既有の背景的知識をほとんどもっていない新しい領域を，通常の初心者よりも早く学習することができる「知的な初心者（岡本・前掲 4-4 頁参照。）」が存在し，知的な初心者は他の初心者よりもメタ認知技能が優れていることを示す研究結果も示された（ブルーアー〔松田・森監訳〕・前掲書 63-64 頁参照）。もっとも，メタ認知技能や一般的思考技能は，それらがいつ役立つのか，なぜ役にたつのかということが適切に教えられてはじめて，領域内でも転移が促進されるとともに，領域間でも転移は起こりうることになると解されている（ブルーアー〔松田・森監訳〕・前掲書 48，69 頁参照）。

467) WILLINGHAM, *supra* note 81, at 74（ウィリンガム〔恒川訳〕・前掲書〔注 81〕176 頁参照）.

468) WILLINGHAM, *supra* note 81, at 74-77（ウィリンガム〔恒川訳〕・前掲書〔注 81〕176-185 頁参照）.

469) WILLINGHAM, *supra* note 81, at 75（ウィリンガム〔恒川訳〕・前掲書〔注 81〕178-180 頁）.

470) WILLINGHAM, *supra* note 81, at 75（ウィリンガム〔恒川訳〕・前掲書〔注 81〕178 頁参照）.「これにより，それぞれの弱い放射線は健康組織を安全に通過するが，すべての放射線が腫瘍に集まるため，腫瘍は破壊される」ことになる（WILLINGHAM, *Supra* note 81, at 75〔ウィリンガム〔恒川訳〕・前掲書〔注 81〕178 頁参照〕）.

471) WILLINGHAM, *Supra* note 81, at 75（ウィリンガム〔恒川訳〕・前掲書〔注 81〕178 頁参照）.

472) WILLINGHAM, *supra* note 81, at 75-76（ウィリンガム〔恒川訳〕・前掲書〔注 81〕180-181 頁参照）.

473) WILLINGHAM, *supra* note 81, at 76-77（ウィリンガム〔恒川訳〕・前掲書〔注 81〕181-183 頁参照）.具体的には，次のようにいう。このアドバイスには，次のような問題があるという。問題の深層構造が明らかでなく，さらに，適用可能な深層構造が多く存在するという問題である。独裁者と要塞に関して読むと同時に，問題の深層構造は考えられる多くの深層構造のうちどれかを考

〔注〕

えることは難しい。深層構造を見つけるには，問題のあらゆる部分が相互にどう関係しているかを理解する必要があり，どの部分が重要でどの部分が重要でないかを知る必要がある。また，学生が，新たな問題が，解いたことのある別の問題の深層構造が同じであると気づいていても，教科書の例を参考にするには，それぞれの問題の表層構造が深層構造にどう関連しているかわからなければ，転移はうまく機能しないという。

474) AMBROSE ET AL., *supra* note 17, at 108-109（アンブローズ〔栗田訳〕・前掲書〔注 17〕111 頁）.

475) 白井俊『OECD EDUCATION 2030 プロジェクトが描く教育の未来──エージェンシー，資質・能力とカリキュラム』106-107 頁（ミネルヴァ書房，2020）は，学んだことと比較的近い文脈や場面での転移（近い転移）は比較的容易であろうが，大きく異なる文脈や場面における転移（遠い転移）は難しいとして，これまでの先行研究について包括的な文献調査を行ったところ，「『遠い転移』の難しさは，そもそも，学んだことの転移が可能であると認識すること自体が難しいことにある」という。特に，実社会における具体的は状況が，細かいディテールの部分も含めて，授業において教師によって設定された状況と異なる場合には，実際の状況と既有知識との関連性について認識すること自体が難しいと指摘されているという。なお，同書は，OECD において，2015 年から進められてきた "OECD Future of Education and Skills 2030" プロジェクトにおける膨大な会議文書やプレゼンテーション，議論などを下敷きとして，著者が OECD の事務局アナリストとして，日本政府のナショナル・コーディネーターとしてプロジェクトに携わってきた中で，公文書だけでは伝わりにくい部分を伝えていくことに主眼があるという（同書ⅰ）。

476) AMBROSE ET AL., *supra* note 17, at 108（アンブローズほか〔栗田訳〕・前掲書〔注 17〕111 頁参照）.

477) *See id.* at 109（アンブローズほか〔栗田訳〕・前掲書〔注 17〕111 頁参照）.

478) 高垣マユミ編著『授業デザインの最前線Ⅱ　理論と実践を創造する知のプロセス』94 頁（藤田敦）。Gick. M. L. & Holyoak, K. J., *Analogical problem solving*, 15 COGNITIVE PSYCHOLOGY 1-38（1980）を引用する。

479) 鈴木・前掲書（注 458）47 頁。だが，「こうした文脈依存性は何も人間の無能さ，または非合理性を意味しているわけではな」く，「半ば必然的なもの」であるという（鈴木・前掲書 47-48 頁）。抽象的なルール学習にあっては，様々な場面においてそれらを適用できるようになることが求められ，その際，ルールは基本的には変数を含んでいるため，当該問題にルールを適用する際には解釈を要する。だが，その解釈規則はルールに通常書かれていない。そのような場合，不完全なものでも，抽象的なルールが確実に当てはまる問題

215

Ⅱ　認知科学等の知見

の文脈情報を取り込んだ方がよい。ルールを確実に適用できる問題，状況を確保でき，そのことにより，ルールやその適用場面での面倒な解釈をスキップできるからであるという（鈴木・前掲書46-47頁）。なお，DAVID DIDAU & NICK ROSE, WHAT EVERY TEACHER NEEDS TO KNOW ABOUT PSYCHOLOGY 67 (2016) は，「文脈間での転移が難しいのは，われわれは，情報を想起するときに，これらを手がかりにしているからである」という。つまり，知識を学ぶ際，文脈と密接に関連づけており，同じような文脈では，それを手がかりに，その知識を想起できるが，まったく異なる文脈では，その知識を想起することはできないからである。

480）　米国学術研究推進会議編著（森・秋田監訳）・前掲書（注6）55頁参照。

481）　拙稿「民法の事例問題を解けるようになるのは何故難しいのか(3)——認知科学の知見から民法の学び方を考える」中央ロー・ジャーナル17巻3号33頁（2020）参照。また，同30頁で，理解せずに丸暗記した情報は，後に様々な場面で活用することは難しいことも指摘した。

482）　米国学術研究推進会議編著（森・秋田監訳）・前掲書（注6）55，59頁参照。また，森ほか・前掲書（注184）172頁（森敏昭），大島ほか編・前掲書（注18）17-18頁（山口悦司）参照。森ほか・前掲書（注184）158頁（森敏昭）は，「基本原理をしっかり理解することが正の転移を促進するための重要な条件である」として，次のような実験結果を紹介している。平行四辺形の面積の求め方を教える際に，「面積＝底辺×高さ」という公式を丸暗記させるグループと，その公式が導き出される原理を理解させるグループを設け，両グループの転移課題での成績を比較したところ，公式をそのまま適用できない応用問題において，「理解グループ」が「丸暗記グループ」よりも成績がよいことが明らかになった（See WERTHEIMER, M., PRODUCTIVE THINKING〔1959〕）。秋田「認知心理学は学習・教育の実践と研究に何をもたらしたか」市川編著・前掲書（注6）7-8頁も，上記の実験結果を紹介し，「原理や解法を深く理解しておくことが他の類題でも知識を使用でき，柔軟な課題解決をもたらすのである」という。

483）　米国学術研究推進会議編著（森・秋田監訳）・前掲書（注6）16頁。

484）　米国学術研究推進会議編著（森・秋田監訳）・前掲書（注6）57頁参照。See SOUSA, supra note 54, at 159.

485）　拙稿「民法の事例問題を解けるようになるのは何故難しいのか(3)」前掲（注481）27頁。さらに，同26-28頁参照。森ほか・前掲書（注184）172頁（森敏昭）は，「学習内容の意味を理解させるためには，学習内容を子どもたちの既有知識と関連づけるように指導することが大切である」という。

486）　米国学術研究推進会議編著（森・秋田監訳）・前掲書（注6）57頁参照。

〔注〕

487) 米国学術研究推進会議編著（森・秋田監訳）・前掲書（注6）57頁参照。

488) 三宮真智子「学習におけるメタ認知と知能」三宮編著・前掲書（注162）33頁，アンブローズほか（栗田訳）・前掲書（注17）118頁参照。

489) アンブローズほか（栗田訳）・前掲書（注17）119頁参照。

490) アンブローズほか（栗田訳）・前掲書（注17）119頁参照。

491) 米国学術研究推進会議編著（森・秋田監訳）・前掲書（注6）61頁，アンブローズほか（栗田訳）・前掲書（注17）119頁参照。

492) もちろん，一度に的確なそのような原理を抽出できなくても，まずは，原理の仮説を抽出し，その後，機会があるごとに，その原理の妥当性を検証ないし修正していくという方法が現実的であろう。しかも，初心者にとっては，このような作業は難しいので，学生同士で考えたり，授業で教員がサポートしたりしながら，学生同士で議論することが考えられよう。

493) アンブローズほか（栗田訳）・前掲書（注17）119-120頁参照。

494) アンブローズほか（栗田訳）・前掲書（注17）120頁。

495) アンブローズほか（栗田訳）・前掲書（注17）120-121頁参照。

496) アンブローズほか（栗田訳）・前掲書（注17）120頁。

497) アンブローズほか（栗田訳）・前掲書（注17）120頁。

498) 高垣・前掲書（注478）94-96頁（藤田敦）参照。

499) 高垣・前掲書（注478）95頁「表6-1　概念転移に関する考え方」（藤田敦）。

500) 高垣・前掲書（注478）94-96頁（藤田敦）参照。

501) 高垣・前掲書（注478）94頁（藤田敦）参照。

502) 高垣・前掲書（注478）95頁「表6-1　概念転移に関する考え方」（藤田敦）参照。要するに，「たとえば，二次方程式の事例から抽象化した解の公式を覚えることが重要なのではなく，解の公式を導くときにも，三平方の定理を証明するときにも共通するような，公式や法則を生成するときに役立つ一般原理（たとえば，「公式を導く際は文字に置き換え，一般的な表現にする」「等式の両辺に同じ操作を加えても関係は変わらない」など）を学習することが，真の応用力の獲得に寄与している」（同書94-95頁）という。

503) 高垣・前掲書（注478）95-96頁（藤田敦）参照。

504) 高垣・前掲書（注478）95頁「表6-1　概念転移に関する考え方」（藤田敦）参照。

505) 寺尾ほか・前掲（注454）467-468頁で，「構造生成アプローチ」の有効性を示す，いくつかの研究が紹介されている。例題アプローチでは，獲得すべき知識は多数の例題とその解法である。単一の例題を学習するだけでは類似目標課題への転移は難しいので，多数の例題を学習して複数の例題の解法

217

Ⅱ　認知科学等の知見

を組み合わせて類似目標を解決しようとする。しかし，このアプローチでは，事案や具体的な解き方を詳細に記憶しなければならないという学習者の負担，目標課題が学習済みの例題の解法の組み合わせだけで解けるものに限定されている等の問題がある（寺尾ほか・前掲〔注454〕464-466頁参照）。解法構造アプローチでは，「等式の形を例題から獲得する抽象的構造と考え」，このレベルの抽象的知識を媒介して転移を成立させようとする。一般に，抽象的な知識ほどより広範囲の課題に適用が可能であり，同型問題への転移では有効性が示されてきた が，「類似問題」への転移に有効性の証拠はまだないという（寺尾ほか・前掲〔注454〕466-467頁参照）。なお，鈴木・前掲書（注458）234-238頁は，類推に関する研究書において，「準抽象化理論」に基づく学習の転移に関して，「構造生成アプローチ」とほぼ同様な結論に達しているように思われる。

506）　寺尾ほか・前掲（注454）461頁参照。

507）　寺尾ほか・前掲（注454）467頁。

508）　寺尾ほか・前掲（注454）469頁。

509）　寺尾ほか・前掲（注454）469頁。また，寺尾敦「教訓帰納の有効性に関する実証的研究」市川伸一編著『認知カウンセリングから見た学習方法の相談と指導』180-183頁（ブレーン出版，1998）参照。

510）　寺尾ほか・前掲（注454）469-470頁。

511）　市川伸一「問題解決の学習方略と認知カウンセリング」若き認知心理学者の会・前掲書（注204）86-88頁，同「『数学的な考え方』をめぐっての相談・指導」市川伸一編著『学習を支える認知カウンセリング——心理学と教育の新たな接点』42，52-59頁（ブレーン出版，1993）参照。

512）　植阪友理「学習方略は教間でいかに転移するか『教訓帰納』の自発的な利用を促す事例研究から」教育心理学研究58号82頁（2010）。

513）　三宮真智子「思考におけるメタ認知と注意」市川伸一編『認知心理学4　思考』175頁（東京大学出版会，1996）。

514）　寺尾・前掲論文（注509）。

515）　寺尾・前掲論文（注509）183頁参照。

516）　岡本真彦「数学的問題解決におけるメタ認知」三宮編著・前掲書（注162）127頁参照。

517）　岡本・前掲（注516）127頁参照。

518）　岡本・前掲（注516）127頁参照。

519）　米国学術研究推進会議編著（森・秋田監訳）・前掲書（注6）65頁。

520）　*See* Sousa, *supra* note 54, at 171.

521）　ワーキングメモリという表現は，もともとコンピュータのメモリのうち，

218

〔注〕

作業用の領域を指す用語として用いられてきた。そこで，人間の記憶にもこのような作業領域に対応した記憶領域が存在するのではないかと考えられたという（苧坂満里子『脳のメモ帳　ワーキングメモリ』19頁〔新曜社，2002年〕参照）。

522)　二重貯蔵モデルについては，簡単には，高橋・前掲書（注60）74-80頁参照。やや専門的ではあるが，二重貯蔵モデルおよび，そのモデルに対する批判については，森敏昭「記憶のモデル論」小谷津孝編『認知心理学講座2記憶と知識』40-43頁を，また，専門的ではあるが，二重貯蔵モデルにおける短期記憶および，その概念の問題点については，三宅・前掲（注51）72-85頁参照。

523)　拙稿「民法の事例問題を解けるようになるのはなぜ難しいのか(1)」中央ロー・ジャーナル16巻4号56-57頁（2020）。

524)　拙稿「民法の事例問題を解けるようになるのはなぜ難しいのか(1)」中央ロー・ジャーナル16巻4号56-57頁（2020）。

525)　拙稿「民法の事例問題を解けるようになるのはなぜ難しいのか(3)」中央ロー・ジャーナル17巻3号27頁（2020）。

526)　拙稿「民法の事例問題を解けるようになるのはなぜ難しいのか(3)」中央ロー・ジャーナル17巻3号27頁（2020）。

527)　三宅ほか・前掲（注53）336頁。DUANE F. SHELL ET AL., THE UNIFIED LEARNING MODEL 10 (2010) は，「学習はワーキングメモリなしでは起こりえない」という。

528)　たとえば，「ワーキングメモリの容量不足は人間の認知の根本的な障壁である」（DANIEL T WIILINGHAM, WHY DON'T STUDENTS LIKE SCHOOL? A COGNITIVE SCIENTIST ANSWERS OF QUESTIONS ABOUT HOW THE MIND WORKS AND WHAT IT MEANS FOR THE CLASSROOM 121 (2d ed.2021)（ウィリンガム・前掲書〔注81〕196頁参照），「ワーキングメモリは学習の障壁となっている」（SHELL ET AL, *supra* note 527, at 10）と指摘されている。

529)　三宅・前掲（注51）78頁。

530)　三宅・前掲（注51）84頁。

531)　苧坂満里子・苧坂直行「学びとワーキングメモリ」佐伯監修・前掲書（注356）331頁。

532)　豊田博司「ワーキングメモリ」太田編著・前掲書（注33）42頁参照。

533)　Baddeley, A.D. & Hitch, G, *Working Memory*, 8 PSYCHOLOGY OF LEANING AND MOTIVATION, 47-89 (1974). この論文については，マイケル・W. アイゼンク＝デイヴィッド・グルーム編（箱田裕司・行場次朗監訳）『古典で読み解く現代の認知心理学』109-131頁（北大路書房，2017）によって，その詳細（同

219

Ⅱ　認知科学等の知見

111-118頁），さらに，その研究の影響（同 118-123 頁）および批判（同 123-128 頁）を知ることができる。さらには，これらに対するバドリー教授からのコメントが載せられている（同 129-131 頁）。

534）道又ほか・前掲書（注 31）187 頁（今井久登）。また，ワーキングメモリは，情報の処理と保持の並行処理を支え，目標の達成に向かって行動を維持するのに重要な役割を果たすもので，目標指向的で，目標に向かって必要な場合にはその内容を絶えず変化させる動的なものだとの指摘もなされている（苧坂満里子・前掲書〔注 521〕4 頁）。坪見博之「目的志向のワーキングメモリ」2020 年度日本認知科学会第 37 回大会 1029 頁参照）。

535）アラン・バドリー（井関龍太・齋藤智・川﨑惠理子訳）『ワーキングメモリ　思考と行為の心理学的基礎』7-8 頁。ワーキングメモリシステムは，「短期記憶」と「制御機能」から構成されていると考える研究者は多いが，そこでの「短期記憶」とは，構成要素としての短期貯蔵庫のことを指していると指摘がなされている（三宅ほか・前掲（注 53）337 頁）。ワーキングメモリ（作業記憶）と短期記憶との関係については，三宅ほか・前掲（注 53）337 頁が詳しい。

536）三宅昌「ワーキングメモリ：過去，現在，未来」苧阪直行編著『脳とワーキングメモリ』313 頁（京都大学学術出版会，2000）は，ワーキングメモリに関する 10 の理論の比較検討を行っている。各モデルの提唱者に 8 つの項目につき質問を行い，その回答を分析して，マクロ・レベルの見地からすると，かなりの一致点が見られるとして，その同意点を紹介する。

537）三宅ほか・前掲（注 53）339 頁。齊藤智「注意とワーキングメモリ」日本認知心理学会監修・原田悦子ほか編『現代の認知心理学 4 注意と安全』62 頁（北大路書房，2011）も「ワーキングメモリにはいくつかのモデルが存在しているが，そのなかで最も広く受け入れられているのが Baddeley（2000）のものであろう」という。三宅・前掲（注 536）313 頁は，「少なくとも認知心理学においては，現時点で最も広く受け入れられているモデルである」という。もっとも，バッドリーのワーキングメモリモデルは，多くの現象が説明可能となったにせよ，詳細な理論化はまだ道半ばで，多くの解決すべき問題が残されているという（湯澤ほか編著・前掲書（注 53）6 頁（齊藤智・三宅昌））。もっとも，ワーキングメモリのモデルは，実験的証拠だけでなく脳神経にもとづいた証拠によって支持されているとの指摘もある（高橋・前掲書〔注 60〕83-84 頁）。

538）ワーキングメモリは，前頭前野（前頭連合野）を含めていろいろな脳内領域が関与しており，前頭前野に局在しないという考えが一般的であるという（苧阪直行「ワーキングメモリと意識」苧阪直行編著・前掲書（注 536）3

〔注〕

頁。

539) バドリー（井関ほか訳）・前掲書（注535）8-15頁から概略を知ることができる。

540) バドリー（井関ほか訳）・前掲書（注535）8頁，日本認知心理学会編・前掲書（注26）126頁（齊藤智）参照。ワーキングメモリを保持システムと制御システムとからなるシステムととらえる理論的枠組みは，現在，多くの研究者に受け入れられている。齊藤・前掲（注537）62頁，日本認知心理学会編・前掲書（注26）126頁（齊藤智）参照。

541) ワーキングメモリの情報保持システムに音韻ループと視空間スケッチパッドのように領域固有性を認める立場も，実験的手法，神経心理学的手法，機能的脳像法を用いて研究によって支持されているという。齊藤・前掲（注537）63頁参照。もっとも，保持システムの領域固有性をあえて想定しない立場もあり，その立場では，言語情報と視空間上の関係を連続的なものととらえているという。だが，いずれにせよ，異なる領域の情報であれば異なる保持のされ方をするという点でこれらの研究者は一致した考えを持っているという（同63-64頁）。なお，情報保持システムに音韻ループと視空間スケッチパッドのように領域固有性の妥当性を実験的に検討する方法として二重課題法という方法がとられた。二重課題法とは，一次課題と二次課題の二つの課題を同時に被験者に課し，一次課題だけを課した場合と比べてどの程度成績が低下するかを調べることにより，一次課題に関与しているワーキングメモリの下位システムを特定しようとするものである（三宅ほか・前掲（注53）337頁）。二重課題法を使った実験の詳細については，アラン・バドリー（佐伯恵里奈・齋藤智監訳）『ワーキングメモリの探求』43-81頁（北大路書房，2020）参照。

542) バドリー（井関ほか訳）・前掲書（注535）8，165頁参照。

543) バドリー（井関ほか訳）・前掲書（注535）9頁参照。

544) バドリー（井関ほか訳）・前掲書（注535）9，41頁，バドリー（佐伯ほか監訳）・前掲書〔注541〕169頁参照。音韻ループは，言語獲得において重要な役割を果たしていると解されている（バドリー〔井関ほか訳〕・前掲書〔注535〕17-18頁）。また，音韻ループについては，齊藤智「音韻ループと長期記憶とリズム」苧阪直行編著・前掲書（注536）277-297頁が詳しい。

545) バドリー（井関ほか訳）・前掲書（注535）41頁。

546) スケッチパッドモデルについて，やや詳しくは，バドリー（井関ほか訳）・前掲書（注535）101-103頁参照。

547) 高橋・前掲書（注60）82頁参照。

548) Andrew R. A. Conway, Brooke N. Macnamara, Pascale M. J. Engel de

221

Ⅱ　認知科学等の知見

Abreu「ワーキングメモリと知能：展望」Ｔ・Ｐ・アロウェイ＝Ｒ・Ｇ・アロ
ウェイ編著（湯澤正通＝湯澤美紀監訳）『認知心理学のフロンティア　ワーキ
ングメモリと日常　人生を切り開く新しい知性』25頁（北大路書房，2015
年）にあげられている具体例を参考とした。また，視空間スケッチパッドが
関わる例として，次のような具体例をあげることができよう。JR市谷駅から
中央大学法科大学院に歩いて行くとしたら，どのように行ったらよいかとい
う質問を受けたとしよう。その際，JR市谷駅から中央大学法科大学院へ歩い
ている自分を心に描きながら，その質問に答えるかもしれない。このような
ことを想像する過程は，視空間スケッチパッドを利用していると考えられる
(*See* WEINSTEIN & SUMERACKI, *supra* note 16, at 58.)。

549)　バドリー（井関ほか訳）・前掲書（注535）75頁参照。

550)　バドリー（井関ほか訳）・前掲書（注535）72-74頁参照。

551)　初期の段階では，「容量限界のある一般的処理資源のプールと見なしてお
り注意制御と一時的貯蔵の両方を含むいくつかの機能に用いることができ」
るとされていた（バドリー（井関ほか訳）・前掲書〔注535〕154頁）。だが，
具体的な機能に関しては何ら言及されていなかった。バドリー（佐伯ほか監
訳）・前掲書（注541）253頁は，中央実行系につき，「モデルの上部に座って
私たちが説明できない処理をすべて都合よく実行してくれる小人，ホムンク
ルスとして事実上は中央実行系を用いていた」という。

552)　バドリー（井関ほか訳）・前掲書（注535）154頁参照。要するに，初期
の中央実行系では，注意制御と一時的貯蔵の機能を持つと考えられていたが，
後に，一時的貯蔵機能を排除しもっぱら注意システムと扱うことにしたとい
うわけである。そこで，たとえば，現在，「ワーキングメモリは，記憶システ
ムではなく，注意の制御装置である中央実行系によって制御されていると想
定されている」(BADDELEY ET AL., *supra* note 192, at 82〔Alan Baddeley〕と
いわれている。

553)　バドリー（佐伯ほか監訳）・前掲書（注541）369-370頁参照。

554)　バドリー（井関ほか訳）・前掲書（注535）165-166頁。

555)　バドリー（佐伯ほか監訳）・前掲書（注541）329，371頁参照。もっとも，
エピソード・バッファが制約されるメカニズムとしては，つぎのようにいう。
情報のソース，すなわち，長期記憶と様々なサブシステムそれ自体の限界，
エピソード・バッファ自体が保持できるチャンク数の限界，中央実行系がシ
ステムを操作しうる効率の限界，その効率は実行系の全体的な注意容量に依
存する（同書170頁参照）。なお，最新のモデルでは，音韻ループや視空間ス
ケッチパッドへの意識的なアクセスはエピソード・バッファを介してのみ可
能であると想定された（同書344頁参照）。他方，エピソード・バッファは，

〔注〕

中央実行系のみでなく，視空間スケッチパッドや音韻ループ，長期記憶からもアクセスできると考えられている（See BADDELEY ET AL., *supra* note 192, at 87〔Alan Baddeley〕）。バドリーモデルにあっても，ワーキングメモリと長期記憶との関係の重要性が認識され，エピソード・バッファという一次記憶システムが追加されたが，ワーキングメモリと長期記憶の相違を強調する。これに対して，ワーキングメモリと長期記憶の類似性を強調する見解がみられ，コーワン（Cowan）モデル は，ワーキングメモリは，長期記憶が活性化されたものとみる。ある情報に注意を向けると，その情報が活性化されるが，同時に注意を向けることができるのは，長期記憶の構成要素のうち最大で4項目またはチャンクの限界がある。注意が払われなくなれば，活性化の程度は低くなっていくと解されている。バドリーモデルでは音韻ループや視空間スケッチパッドと，保持システムの領域固有性を想定するのに対して，コーワンモデルでは，そのようなシステムを想定しない。だが，異なる領域の情報であれば異なる保持のされ方をすることは認めるが，それは連続的なものと解していることから，大きく対立する立場と考えない方がよいのかもしれないとの指摘がある（齊藤・前掲〔注537〕63-64頁参照）。また，バドリーモデルとコーワンモデル両者とも，ワーキングメモリの最も重要な性格，つまり厳格な容量の制限，情報が衰退しないようにするためには，注意を向けることが必要である点は共通している（GOLDSTEIN & VAN HOOF, *supra* note 150, at 150.）。

556）　三宅ほか・前掲（注53）343頁。

557）　Miller, G.A., *The Magical number seven, plus or minus two: Some limits on our capacity for processing information*, 63 PSYCHOLOGICAL RVIEW, 81-97（1956）.

558）　森下正修・苧坂直行「言語性ワーキングメモリ課題遂行時の情報処理と貯蔵容量」苧坂直行編著・前掲書（注536）128-130頁。もっとも，注意の焦点に含まれる項目数については，対立する見解，修正意見が出されているが，「現在」のところ非常に有力であるという（同130頁）。NELSON COWAN, WORKING MEMORY CAPACITY, 41（Classic Edition 2016）は，次のようにいう。重要なワーキングメモリのメカニズムは，平均的な若い成人では3つか4つのチャンク程度の容量を持つと思われ，その容量は子供では（そしておそらく高齢者でも）少なくなる。その容量は，様々は若年成人において約2チャンクから6チャンクまで変化するようで，子供や高齢者の間でも変化する。なお，音韻ループの保持容量，視覚・空間的スケッチパッドの保持容量も約4項目であるとの指摘もある（苧坂満里子・前掲書（注18）43-45頁）。ブルーアー教授は，次のように述べ，ワーキングメモリの容量はおよそ4±1である

Ⅱ　認知科学等の知見

ことが体験的に理解できるだろうという（ブルーアー〔松田・森監訳〕・前掲書〔注466〕25頁）。それは，著書の一段落を選び，各文の最後の単語を覚えようとしながら音読し，段落を覚えたら，覚えようとした単語を声に出して言ってみると，ほとんどの人が2文については正解するが，4文以上については正解できる人は，まずいないというのである。

559)　John Sweller et al., *Cognitive Architecture and Instructional Design*, 10,3 Educational Psychology Review, 252 (1998). また，ワーキングメモリに保持された要素同士の相互作用には，それ自体がワーキングメモリの容量を必要とするため，同時に扱える要素の数は少なくなるという（*Id*).

560)　ジョン・ハッティ教授は，現在メルボルン大学名誉教授で，何が生徒や学生の学習に作用するのかというメタ分析研究にもとづく一連の著作を刊行しており，その発行部数は100万部を超えており，三部作は，世界各国で訳され，わが国でも訳されている（後掲『教師のための教育効果を高めるマインドフレーム』の著者略歴参照）。ジョン・ハッティ（原田信之訳者代表）『学習に何が最も効果的か』（あいり出版，2017），ジョン・ハッティ（山森光陽訳）『教育の効果：メタ分析による学力に影響を与える要因の効果の可視化』（図書文化社，2018），ジョン・ハッティ，グレゴリ・イエーツ（原田信之訳者代表）『教育効果を可視化する学習科学』（北大路書房，2020）である。また，最近，ジョン・ハッティ，クラウス・テイラー（原田信之訳者代表）『教師のための教育効果を高めるマインドフレーム　可視化された授業づくりの10の秘訣』（北大路書房，2021）が翻訳・刊行されている。

561)　Hatti et al., *supra* note 56, at 121（ハッティほか〔原田訳者代表〕・前掲書〔注407〕187頁）。

562)　*Id*（前掲188頁）。

563)　Daniel T.Willingham & Cedr Riener, Cognition : The Thinking Animal, 145 (2019).

564)　バドリー（井関ほか訳）・前掲書（注535）195-196頁。

565)　リーディングスパンテストでは，文を次々と提示し，文を読ませるとともにその文に含まれる単語（下線が引いてある）を記憶させる。そして，提示された単語をいくつ再生できるかにより，ワーキングメモリを測定する（森下ほか・前掲（注558）124頁参照）。リーデイングスパンテストに関しては，苧坂満里子・前掲書（注521）33-76頁（新曜社，2002），苧坂満里子「ワーキングメモリにおける注意のフォーカスと抑制の脳内表現」苧坂直行編著・前掲書（注536）79-80頁，森下ほか・前掲（注558）123-127頁参照。

566)　バドリー（井関ほか訳）・前掲書（注535）204頁参照。

567)　森下ほか・前掲（注558）123-158頁。

〔注〕

568) 坪見博之ほか「ワーキングメモリトレーニングと流動性知能——展開と制約」心理学研究 90 巻 3 号 321 頁（2019）。

569) Paul A. Kirschner, et al., *Why Minimal Guidance During Instruction Does Not Work: An Analysis of the Failure of Constructivist, Discovery, Problem-Based, Experiential, and Inquiry-Based Teaching*, 41 EDUCATIONAL PSYCHOLOGIST, 78（2006）.

570) WILLINGHAM, *supra* note 528, at 11-17, 28, 57-68, 120-127（ウィリンガム〔恒川訳〕・前掲書〔注 81〕34-42 頁，57 頁，102-118 頁，195-208 頁参照。）きわめて単純化されているため，専門家の立場からすれば，いろいろ異論がありえるかも知れない。たとえば，ワーキングメモリを「箱」や「場所」のように考えている点がきわめて問題であろう。というのは，ワーキングメモリの有力な理論は，そのように捉えることを強く否定されているからである（三宅・前掲（注 536）315 頁）。だが，基本的なところでは大きな問題はないとして話を進めていきたい。

571) WILLINGHAM, *supra* note 528, at 12（ウィリンガム〔恒川訳〕・前掲書〔注 81〕34 頁参照．苧坂直行「意識を創発するワーキングメモリ」日本学士院紀要 70 巻 3 号 135 頁（2016）は，ワーキングメモリを支える神経機構が，実行機能を通じて，意識の生成に重要な役割を果たしていることを明らかにする。Sweller et al., *supra* note 559, at 252 も，「ワーキングメモリは，意識と同一視できる」という。

572) WILLINGHAM, *supra* note 528, at 58（ウィリンガム〔恒川訳〕・前掲書〔注 81〕103 頁参照）．

573) *Id*（前掲 103-104 頁参照）．

574) *Id*, at 12（前掲 35 頁参照）．

575) *Id*, at 59（前掲 104 頁参照）．

576) *Id*, at 12（前掲 35 頁参照）．

577) *Id*, at 14（前掲 38 頁参照）．

578) *Id*, at 14（前掲 38 頁参照）．

579) *Id*, at 15-16（前掲 40 頁参照）．

580) *Id*, at 17（前掲 42 頁参照）．

581) 一般に，'Novice' という言葉が使われており，その訳として，「初心者」という言葉が使われるのが一般的である。たしかに，熟達者研究では，熟達者と，いわゆる初心者との比較する研究もあるが，必ずしも初心者とはいえない，初級者，中級者，さらには，熟達者といえるまでは熟達していていない者との比較研究もある（今井ほか・前掲書〔注 18〕148~157 頁参照）。HATTIE ET AL., *supra* note 56, at 85（ハッティほか〔原田訳者代表〕・前掲書〔注

225

Ⅱ　認知科学等の知見

　　407〕133-134 頁〕は，'Novice' は適切な言葉ではなく，多くの研究では，熟
　　達者と比較される者は，初心者ではなく，単に一流のパフォーマンスを発揮
　　していない者だという。本稿では，基本的には，初心者ないし初学者という
　　言葉を使うことにしたい。ただ，当該研究で，そのような概念が使われてい
　　ないことが明らかであれば，その疑念を使うことにしたい。

582)　米国学術研究推進会議編著（森ほか監訳）・前掲書（注 6）29 頁参照。今
　　井ほか・前掲書（注 18）148 頁は，「誰もが熟達者になれるわけでない領域で
　　熟達することがどのように一般の学習と異なっているかを明らかに」にする
　　ことにより，「逆に人が学ぶことについての知見を得ることができると考えら
　　れる」という。

583)　大島ほか編著・前掲書（注 42）22 頁（大島純）。

584)　今井ほか・前掲書（注 18）148 頁。ウィリンガム教授も，「明らかに，熟
　　達者は専門分野によって異なる。それにもかかわらず，歴史，数学，文学，
　　科学などの学問分野だけでなく，医学や銀行取引などの応用分野やチェス，
　　ブリッジ，テニスなどのレクリエーションの分野においても，熟達者の間に
　　は重要な類似点がある」という（WIILINGHAM, *supra* note 528, at 145〔ウィリ
　　ンガム・前掲書〈注 81〉〕231 頁参照）。米国学術研究推進会議編著（森ほか
　　監訳）・前掲書（注 6）29-49 頁も，「チェス，物理学，数学，電子工学，歴史
　　学などの領域の熟達者に関する研究を紹介する」（同書 29 頁）が，熟達者の
　　知識に関する原則を一般的にあげていることから，当然のことながら，熟達
　　者の知識に基本的に共通する原則がみられると考えているものと思われる。
　　また，ハッティ他（原田訳者代表）・前掲書（注 407）133-145 頁も，数々の
　　熟達者研究の成果をまとめた，熟達者の特徴のポイントを紹介していること
　　から，熟達者に共通特徴があると解しているであろう。

585)　むろん，今後，民法をはじめとする法律の熟達者に関する実証的研究が
　　求められる。

586)　熟達に関する研究は 1980 年頃から急速な発展をとげてきたという。これ
　　には，少なくとも次のような二つの必然性があったという。第 1 は，少数の
　　人が示す優れた遂行は，それらの人たちの一般的知能や基礎的な認知・知覚
　　的能力の高さあるいは人格特性によっては十分説明できない。第 2 は，人間
　　の問題解決過程を，基礎的で領域を超えた一般性をもつ処理を用いて発見的
　　探索をしていく過程として理論化する試みが十分な成果が上げえないことが
　　徐々にはっきりしてきたことであるという（以上，大浦容子「熟達者と初心
　　者のちがい」稲垣佳世子・鈴木宏昭・大浦容子『認知過程研究──知識の獲得
　　とその利用──』47 頁〔放送大学院教材，2007〕参照）。

587)　一世紀以上前から，およそ 90 の異なる分野の研究が出版され，基礎的な

226

〔注〕

知見の著しい集約がなされているという（ハッティほか〔原田訳者代表〕・前掲書〔注407〕142頁）。熟達研究のこれまでと，その後の展開の概観とについては，大島ほか・前掲書（注42）63-68頁（野島久雄）。

588) THE NATURE OF EXPERTISE (EDITED BY MICHELENE T.H. CHI, ROBERT GLASER, MARSHALL J. FARR, 1988) の巻頭章にある。

589) HATTI ET AL., *supra* note 56, at 85-88（ハッティほか〔原田訳者代表〕・前掲書〔注407〕134-138頁参照）。

590) *Id*, at 85（前掲135頁参照）. 実際，様々な特定の領域において，IQといったような能力測定では，到達する専門性のレベルを予測できないことが繰り返し明らかにされている（*Id*〔前掲参照〕）。

591) *Id*, at 85（前掲135頁参照）。

592) 大浦・前掲（注586）49-50頁参照。

593) HATTI ET AL., *supra* note 56, at 86（ハッティほか〔原田訳者代表〕・前掲書〔注407〕136頁参照）。

594) *Id*, at 86（前掲136頁参照）. 他方，熟達度が低いほど，人々は失敗することを恐れず，注意せずに物事を進める傾向があるという（*Id*）

595) *Id*, at 87（前掲137頁参照）.

596) *Id*, at 86（前掲136頁参照）.

597) *Id*, at 87（前掲137頁参照）.

598) *Id*（前掲138頁参照）.

599) *Id*, at 88（前掲140頁参照）.

600) *Id*, at 89（前掲140-142頁参照）。さらに，次のような特徴が明らかにされたという（*Id*, at 88-89〔前掲139-140頁参照〕）。これから何が起きるかを予見する熟達者の能力。熟達していない者は，経験を関係づけるのに順序立てて直線的に整理する傾向があるのに対して，熟達者は，順序から受ける影響は少ない。

601) *Id*, at 11-13（前掲18-22頁参照）.

602) 森ほか・前掲書（注184）104-107頁（森敏昭）があげる熟達者の認知様式は，ブランスフォード教授らがあげる原則とほぼ同様なものといえよう。

603) 米国学術研究推進会議編著（森・秋田監訳）・前掲書（注6）29-47頁。

604) 米国学術研究推進会議編著（森・秋田監訳）・前掲書（注6）47頁。

605) 米国学術研究推進会議編著（森・秋田監訳）・前掲書（注6）34頁。

606) 米国学術研究推進会議編著（森・秋田監訳）・前掲書（注6）34頁。その例として，チーらの研究（Chi M. T.H., P. J. Feltovich and R. Glaser, *Categorization and representation of physics problems by experts and novices*, 5 COGNITIVE SCIENCE 121-152〔1981〕）をあげる（米国学術研究推進会議編著

227

Ⅱ　認知科学等の知見

〔森・秋田監訳〕・前掲書（注6）34-36頁）。

607）　米国学術研究推進会議編著（森・秋田監訳）・前掲書（注6）36頁。

608）　米国学術研究推進会議編著（森・秋田監訳）・前掲書（注6）40頁。その
　　　ためには，熟達者と類似した学習方略を使用できるようにする，さらに，熟
　　　達者の問題解決の方法をモデルにすることが有効だとする（同書40頁）。

609）　米国学術研究推進会議編著（森・秋田監訳）・前掲書（注6）40頁。

610）　米国学術研究推進会議編著（森・秋田監訳）・前掲書（注6）41頁。

611）　米国学術研究推進会議編著（森・秋田監訳）・前掲書（注6）40頁。

612）　米国学術研究推進会議編著（森・秋田監訳）・前掲書（注6）42頁。

613）　米国学術研究推進会議編著（森・秋田監訳）・前掲書（注6）42頁。

614）　米国学術研究推進会議編著（森・秋田監訳）・前掲書（注6）42頁。もっ
　　　とも，熟練教師は，学生がよく直面する問題を理解しており，新しい情報を
　　　意味あるものにするために新しい情報と彼らの既存知識を関連づける方法や，
　　　彼らの進歩を評価する方法を知っている。つまり，熟練教師は，教科内容の
　　　知識だけではなく，授業を想定した教科内容の知識も獲得しているという（同
　　　書42頁）。

615）　波多野誼余夫・稲垣佳代子「文化と認知」坂本昂編『現代基礎心理学7
　　　思考・知能・言語』191-210頁（東京大学出版会，1983），波多野誼余夫「適
　　　応的熟達化の理論をめざして」慶應義塾大学教育心理学年報40集45-47頁
　　　（2001）参照。なお，楠見孝「実践知の獲得：熟達化のメカニズム」金井嘉
　　　宏・楠見孝編『実践知：エキスパートの知性』35-40頁（有斐閣，2012）は，
　　　熟達化の段階を定型的熟達化，適応的熟達化，創造的熟達化の3種類に分け
　　　て論じている。高野・前掲書（注30）312頁は，手際のよい熟達者とは，同
　　　じ技能を長期間にわたり反復練習をして，際だったスピードと正確さを身に
　　　つけたひとで，他方，適応的熟達者は，毎回少しずつ違う課題に取り組みな
　　　がら，並はずれた結果を残すようなひとで，すぐれた芸術家，学者，スポー
　　　ツ選手などであるが，手際のよい熟達者の場合でも，課題がいつも同じとい
　　　うことはなく，両者を「明確に区別することは難しいかもしれないが，熟達
　　　化の問題を考えるさいには，この区別は大いに役立つ」という。

616）　米国学術研究推進会議編著（森・秋田監訳）・前掲書（注6）46頁。

617）　米国学術研究推進会議編著（森・秋田監訳）・前掲書（注6）46頁。

618）　米国学術研究推進会議編著（森・秋田監訳）・前掲書（注6）46頁。

619）　米国学術研究推進会議編著（森・秋田監訳）・前掲書（注6）48頁。

620）　米国学術研究推進会議編著（森・秋田監訳）・前掲書（注6）48-49頁。

621）　米国学術研究推進会議編著（森・秋田監訳）・前掲書（注6）49頁。

622）　WIILINGHAM, *supra* note 528, at 143-165（ウィリンガム・前掲書〔注81〕

〔注〕

227-258 頁参照）.

623）　*Id.* at 147（前掲 231-237 頁参照）.

624）　*Id.* at 145（前掲 235 頁参照）.

625）　*Id.* at 147（前掲 235 頁参照）.

626）　*Id.* at 147（前掲 235 頁参照）.

627）　*Id.* at 148（前掲 236 頁参照）.

628）　*Id.* at 148-153（前掲 237-245 頁参照）.

629）　*Id.* at 148（前掲 238 頁参照）.

630）　*Id.* at 149（前掲 238 頁参照）.

631）　*Id.* at 152（前掲 242 頁参照）.

632）　*Id.* at 152（前掲 243-244 頁参照）.

633）　*Id.* at 104（前掲 244 頁参照）.

634）　*Id.* at 153（前掲 244-245 頁参照）.

635）　*Id.* at 153（前掲 244 頁参照）.

636）　*Id.* at 153（前掲 245 頁参照）.

637）　*Id.* at 153（前掲 245-246 頁参照）.

638）　*Id.* at 153（前掲 246 頁参照）.

639）　*Id.* at 153（前掲 246 頁参照）.

640）　*Id.* at 161（前掲 256 頁参照）.

641）　*Id.* at 162（前掲 257-258 頁参照）.

642）　今井ほか・前掲書（注 18）147 頁。

643）　今井ほか・前掲書（注 18）147-171 頁。

644）　今井ほか・前掲書（注 18）149 頁。

645）　今井ほか・前掲書（注 18）153 頁。

646）　伊藤毅志・松原仁・ライエルグリンベルゲン「将棋の認知科学的研究(1)──記憶実験からの考察」情報処理学会論文誌 43 巻 10 号 2990 頁（2002）参照。

647）　ただ，チェスの研究と同様，盤面にランダムに駒を並べただけの戦略上無意味な駒の配置を記憶しなければならない時には熟達者の記憶は中級者，初級者と何ら変わらなかったという。

648）　今井ほか・前掲書（注 18）154 頁。

649）　今井ほか・前掲書（注 18）155 頁。熟達者は公式をテキストで書かれている形で丸暗記しているのではなく，どのような形でも変形できるように，いわば「体でおぼえている」。これを専門的にいうと宣言的知識の手続き化という（同書 155 頁）。

650）　今井ほか・前掲書（注 18）157 頁。

651）　今井ほか・前掲書（注 18）157-158 頁。

Ⅱ　認知科学等の知見

652)　今井ほか・前掲書（注18）160頁。

653)　今井ほか・前掲書（注18）160頁。

654)　今井ほか・前掲書（注18）161頁。

655)　今井ほか・前掲書（注18）161頁。

656)　今井ほか・前掲書（注18）161頁。

657)　今井ほか・前掲書（注18）161頁。

658)　今井ほか・前掲書（注18）161頁。

659)　今井ほか・前掲書（注18）162, 170頁。

660)　今井ほか・前掲書（注18）169-170頁。「超一流の熟達者のより重要な特徴は, 状況に柔軟に適応し, その状況下で最適な判断をし, 最良の行動をとることができることである。最適な判断・最良の行動のためにどのように知識が構造され, どのように検索されるのかを明らかにすることが認知科学の大きな課題である」（同書170頁）。

661)　*See* HATTI ET AL., *supra* note 56, at 85（前掲135頁参照）.

662)　なお, ブランスフォールド教授らは,「ある領域で熟達しているからといって, その人がその領域を学ぶ他者をうまく援助できるとは限らない」として, その理由の一つとして, 初学者にとり何が難しく何が容易かがわからないことをあげる（米国学術研究推進会議編著〔森・秋田監訳〕・前掲書（注6）43頁）。だが, さらに, 熟達者は, 熟達すればするほど, 自分の脳の中で何が起こっているかを説明するのが難しくなることも重要な理由といえよう。より詳しくは, アンブローズほか〔栗田訳〕・前掲書〔注17〕101-102頁参照。アンブローズ教授らは, 熟達者である教員が初学者である学生のニーズに目を向けないとき, これを「専門家の盲点」と呼ぶとして（同書102頁),「専門家の盲点」を克服す方法を, これまでの研究を踏まえて, より具体的に提示する（同書104-121頁）。

663)　知的初心者については, 拙稿「民法の事例問題を解けるようになるのは何故難しいのか(4)」中央ロー・ジャーナル18巻1号66頁注466（2020）参照。ブルーアー（松田・森監訳）・前掲書（注466）63-64頁が簡単ではあるが, 知的初心者に関する, 実証的研究を紹介する。

664)　その理由として, 次のような指摘がある。「新しい課題を学習し始めたとき, 知的な初心者は, その課題を遂行するために自分の知識や技能の不十分な点や問題点をモニタリングして発見し, そして積極的に欠けている知識や技能を身につける, あるいはすでにもっている知識や技能を修正することができるので, 結果として新しい課題の学習が効率的になるのではないかと考えられている」（岡本真彦「メタ認知──思考を制御・修正する心の働き」森敏明編著『認知心理学を語る③　思考のラボラトリー』158頁〔北大路書房,

〔注〕

2001〕）。

665）　大浦・前掲（注586）49-50頁，米国学術研究推進会議編著（森・秋田監訳）・前掲書（注6）47頁，今井ほか・前掲書（注18）161頁参照。

666）　今井ほか・前掲書（注18）161頁参照。

667）　これまで，構造化された知識に関連し次のようなことを明らかにした。①知識の構造化は，長期記憶に定着させるためにも，想起に関しても重要である（拙稿「民法の事例問題を解けるようになるのは何故難しいのか(1)」中央ロー・ジャーナル16巻4号）59-60頁〔2020〕，拙稿「民法の事例問題を解けるようになるのは何故難しいのか(3)」中央ロー・ジャーナル17巻3号44頁〔2020〕）。②知識は基本的に，長期記憶に，バラバラにではなくネットワーク化され，それぞれの知識も相互に関連づけられていると解されている（拙稿「民法の事例問題を解けるようになるのは何故難しいのか(3)」中央ロー・ジャーナル17巻3号24-26頁〔2020〕）。③新たに学んで知識を獲得したり理解したりするためには，すでに持っている構造化された知識に関連づけながら組み込んでいく必要がある（拙稿「民法の事例問題を解けるようになるのは何故難しいのか(3)」中央ロー・ジャーナル17巻3号26-30頁〔2020〕）。④民法を学ぶ際には深く理解する必要があるが，深く理解するには，新たに学ぶことを，関連する多くの既有知識と関連づけるとともに，体系化された既有知識の構造の中に適切に統合して行く必要がある（拙稿「民法の事例問題を解けるようになるのは何故難しいのか(3)」中央ロー・ジャーナル17巻3号28，30，33-41頁〔2020〕参照）。⑤また，その際，事務管理および身体的素因に関する判例法理の学び方でみたように，民法を学ぶ際には，民法の基本的原理や基本的概念との関係を考えていかざるをえないと考えられる（拙稿「民法の事例問題を解けるようになるのは何故難しいのか(3)」中央ロー・ジャーナル17巻3号34-39頁）。

668）　米国学術研究推進会議編著（森・秋田監訳）・前掲書（注6）36頁（2020）参照。

669）　米国学術研究推進会議編著（森・秋田監訳）・前掲書（注6）40頁，42頁，WILLINGHAM, *supra* note 528, at 152（ウィリンガム・前掲書〔注81〕244頁参照），今井ほか・前掲書（注18）157頁。

670）　HATTI ET AL., *supra* note 56, at 88（以上，ハッティほか〔原田訳者代表〕・前掲書〔注407〕140頁）. 大浦容子「熟達化」波多野誼余夫編『認知心理学5 学習と発達』（東京大学出版会，1996）22頁は，熟達者は，自己の状態を絶えず監視して自分の状態を適応的に調整するとする。また，岡本真彦「熟達化とメタ認知──認知発達的観点から」日本ファジイ学会誌13巻1号2-10頁は，熟達化におけるメタ認知の重要性を次のようにいう。熟達化の過程でメタ認

231

Ⅱ　認知科学等の知見

知が重要な機能を果たしている（6，8頁）。熟達者は領域固有の知識だけでなくメタ認知技能についても優れている（7頁）。また，熟達化において課題の遂行をいかに曖昧にこなせるかが最も重要なことだが，それは，メタ認知レベルでの理解，具体的には，それぞれの手続きや方略が，なぜ，いつ，どのように認知活動に影響を与えるのかとう理解によって支えられている（8-9頁）。

671）　民法の熟達者は，適応的熟達者であり，熟達者となったとしても，さらに学習し続ける存在であるといえよう。

672）　必要な知識へのアクセスの重要性については，他の論者も指摘している。米国学術研究推進会議編著（森・秋田監訳）・前掲書（注6）40頁，42頁，48-49頁，WIILINGHAM, *supra* note 528, at 147（ウィリンガム・前掲書〔注81〕235頁参照），アンブローズほか（栗田訳）・前掲書（注17）61，62，64頁参照。

673）　手続きの自動化についても，他の論者も指摘する。米国学術研究推進会議編著（森・秋田監訳）・前掲書（注6）40頁，42頁参照。See WIILINGHAM, *supra* note 528, at 152（ウィリンガム・前掲書〔注81〕244頁参照）.

674）　米国学術研究推進会議編著（森・秋田監訳）・前掲書（注6）34頁，アンブローズほか〔栗田訳〕・前掲書〔注17〕56頁参照。また，WIILINGHAM, *supra* note 528, at 151（ウィリンガム・前掲書〔注81〕242頁）は，「熟達者は問題やその状況を示す表現を長期期に保持しているのだが，これらの表現は抽象的である。そのため，細々として重要でない部分は無視し，有益な情報に狙いを定めることができる。機能的に考えることで重要な部分が見えてくるの。新し問題の転移が巧みに行えるのもそのためである」という。

675）　岡田猛教授は，熟達化で獲得されるものは，「構造化・体系化された領域知識（構造化された宣言的知識と自動化された手続的知識）」と「メタ認知能力」であると指摘する（同「心理学が創造的であるために──創造的領域における熟達者の育成」下山晴彦編著『心理学のあたらしいかたち第1巻　心理学論の新しいかたち』236-238頁〔誠信書房，2005〕）。

676）　もっとも，一般に，問題の事案を理解するために，図を書いたりメモを書いたりして自らの理解を頭の中で考えることを外にだしてしまう外化という方法が使われていよう。そして，そのことによって，ワーキングメモリに大きな負荷がかかるのを回避することができよう（大島ほか編著・前掲書〔注42〕22-23頁参照）。

677）　その判例が，民法のどの条文のどの要件に関するものであり，その要件に関するこれまでの判例との関係，さらに，その判例は，どのような種類の解釈問題であり，その論理は，どのような考え方にもとづいているのか，その判例の強みと弱点は何か，これらの点について，経験豊かな民事裁判官は，

〔注〕

すでにもっている構造化された民法に関する知識に基づき容易に分析して，そのポイントを理解することにより，少ないチャンク数にまとめ，ワーキングメモリに保持できよう。

678)　拙稿「民法の事例問題を解けるようになるのは何故難しいのか⑶」中央ロー・ジャーナル17巻3号39頁（2020）参照。

679)　WILLINGHAM, *supra* note 528, at 45（ウィリンガム・前掲書〔注81〕87-88頁参照）。

680)　認知負荷理論は，ワーキングメモリの容量はきわめて限られており，そのことが教育や学習に影響をもたらすことから，多くの実験の結果から，ワーキングメモリの負荷を最適化して，学生が容易に学習する方法を説明するものとして，スウェラー教授らにより構築された理論であるが，この認知負荷理論によっても，よくデザインされた教育・学習にあっては，学習者に十分に整理され構造化されたスキーマ（ここでいう構造化された知識）を構築するとともに，スキルの自動化を目指す必要があると指摘されている（*See* Jeroen J. G. van Merriënboer & John Sweller, *Cognitive load theory and complex learning: recent developments and future direction*, 17 EDUCATIONAL PSYCHOLOGY REVIEW, 149〔2005〕）。認知負荷理論は，次のような認知構造に基づいている。つまり，ワーキングメモリは，約7つの「要素（elements）」を保持できるが，2〜4つの要素しか処理できない。しかも，その情報はリハーサルによってリフレッシュされない限り約20秒後に失われる。このようなワーキングメモリの容量と時間の制限は，感覚記憶を通して得られた新しい情報に適用されるという。長期記憶に，情報が整理・構造化したスキーマが構築されれば，ワーキングメモリでは，単一の要素として扱われるワーキングメモリの負荷が大幅に軽減されるからである。構築されたスキーマは，繰り返し適用されると自動化され，自動化されたスキーマは，ワーキングメモリで処理する必要がなくなるという。スキーマの自動化の例として，問題解決の自動化，機械の操作，ソフトウェアアプリケーションの使用などがあげられている。また，スキーマには，典型的な状況で起こりうる一連の出来事の流れに関するもの（スクリプト）があることからすると，スクリプトは，「特定の状況下で行う行動に関する手続き的知識の集まりを指」すとの指摘もある（大島ほか・前掲書〔注18〕4頁〔大島純〕）。これらのことからすると，スキーマの自動化とは，手続き的知識（スキル）の自動化のことを意味していると考えられよう。認知負荷理論の認知構造につき，Sweller et al., *supra* note 559, at 251が詳細に論ずる。また，HATTIE ET AL., *supra* note 56 at 145-147（ハッティほか〔原田訳者代表〕・前掲書〔注407〕227-228頁参照）によって，そのポイントを知ることができる。

233

Ⅱ　認知科学等の知見

681）　拙稿「民法の事例問題を解けるようになるのは何故難しいのか⑷」中央
　　ロー・ジャーナル18巻1号29-47頁（2021）。

682）　これまで，民法の教育や学習において，民法に関する知識の構造化の重
　　要性が認識されてきていることは否定できない。たとえば，民法を学ぶ際，
　　民法の全体像を学ぶ重要性が指摘される場合が少なくない。また，民法の初
　　学者は，まず，民法典の構造を学ぶであろう。教科書によっては，適宜，こ
　　れから学ぶ制度の全体像が示されていたり，関連する法律概念を理解するた
　　めに，その関係の図表が載っていたりする場合もあろう。さらには，契約の
　　成立から終了まで，どのような制度が関係するかが整理されているものも少
　　なくない。また，加賀山茂『現代民法　学習法入門』95-96頁（信山社，
　　2007）は，「問題が解けるようになるためには，学生の短期記憶の範囲で問題
　　の処理ができるように，知識をマジカル・ナンバー（7±2）の範囲内で，単
　　純化・構造化して，それを長期記憶に蓄える努力をしなければならない」と
　　して，「新しい知識を習得することは，各人のこれまでの長期記憶に基づいて，
　　それを再編成することによって成し遂げられる」。「新しい知識に出会ったと
　　きには，これまでの知識と新しいとを比較して，その違いを明らかにし，従
　　来の知識を追加したり，修正したりする努力を重ねることが大切で」，「新し
　　く習得した知識で，講義中に提起されるさまざまな問題が解けるかどうかを
　　復習を通じて再確認し，さらに，知識の追加・修正を行って行かなければな
　　らない」，そのような努力の積み重ねによって，学生の長期記憶は，法曹とし
　　て必要な長期記憶へと再編成されることになる」という。また，ハフト・前
　　掲書（注1）を参考文献であげ，「知識の構造化することの大切さをさまざま
　　な例を挙げながら丁寧に解説している」（122頁）として紹介する。

683）　もっとも，加賀山茂『現代民法　学習法入門』95-96頁は，重要な指摘を
　　する。

684）　もっとも，山本敬三「民法における法的思考」田中成明編『現代理論法
　　学入門』（法律文化社，1993）224-243頁は，問題を法的に認知理解するため
　　の図式として働く法的知識の枠組みを共有することが「法的思考」を行うた
　　めの基礎的条件である（227頁）との前提のもと，法律家が共有する規範的性
　　格をもつ民法の図式（スキーマ）を論ずる（227-239頁）。

685）　アンブローズほか〔栗田訳〕・前掲書〔注17〕62，64頁。

686）　アンブローズほか〔栗田訳〕・前掲書〔注17〕61頁。

687）　アンブローズほか〔栗田訳〕・前掲書〔注17〕61頁。

688）　アンブローズほか〔栗田訳〕・前掲書〔注17〕68頁。

689）　アンブローズほか〔栗田訳〕・前掲書〔注17〕56頁。

690）　アンブローズほか〔栗田訳〕・前掲書〔注17〕66頁。

〔注〕

691) アンブローズほか〔栗田訳〕・前掲書〔注 17〕73 頁。

692) アンブローズほか〔栗田訳〕・前掲書〔注 17〕73 頁。

693) HERALD, *supra* note 19, at 58-59.

694) 拙稿「民法の事例問題を解けるようになるのは何故難しいのか(3)」中央ロー・ジャーナル 17 巻 3 号 28, 30, 33-41 頁（2020）。

695) アンブローズほか・前掲書（注 17）67 頁。

696) AMBROSE ET AL., *supra* note 17, at 48（アンブローズほか・前掲書（注 17）73 頁参照）。

697) むろん，民法の事例問題を解くために最適な知識構造と，民法に関する解釈論だけを論ずるタスクや単に民法の概念や制度を説明するタスクに最適な知識構造とは異なりうる。民法の事例問題でも，短い事例で，もっぱら，いわゆる論点を指摘し，論点に関する論証を明らかにすれば，できるようなタスクであれば，また，最適な知識構造は異なりうるであろう。

698) SCHWARTZ & MANNING, *supra* note 19, at 145.

699) SCHWARTZ & MANNING, *supra* note 19, at 150.

700) *Id.*

701) ハフト（平野訳）・前掲書（注 1）94 頁。

702) ハフト（平野訳）・前掲書（注 1）94 頁。

703) 以上，ハフト（平野訳）・前掲書（注 1）94-95 頁。

704) ハフト（平野訳）・前掲書 1（注 1）05 頁。

705) ハフト（平野訳）・前掲書（注 1）105-106 頁。

706) ハフト（平野訳）・前掲書（注 1）121 頁。

707) ハフト（平野訳）・前掲書（注 1）112 頁。ハフト教授は，このことを，次のようにわかりやすく説明する。「比喩的に言えば，まず非常に目の粗い網（「法」）を事例に投げかける。事例がこの網にかかったら，もう少し目の細かい網（「民事法」，「公法」，「刑事法」）を使う。今度は，事例がどの網にかかるかを眺め，たとえば刑法の網であるなら，次にもっと目の細かい個々の構成要件の網を使う」（同 112 頁）。

708) ハフト（平野訳）・前掲書（注 1）119 頁。

709) ハフト（平野訳）・前掲書（注 1）116 頁。

710) ハフト（平野訳）・前掲書（注 1）118 頁。

711) 拙稿「民法の事例問題を解けるようになるのは何故難しいのか(4)」中央ロー・ジャーナル 18 巻 1 号 29-47 頁（2021）。

712) ハッティ教授らは，認知負荷理論研究は，次の 2 つの理由から教育者に特に興味を持たれてきているという。人間にとって学習が本質的になぜ難しいのかという問題に直接取り組んでいる。また，学生がより容易に新しい情

Ⅱ　認知科学等の知見

報を学び保存させるために，教師や授業設計者はどのようにしたらよいかを明確に述べている。HATTI ET AL., *supra* note 56, at 145（ハッティほか〔原田訳者代表〕・前掲書〔注 407〕226 頁参照）.

713)　もっとも，湯澤正通・湯澤美紀編著『ワーキングメモリと教育』20-25 頁（齊藤智・三宅晶）（北大路書房，2014）が，認知負荷理論の概要と問題点を論じている。金田茂裕「熟達化反転効果の研究概観」教育学論究 12 号 21-28 頁（2020）が，認知負荷理論の原理を簡潔に述べ，やや詳しく認知負荷理論における熟達化反転効果について概観する。また，大島ほか編・前掲書（注 18）23-24 頁（大島純）が，「認知的負荷理論」を取り上げ，「一度に考えることができる」情報の限界があるので，人間はその限界とうまくつき合いながら，学びを進めていく必要があるとして，情報を外に書き出し（外化して），頭の中で考えなければならない情報量を減少させて，「内容についてよく考える」ための余力を残すことは，特に難しいことを考えるときには効果的であるとする。大島純「最近の認知研究からみた e－ラーニングの可能性」教育心理学年報 47 集 181-185 頁（2008），土田幸男・室橋春光「ワーキングメモリと学習方法の関連性」子ども発達臨床研究 9 号 50-51 頁（2017）もある。なお，ハッティほか（原田訳者代表）・前掲書（注 407）226-242 頁が詳しく，ジョン・ハッティ，クラウス・チィーラー（原田信之訳者代表）『教師のための教育効果を高めるマインドフレーム　可視化された授業づくりの 10 の秘訣』262-264 頁（北大路書房，2021）が，そのポイントを指摘する。

714)　HATTI ET AL., *supra* note 56, at 145（ハッティほか〔原田訳者代表〕・前掲書〔注 407〕226 頁参照）.

715)　JOHN SWELLER ET AL., COGNITIVE LOAD THEORY 58 (2011).

716)　*See* OLIVER LOVELL, SWELLER'S COGNITIVE LOAD THEORY IN ACTION 38 (2020). 内的負荷の最適化は正確な科学でないので，学生のワーキングメモリがどれだけ満たされているかを直接「見る」ことはできない。だが，外的負荷を最小限に抑え，内的負荷を最適化することが目標であることをみれば，学生が負荷過多または負荷不足である兆候に目を配る準備はできる。学習者自身も，過負荷の兆候を知ることはそう難しいことではないであろう。さっぱり理解できなかったり，どうしたらよいか分からなくなったりしたような場合には，ワーキングメモリの容量が超えた兆候といえよう（*See id*, at 39.）。そこで，以下，本文で述べるような方略を考えていく必要がある。

717)　John Sweller et al., Cognitive Architecture and Instructional Design: 20 Years Later, 31 Educational Psychology Review 264 (2019); HATTI ET AL., *supra* note 56, at 148（ハッティほか〔原田訳者代表〕・前掲書〔注 407〕230 頁参照）.

〔注〕

718) HATTI ET AL., *supra* note 56, at 147（ハッティほか〔原田訳者代表〕・前掲書〔注 407〕229 頁参照）. *See* LOVELL, *supra* note 716, at 30.

719) *See* SWELLER ET AL., *supra* note 715, at 216.

720) *See id.*

721) *See id.*

722) *See* LOVELL, *supra* note 715, at 44. むろん，外在的負荷を減らすことにより，学習課題の内在的負荷に余裕ができれば，その分，学習課題を増やすことにより，内在的負荷を増やすことにより，内在的負荷を最適化できるわけである。

723) *See* Jeroen J G van Merrieboer & John Sweller, *Cognitive load theory in health professional education: design principles and strategies*, 44 MEDICAL EDUCATION 91（2010）.

724) HATTI ET AL., *supra* note 56, at 149（ハッティほか〔原田訳者代表〕・前掲書〔注 407〕231-232 頁参照）. *See* SWELLER ET AL., *supra* note 715, at 43-44.

725) 外在的負荷は，現在では「要素間の相互作用」のレベルの高さ（ワーキングメモリ内の情報同士の関係しあう数の多さ）に関係すると解されている 。つまり，効果的な指導手順は要素間の相互作用を低下させ，効果的でない指導手順は要素の相互作用性を上昇させると解されている（Sweller1 et al., *supra* note 717, at 264.）。

726) *Id.*

727) *Id.*

728) *Id.*

729) 訳語は，大島ほか編・前掲書（注 18）128 頁（望月俊男）によった。

730) *See* Sweller et al., *supra* note 717, at 268-269.

731) SWELLER ET AL., *supra* note 715, at 154.

732) *See* SWELLER ET AL., *supra* note 715, at 153-154.

733) *See* LOVELL, *supra* note 716, at 70-71.

734) *See* Sweller et al., *supra* note 717, at 268.

735) *See* Sweller et al., *supra* note 717, at 269.

736) *See id.*

737) このような考えは，一般に，学習者は，必要な情報が提示されるのではなく，重要な情報を自分で発見したり構築したりしなければならないという見解（Bruner, J. S. *The Act of Discovery*, HARVARD EDUCATIONAL REVIEW, 31〔1961〕）に基づく。しかし，認知負荷理論では，初心者にとっては，直接的で明示的な指導，つまり教師が学生に必要な情報をすべて提供することが，より効果的であり効率的であることが，数十年にわたる研究により明らかに

237

Ⅱ　認知科学等の知見

されているという（Richard E. Clark, et al., *Putting Students on the Path to Learning: The Case for Fully Guided Instruction*, American Educator 6 〔2012〕）。同論文は，次のようにいう。それにもかかわらず，議論が続いているのは，多くの教育関係者が，最小限の指導環境アプローチが確かな認知科学に基づいていると誤解していることが大きな要因である。認知科学の分野では，構成主義は広く受け入れられている学習理論，そこでは，学習者は能動的な認知処理を行うことによって，正解の心的表現を構築しなければならないと主張している。そのような構築を促進する最善の方法は，教師からの明確な指導なしに学生に新しい知識の発見や新しい問題の解決を試みさせることであると思いこんできた。だが，認知活動は行動活動の有無にかかわらず起こり得るものであり，行動活動が認知活動を保証するものではない。学生が知識を「構築」するために必要な能動的な認知処理は，本を読むこと，講義を聴くこと，教師が実験を行い，同時にその内容を説明するのを見ることなどを通じて行うことができる。学習は知識の構築を必要とし，学生から情報を隠すことは，知識の構築を促進しない（*Id*, at 8）。最小限の指導環境アプローチが，うまくいかないのは，問題を解くには，解決策を探す必要があり，長期記憶に関連する概念や手順をもっていない初心者は，限られたワーキングメモリを使って，解決策をやみくもに探すしかなく，長時間問題解決に取り組んでも，ほとんど何も見につかないからだという（*Id*, at 10）。ただ，注意すべきは，「初心者にとっては」という点である。

JEFFREY D. HOLMES, GREAT MYTHS OF EDUCATION AND LEARNING, 54-66（2016）も，問題解決方法について最小限の指導しか与えない方式が直接教授法よりもすぐれていると結論づける根拠はないとする。

738) HATTI ET AL., *supra* note 56, at 151（ハッティほか〔原田訳者代表〕・前掲書〔注407〕235頁）.

739) *See* SWELLER ET AL., *supra* note 715, at 99-110. ハッティ教授らは，模範例の効果は，「応用心理学の研究において最も確かな知見の一つとして確立されている」という。

740) 大島ほか編・前掲書（注18）128-129頁（望月俊男）。

741) 大島ほか編・前掲書（注18）129頁（望月俊男）。

742) *See* Paul Chandler, et al., *When Problem Solving is Superior to Studying Worked Examples*, 93（3）JOURNAL OF EDUCATIONAL PSYCHOLOGY, 587; HATTI ET AL., *supra* note 56, at 150-152（ハッティほか〔原田訳者代表〕・前掲書〔注407〕233-235頁参照）.

743) *See* SWELLER ET AL., *supra* note 715, at 108；Sweller et al., *supra* note 717, at 265.

〔注〕

744) Arianne Rourkea, et al., *The worked-example effect using ill-defined problems: Learning to recognize designers' styles*, 19 LEARNING AND INSTRUCTION 185-199（2009）（デザイナースタイルの認識学習）; Fleurie Nievelstein et al., *The worked example and expertise reversal effect in less structured tasks: Learning to reason about legal cases*, 38（2）CONTEMPORARY EDUCATIONAL PSYCHOLOGY, 118-125（2013）（法律事件に関する推論）.

745) Chandler, et al., supra note 743, at 587-588；Sweller et al., *supra* note 717, at 265; HATTI ET AL., *supra* note 56, at 151（ハッティほか〔原田訳者代表〕・前掲書〔注407〕）235頁）. また，金田・前掲（注713）21-28頁参照。

746) Chandler, et al., supra note 743, at 587.

747) *Id*. at 588.

748) *See* SWELLER ET AL., *supra* note 715, at 171-183；Sweller et al., *supra* note 717, at 277.

749) *See* Sweller et al., *supra* note 559, at 275.

750) *See* Sweller et al., *supra* note 717, at 268.

751) *See id*.

752) SWELLER ET AL., *supra* note 715, at 104.

753) *Id*.

754) *See* LOVELL, *supra* note 716, 119-120（2020）.

755) 拙稿「民法の事例問題を解けるようになるのは何故難しいのか(4)——認知科学の知見から民法の学び方を考える」中央ロー・ジャーナル18巻1号47-57頁（2021）参照。

756) *See* Sweller et al., *supra* note 717, at 278. もっとも，すべての認知負荷，ワーキングメモリの容量を超えていないとことが条件となるという（*Id.*）。

757) 植阪友理「メタ認知・学習観・学習方略」市川伸一編『現代認知心理学5 発達と学習』174頁（北大路書房，2010）。

758) 仲真紀子編著『いちばんはじめに読む心理学の本4 認知心理学 心のメカニズムを解き明かす』188頁〔三宮真智子〕（ミネルヴァ書房，2010）

759) 植阪友理「メタ認知・学習観・学習方略」市川伸一編『現代の心理学5 発達と学習』173頁（北大路書房，2010）。

760) 中山遼平，四本裕子 メタ認知 脳科学辞典 http://bsd.neuroinf.jp/wiki/メタ認知（2012）。

761) 仲真紀子編著『いちばんはじめに読む心理学の本4 認知心理学 心のメカニズムを解き明かす』188頁〔三宮真智子〕（ミネルヴァ書房，2010）。

762) 藤田編著・前掲書（注245）105頁〔植木理恵〕）は，「メタ認知とは，自分自身の学習プロセスを自覚的に振り返り，自らの力で改善していくこと」

239

Ⅱ　認知科学等の知見

だたという。「メタ」とは，ギリシャ語に由来する接頭語で，「　の後の」「高次の」「より上位の」「超」「　についての」などという意味を表す。「認知」という言葉も，ここで確認しておくと，認知心理学・認知科学にでは，見る，聞く，書く，読む，話す，記憶する，思い出す，理解する，考える，学習，問題解決など，頭を働かせること全般を指す。「メタ認知」は，「認知についての認知」であり，あらゆる認知活動について想定できる。研究が最も進んでいるのは記憶関連のメタ認知であり，「メタ記憶」という。メタ認知の例としては，「どのように覚えたら忘れにくいか」，「覚えたことを思い出せそうか」というような場合をあげることができる。メタ記憶については，清水寛之編著『メタ記憶　記憶のモニタリングとコントロール』（北大路書房，2009）がある。

763)　三宮真智子「思考におけるメタ認知と注意」市川真一編『認知心理学4 思考』158頁（東京大学出版会，1996）。また，中山遼平，四本裕子　メタ認知　脳科学辞典　http://bsd.neuroinf.jp/wiki/メタ認知（2012）参照。

764)　以上，アンブローズほか（栗田訳）・前掲書（注17）187頁参照。もっとも，メタ認知活動をメタ認知調整と呼び，計画，モニタリング，評価に分類する研究者もいるという（日本認知心理学会編・前掲書〔注26〕360頁〔三宮真智子〕）。

765)　三宮真智子「メタ認知研究の背景と意義」三宮編著・前掲書（注162）9-10頁，日本認知心理学会編・前掲書（注26）360頁（三宮真智子）参照。

766)　三宮・前掲（注17）9-10頁，「メタ認知研究の背景と意義」，日本認知心理学会編・前掲書（注26）360頁（三宮真智子）参照。

767)　アンブローズほか（栗田訳）・前掲書（注17）187頁参照。

768)　アンブローズほか（栗田訳）・前掲書（注17）24頁参照。

769)　アンブローズほか（栗田訳）・前掲書（注17）187-197頁参照。三宮真智子教授も，同様なことを，事前段階，遂行段階，事後段階に分けるとともに，各段階をモニタリング，コントロールに分けて次のように整理する（三宮・前掲（注17）10-11頁「メタ認知研究の背景と意義」。事前段階では，課題の困難性，達成可能性を考え（モニタリング），その評価・予想に基づき，目標を設定し，計画を立て，方略を選択する（コントロール）。遂行段階では，課題の再評価，課題遂行の点検（モニタリング），これを受けて，目標・計画の修正や方略の変更といったコントロールを行う。事後段階では，課題達成度の評価，成功・失敗の原因分析をおこない（モニタリング），次回に向けて，目標や計画を立て直したり，異なる方略を選択したりする（コントロール）。

770)　アンブローズほか（栗田訳）・前掲書（注17）194頁。また，ある学生は，自分は文章がうまく，レポートでいつもＡをとるとの思い込みから，締め切

〔注〕

り直前で書かれたもので，課題として，論証が明確に示され，論証を補足資料から裏付けることが求められたにもかかわらず，十分でなかったため悪い成績であったが，その学生は成績評価が不正確なためととらえた例をあげる。そのような学生がそのような思い込みを持つ限り，方針を変えたり，ライティングのスキルを高めようとしたりしないであろうと指摘する（同194-195）。

771）　植阪友理「メタ認知・学習観・学習方略」市川伸一編『現代認知心理学5　発達と学習』174 頁（北大路書房，2010）は，「メタ認知的知識はメタ認知的活動全体を規定すると考えられている」という。また，深谷達史『メタ認知の促進と育成──概念的理解のメカニズムと支援──』810 頁（2016，北大路書房）は，メタ認知活動とは，メタ認知的知識を実際の学習の中で用いることに他ならないと述べる。

772）　植阪友理「メタ認知・学習観・学習方略」市川伸一編『現代認知心理学5　発達と学習』174 頁（北大路書房，2010）。

773）　三宮真智子『メタ認知で《学ぶ力》を高める』72 頁（北大路書房，2018）。

774）　植阪友理「メタ認知・学習観・学習方略」市川伸一編『現代認知心理学5　発達と学習』174 頁（北大路書房，2010）。

775）　植阪友理「学習方略は教科間でいかに転移するか──「教訓帰納」の自発的な利用を促す事例研究から──」教育心理学58 巻 1 号 83 頁（2010）。

776）　植阪友理「メタ認知・学習観・学習方略」市川伸一編『現代認知心理学5　発達と学習』174，175 頁（北大路書房，2010）。

777）　J・ダンロスキーほか（湯川良三ほか訳）『メタ認知　基礎と応用』3 頁（北大路書房，2010）参照。

778）　三宮・前掲（注 17）8-9 頁，「メタ認知研究の背景と意義」

779）　三宮真智子『メタ認知で《学ぶ力》を高める』17 頁（北大路書房，2018）。

780）　三宮真智「思考における認知と注意」『認知心理学 4 思考』172 頁（東京大学出版会，1996）。

781）　三宮真智「思考における認知と注意」『認知心理学 4 思考』172 頁（東京大学出版会，1996）。

782）　三宮真智子『メタ認知で《学ぶ力》を高める』17-18 頁（北大路書房，2018）。

783）　三宮真智子『メタ認知で《学ぶ力》を高める』18 頁（北大路書房，2018）。本文にのべたことと関連するが，課題解決の方略についての知識は，宣言的知識（どのような方略か），手続き的知識（その方略はどう使うのか），条件的知識（その方略はいつ使うのか，なぜ使うのか）に分けてとらえられている（三宮・前掲（注 17）8 頁，「メタ認知研究の背景と意義」，三宮真智子『メタ認知で《学ぶ力》を高める』18-19 頁〔北大路書房，2018〕参照）。

241

Ⅱ　認知科学等の知見

784)　SUSAN A. AMBROSE ET AL., *supra* note 16, at 199（アンブローズほか〔栗田訳〕・前掲書〔注17〕193頁参照）。

　　〔2010〕Susan A.Ambrose How Leaning Works: Seven Reserch-Based Principle for Smart Teaching, 199〔2010〕（アンブローズ）193

785)　三宮真智子『メタ認知で《学ぶ力》を高める』19頁（北大路書房，2018）。

786)　学習方略とは，「学習の効果を高めることを目指して意図的に行う心的操作あるいは活動」（辰野千壽『学習方略の心理学──賢い学習者の育て方』〔図書文化社，1997〕）と定義されており，学習方法と言い換えることが可能と解されている（日本認知心理学会編・前掲書〔注26〕358頁〔植阪友理〕）。

787)　三宮真智子『メタ認知で《学ぶ力》を高める』19頁（北大路書房，2018）。

788)　三宮真智子『メタ認知で《学ぶ力》を高める』71頁（北大路書房，2018）。

789)　いずれにせよ，学習に役立つメタ認知的知識は，われわれが民法をはじめ学ぶ際に，きわめて重要であるにもかかわらず，どのようなものがあるかを知ることは簡単ではない。そのため，本稿でも指摘してきているが，三宮教授は，『メタ認知で《学ぶ力》を高める』の第2部で，学習の構成要素となるカテゴリーごとに，メタ認知的知識が整理され，わかりやすく説明されている。本稿の関係で，これまで指摘してきていない重要と思われる知識をいくつか紹介しておこう。

・努力せずに長時間，没頭できる状態（フロー状態）がある（同82頁）。そのための条件は，たとえば次のようなものである。活動に明確な目的がある。活動が優しすぎず難しすぎない。活動に自分にとっての本質的な価値がある。

・コンセプトマップ（言葉をマップ状に散りばめ，線で結んだ図）を描くことが理解・記憶に役立つ（98頁）。その理由は，次の通りである。学習材料に対して能動的に関わる。概念間の関連性がわかりやすい。文章の要点が簡潔に示されてわかりやすい。

・多少苦手な科目も頻繁に接していると親しみが湧く（同135頁）。

・心配ばかりしていると，学習に使うための貴重な認知資源を無駄にしてしまう（同137頁）。

・大変そうな学習も少しずつに分ければ楽にできる（同156頁）。

・行動にも慣性があり，気が進まなくても，とりあえず学習すれば，そのまま続けられる（同157頁）。

790)　深谷達史『メタ認知の促進と育成──概念的理解のメカニズムと支援──』7-10頁（2016，北大路書房）。やや詳しくは，植阪友理「メタ認知・学習観・学習方略」市川伸一編『現代認知心理学5　発達と学習』178-182頁（北大路書房，2010）参照。

791)　植阪友理「メタ認知・学習観・学習方略」市川伸一編『現代認知心理学

〔注〕

5　発達と学習』178-182 頁（北大路書房，2010）。

792)　深谷・前掲書〔注 790〕7 頁。

793)　植阪友理「メタ認知・学習観・学習方略」市川伸一編『現代認知心理学
5　発達と学習』179 頁（北大路書房，2010）参照。鈴木雅之ほか「大学受験
期の学習方略とセンター試験成績との関連」植阪友理ほか『Working Papers
Vol.7 September 2018「主体的な学び」の実現に向けた教授・学習──学習方
略プロジェクト H29 年度の研究成果──』37-42 頁は，限界点はあるものの，
少なくとも丸暗記をしていればそれで対応できるという証拠は全く得られず，
意味を理解して学習することが大事であることが示されたという。

794)　植阪友理「メタ認知・学習観・学習方略」市川伸一編『現代認知心理学
5　発達と学習』182 頁（北大路書房，2010）参照

795)　植阪友理「メタ認知・学習観・学習方略」市川伸一編『現代認知心理学
5　発達と学習』182 頁（北大路書房，2010）。

796)　瀬尾美紀子ほか「学習方略とメタ認知」三宮編著・前掲書（注 162）55 頁。

797)　大河内祐子「文章理解における方略とメタ認知」大村監修・前掲書（注
162）66-79 頁 2001，犬塚美輪「説明文における読解方略の構造」教育心理学
研究 50 号 152-162 頁（2002），秋田・前掲（注 162）2008，犬塚ほか（注 162）
2-60 頁（犬塚美輪）2014 など。

798)　植木理恵「自己モニタリング方略の定着にはどのような指導が必要か──
学習観と方略知識に着目して」教育心理学研究 52 巻 277-286 頁（2004）。

799)　瀬尾美紀「数学的問題解決とその教育」市川伸一編『現代認知心理学
5　発達と学習』227-251 頁頁（北大路書房，2010）。

800)　植阪友理「メタ認知・学習観・学習方略」市川伸一編『現代認知心理学
5　発達と学習』176-178 頁（北大路書房，2010）参照。たとえば，学習観と
して，「認知主義的学習観」と「非認知主義的学習観」とに分け，「認知主義
的学習観」が教科の成績と正の相関をもつ一方で，非認は，知主義的学習観
は負の相関が認められることを明らかにする研究がみられる。また，方略的
志向が高い学習者は，最も適応的な学習方法を取っていることを示す研究，
理解を深めるため予習を取り入れた授業を行っても，意味理解志向が弱い場
合には，その効果を得にくいことを明らかにした研究が紹介されている。以
上からすると，認知主義的学習観が効果的な学習行動の調整を可能にしてい
ると考えられるとする。さらには，中学生の数学に対する学習観を検討し，
「暗記・再生」型の「理解・思考」型の学習観という分類にもとづき，前者の
学習観を持っている場合，以前に学習した手続きの適用では解決できない問
題に対して，解法を新たに考案しようとしないために無答となるのではない
かと解している。

243

Ⅱ　認知科学等の知見

801)　認知主義的学習観には，方略活用志向思考（やり方も工夫しようとする考え方），意味理解志向，思考過程重視志向（問題の解き方について答えだけではなく途中過程も重視しようとの考え方），失敗活用志向（失敗は自分の弱点を知るための重要な機会であるととらえる）が含まれている（植阪友理「メタ認知・学習観・学習方略」市川伸一編『現代認知心理学5　発達と学習』177-178 頁）。

802)　植阪友理「メタ認知・学習観・学習方略」市川伸一編『現代認知心理学5　発達と学習』178 頁。

803)　非認知主義的学習観では，結果重視志向，丸暗記志向，勉強量重視志向（勉強量だけに頼ろうとする考え方），環境重視志向（学習環境さえよければ自分の成績は伸びるととらえる考え方）が含まれている（植阪友理「メタ認知・学習観・学習方略」市川伸一編『現代認知心理学5　発達と学習』177-178 頁）。

804)　植阪友理「メタ認知・学習観・学習方略」市川伸一編『現代認知心理学5　発達と学習』178 頁（北大路書房，2010）。

805)　学習観が学習方略の利用をはじめとする学習方法を規定することについては，篠ヶ谷圭太「予習が授業理解に与える影響とそのプロセスの検討──学習観の個人差に注目して──」教育心理学研究 56 巻 256-257 頁（2008），植木理恵「高校生の学習観の構造」教育心理学 50 巻 301-310 頁（2002）も参照。植木論文の概要は，藤田編著・前掲書（注 245）111-114 頁〔植木理恵〕にも書かれている。

806)　日本認知心理学会編・前掲書（注 26）359 頁（植阪友理）。

807)　日本認知心理学会編・前掲書（注 26）359 頁（植阪友理）。詳しくは，植阪友理「学習方略は教科間でいかに転移するか──『教訓帰納』の自発的な利用を促す事例研究から」教育心理学研究 58 巻 80-94 頁（2010）参照。

808)　アンブローズほか〔栗田訳〕・前掲書〔注 17〕195 頁。

809)　アンブローズほか（栗田訳）・前掲書（注 17）195 頁。

810)　「自己制御学習」，「自己統制学習」と訳されることもある。

811)　その背景には，学習者観の変化がある。学習者を『授業や学習指導，教育の受動者』とみる従来の立場に代わって，『積極的，能動的に学習を行い，知識を獲得し，自らの行為を決定していく者』とみる学習者観が主流となった」からだという（上淵寿「自己制御学習とメタ認知──志向性，自己，及び環境の視座から──」心理学評論 50 巻 3 号 227 頁（2007）。瀬尾美紀子「学習の自己調整」市川『学力と学習支援の心理学』47-64 頁（放送大学教育振興会，2014）。

812)　大島・千代西尾編・前掲書（注 18）55 頁（大島純）。Zimmermann, B.J.,

244

〔注〕

Becoming a self-regulated learner: Which are the key subprocesses? 11(4) Contemporary Educational Psychology 307-313（1986）を引用する。

813）　藤澤編・前掲書（注203）178頁（篠ヶ谷圭太）。

814）　日本認知心理学会編・前掲書（注26）364頁（瀬尾美紀子），大島・千代西尾編・前掲書（注18）55-57頁（大島純），藤澤編・前掲書（注203）178頁（篠ヶ谷圭太）参照。また，自己調整学習研究会編『自己調整学習　理論と実践の新たな展開へ』（北大路書房，2012）参照。

815）　設定した目標達成に対する自己効力や結果の予期，あるいは課題に対する興味や価値，そして目標志向などによって自己を動機づけることも含まれるという。

816）　大島・千代西尾編・前掲書（注18）54頁（大島純）。

817）　ダンロスキーほか（湯川ほか訳）・前掲書（注33）218頁。

818）　Anbrose アンブローズほか（栗田訳）・前掲書（注17）185頁。

819）　アンブローズほか（栗田訳）・前掲書（注17）186頁。

820）　本稿。熟達者がメタ認知にすぐれている。米国学術研究推進会議編著（森・秋田監訳）・前掲書（注6）45-46頁参照。米国学術研究推進会議編著（森・秋田監訳）・前掲書（注6）17頁は，「熟達者の思考過程を発話思考法を用いて分析した研究によって，熟達者は自分の学習過程を注意深くモニタリングしながら学習を進めていることが明らかにされている」と指摘する。同書77頁，同署岡本真彦「算数文章題の解決におけるメタ認知の検討」教育心理学研究40巻1号87頁（1992）参照。

821）　本稿。知的初心者　ブルーアー（松田・森監訳）・前掲書（注466）63-66頁参照。

822）　拙稿「民法の事例問題を解けるようになるのは何故難しいのか(4)」中央ロー・ジャーナル18巻1号56頁（2021）。米国学術研究推進会議編著（森・秋田監訳）・前掲書（注6）65-67頁参照。

823）　藤田編著・前掲書（注245）105-106頁（植木理恵）は，次のようにいう。「メタ認知が学習を改善・促進することを多くの研究が示してい」るとして，メタ認知の訓練で，文章要約の成績を改善するのに有効だとする研究を紹介するとともに，「文章読解，作文，英文読解，数学，問題解決など，さまざまな領域でメタ認知訓練が有効なのがわかってい」。また，二つの問題を解かせた成績が，認知能力や学力が劣っている者でもメタ認知能力のある学習者は，認知能力や学力が高く，メタ認能力が高い学習者と同程度であったのに対して，認知能力や学力が高いがメタ認知能力が低い学習者は，いずれの能力も低い学習者に近いものであるとする研究（Swanson, H. L, *Influence of metacognitive knowledge and aptitude on problem solving*, 82 JOURNAL OF

Ⅱ　認知科学等の知見

EDUCATIONAL PSYCHOLOGY 306-314〔1990〕）を紹介する。ダンロスキーほか（湯川ほか訳）・前掲書（注33）202-203頁は，ある生徒らは，自らの行動をモニターする助けとなるような一連の質問をまじえた問題解決訓練を受けた。その質問は，「問題を注意深く見ましたか」，「この問題を解く助けとなりそうな手がかりを探しましたか」，「何点とりましたか」といったように，問題解決のそれぞれの局面をよく考えさせる質問であった。その生徒らは，何も訓練を受けなかった生徒らや，一般的問題解決訓練を受けた生徒らよりも，最も難しい問題で成績が良く，問題を解く時間も短かったという研究（Delclos, V. R., & Harrington, C., *Effects of Strategy Monitoring and Proactive Instruction of Children's Problem-Solving Performance*, 83 JOURNAL OF EDUCATIONAL PSYCHOLOGY 35-42〔1991〕）を紹介する。

824)　米国学術研究推進会議編著（森・秋田監訳）・前掲書（注6）20頁参照。

825)　アンブローズほか（栗田訳）・前掲書（注17）192頁。自分の理解度に関してモニタリングを行ったり，学んでいることを自分で説明することを教わったり，これらの行動につながるヒントを与えられたりした学生は，何ら説明を受けなかった学生要理も学習効果が高かった。Bielaczyc,

826)　本書の翻訳本がOECD教育研究革新センター編著（篠原真子ほか訳）『メタ認知の教育学──生きる力を育む創造的数学力』（明石書店，2015）として刊行されており，本稿では，この翻訳本で引用することとする。

827)　OECD教育研究革新センター編著（篠原真子ほか訳）『メタ認知の教育学──生きる力を育む創造的数学力』59頁（明石書店，2015）。本書は，

828)　OECD教育研究革新センター編著（篠原ほか訳）・前掲書（注　）59-60頁。本文で紹介したもの以外に，数学の分野で，メタ認知は見慣れた定型的問題を解くよりも，複雑で見慣れない非定型的問題を解くことに関連していることを明らかにした研究を紹介している。

829)　岡本真彦「教科学習におけるメタ認知──教科学習のメタ認知知識と理解モニタリング」教育心理学年報51集132-134頁（2012）。

830)　岡本真彦「教科学習におけるメタ認知──教科学習のメタ認知知識と理解モニタリング」教育心理学年報51集134頁（2012）。

831)　岡本真彦「算数文章題の解決におけるメタ認知の検討」教育心理学研究40巻1号87頁（1992）。

832)　岡本・前掲論文（注79）87頁。

833)　Chen, P., Chavez, O., Ong, D., & Gunderson, B. *Strategic Resource Use for Learning: A Self-Administered Intervention That Guides Self-Reflection on Effective Resource Use Enhances Academic Performance*. 28（6）PSYCHOLOGICAL SCIENCE, 774-785（2017）.

〔注〕

834) *See*, e.g., Michael Hunter Schwartz, *Teaching Law Students to Be Self-Regulated Learners*, 2003 MICH. ST. DCL L. REV. 447 (2003)〔hereinafter Schwartz I〕(ロースクールの学生のための自己調整学習のモデルを明確にし，なぜにロースクールの学生に自己学習者になるように教えることを目指すべきかを説明し，その目標を達成するために設計されたカリキュラムの詳細を説明する。シュバルツ教授は，何百もの研究がメタ認知が教育成果の向上をもたらしていることを明らかにしている)；Anthony S. Niedwiecki, *Lawyers and Learning: A Metacognitive Approach to Legal Education*, 13 WIDENER L. REV. 33 (2006)(ロースクールの教育は，法学部の学生にどのように学ぶかを教えることに焦点を当て始めるべきであるとして，法教育に重要なものとして，メタ認知を取り上げ，現在のロースクールではほとんどメタ認知スキルを教えていないとして，法学教育者がいかにしてメタ認知学習をロースクールのカリキュラムに取り入れ，学生が知識やスキルをよりよく法律実務に移行できるようにするかについて詳しく説明する。)；Anthony Niedwiecki, *Teaching for Lifelong Learning: Improving the Metacognitive Skills of Law Students Through More Effective Formative Assessment Techniques*, 40 CAP. U. L. REV. 149, 150 (2012)(ロースクールは，学生の評価を期末テスト等のコース最終成果物だけを評価する傾向があるが，学生のメタ認知スキルを向上させ，学んだことが新たな状況に転移をもたらすには，学習過程を問題にし，最終的な成果を評価することには焦点を与えないようするたまの実践的な提案をする)；Cheryl B. Preston et al., *Teaching "Thinking Like a Lawyer": Metacognition and Law Students*, 2014 BYU L. REV. 1053, 1062 (2015)(法律実務においてメタ認知スキルが重要な機能を有していることから，法学教育においてはメタ認知が重要であるにもかかわらず，実証的研究から成績がよくても必ずしもメタ認知能力がよいわけではないことを明らかにした後，学生にメタ認知能力を開発するためのカリキュラムやその他の教育的主婦を取り入れることが求められるとする。)；Andrea A. Curcio et al., *Does Practice Make Perfect? An Empirical Examination of the Impact of Practice Essays on Essay Exam Performance*, 35 Fla. St. U. L. Rev. 271, 313 (2008)(「スキルを練習し，その練習に関するフィードバックを受け取る機会与えられると，生徒はよりよく学ぶ」こと，およびメタ認知演習と教授法を組み合わせることで，すべての生徒のパフォーマンスを向上させることができることを示唆する研究について報告する)；Cheryl B. Preston et al., *Teaching "Thinking Like a Lawyer": Metacognition and Law Students*, 2014 BYU L. Rev. 1053, 1068-73 (2014)(法学部の1年生を対象に Metacognitive Awareness Inventory を実施し，その回答から多くの学生のメタ認知能力が弱いことを指摘した)；

247

Ⅱ　認知科学等の知見

Jennifer A. Gundlach & Jessica R. Santangelo, *Teaching and Assessing Metacognition in Law School*, 69 J. LEGAL EDUC（2019）; Jaime Alison Lee, *From Socrates to Selfies: Legal Education and the Metacognitive Revolution*, 12 DREXEL L. REV. 227（2020）（法学教育においてメタ認知の重要性が認識され，ABA は，現在，ロースクールに対し，メタ認知的アプローチの基本的な要素である「意味のある」フィードバックを伴う形式的評価をカリキュラム全体で実施するという義務を課しているが，メタ認知的アプローチをが適切に実施されなければ，弊害ももたらす恐れがあるため，メタ認知の利点を最大限に生かす方法を提案している）。

835）　Jennifer A. Gundlach & Jessica R. Santangelo, *Teaching and Assessing Metacognition in Law School*, 69 J. LEGAL EDUC（2019）.

836）　メタ認知能力の高い学生は，クラスで良い成績を収める可能性が高いことが明らかになった。学期中に指導介入を加えた結果，エッセイの解答例を書いたり，それについて話したり，仲間に教えたり，質問に答えて理解度を確認したりするなど，より能動的な学習戦略をもちいるようになったが，より多くの指導的介入を受けた学生のメタ認知能力の発達には，有意な差はみられなかったという。

837）　さらに，アメリカのロースクールの学生に求められるアウトラインの作り方，ケースの詳細な読み方，さらには，学習のために必要な時間管理等のスキル，つまり学習スキル，法的推論や法的分析などの法的問題を解決するスキルを明示的に学ぶプログラムが用意されている。これらのスキルは，学習方略，法的問題解決方略ともいえ，それらはメタ認知的知識といえるであろう。とすれば，この学習プログラムは，大まかにいえば，メタ認知スキルを学ぶプログラムだとも解せるであろう。その意味では，メタ認知スキルによって，学生の著しいパフォーマンスの向上がはかられたとみることができよう。

838）　たとえば，模擬試験のエッセイの自己評価を書くことが要求され，これにより，学生が自らの評価に頼る能力が頼るようにするわけである。

839）　むろん，以下で述べることは，実証的研究からも明らかになっていると考えられるが，理論的な視点から整理するとわかりやすいために，「理論的視点から」としたものである。

840）　米国学術研究推進会議編著（森・秋田監訳）・前掲書（注6）19 頁参照。

841）　三宮・前掲（注 17）11 頁,「メタ認知研究の背景と意義」参照。たとえば，民法の事例問題を解く際，難しい問題であるにもかかわらず，学んだ判例を使えば簡単に解ける問題であると考え，そのことを前提に計画し解答を書いていったとすれば，うまくいかない可能性が高くなろう。

248

〔注〕

842) 三宮・前掲（注17）11頁，メタ認知研究の背景と意義　参照。たとえば，教科書等で書かれたことをすらすらと何も見ないでいえるようになれば十分に理解したとの考えのもとに，民法の判例を学ぶ際，判旨をその文言通りすらすらといえるようになったので十分理解したと評価したような場合，その評価は必ずしも適切なものとはいえない。そこで，実際には，その判例をいまだ十分に理解したとはいえない可能性が高いため，その判例に関する民法の事例問題をうまく解くことができない可能性があろう。

843) 民法の事例問題を解く際，難しい問題だと評価できても，適切なメタ認知的知識がなければ，どのように解いていったらよいかの計画を立てることはできない。このように，適切なコントロールをなすには，適切なメタ認知的知識の存在がきわめて重要となる。三宮真智子『メタ認知で《学ぶ力》を高める』72頁（北大路書房，2018）は，「学習に役立つメタ認知的知識を豊富にもっている学習者ほど，学習を有利に進めることができます。言い方を変えると，『メタ認知を働かせて学習しよう』という意欲・意気込みがどんなに強くても，肝心の知識が乏しければ，メタ認知を十分に働かせることはできません」という。

844) 大島・千代西尾編・前掲書（注18）52-53頁（大島純）。

845) 三宮・前掲（注17）10-11頁，「メタ認知研究の背景と意義」参照。大島・千代西尾編・前掲書（注18）52-53頁（大島純）は，「難しい課題に取り組んだり，たくさんのことを同時にこなしたりなどして認知的負荷が高い場合には，メタ認知のために十分な認知資源が振り向けられず，うまく機能させることができなくなる」と指摘する。

846) アンブローズほか（栗田訳）・前掲書（注17）196頁。

847) アンブローズほか（栗田訳）・前掲書（注17）196頁。

848) アンブローズほか（栗田訳）・前掲書（注17）189頁。また，知識とスキルのレベルが低い学生は高い学生ほど自分の能力を適切に評価できない（同書189頁）。特に初学者は，ある特定の目標達成に必要な知識・スキルの正確な評価ができない傾向が顕著であると指摘されている（同書190頁）。

849) アンブローズほか（栗田訳）・前掲書（注17）193頁。

850) アンブローズほか（栗田訳）・前掲書（注17）195頁。商略

851) Cheryl B. Preston et al., *Teaching "Thinking Like A Lawyer": Metacognition and Law Students*, 2014 BYU L. Rev. 1053 (2014).

852) 2010年と2013年のそれぞれのLSATスコアの中央値は180点中167/164，GPAの中央値は3.86/3.88であった（Preston et al., supra note 97 at 1063-1064)。

853) Cheryl B. Preston et al., *Teaching "Thinking Like a Lawyer":*

249

Ⅱ　認知科学等の知見

Metacognition and Law Students, 2014 BYU L. Rev. 1053, 1063-1064（2014）.

854）　Jennifer A. Grundlach & Jessica R. Santangelo, T*eaching and Assessing Metacognition in Law School*, 69 Journal of Education 162（2019）.

855）　Schulze, *supra* note 101, at 238. アンブローズほか（栗田訳）・前掲書（注17）186頁は，大学生は，高校と比較すると時間のかかる規模の大きいプロジェクトを完成させなければならないことが多く，それもかなり独力で取り組まなければならない。そこで，大学生にとってはメタ認知スキルがきわめて重要であるあることを指摘した後，だが，「残念なことに，こういったメタ認知スキルは大抵の授業科目の内容としては含まれていないため，授業では考慮されないことが多い」と指摘する。

856）　これも，中央大学法科大学院での個人的な経験による推測でしかなく，検証を要するところであるが，民法が得意な学生は，例外はあろうが，民法をどのように学んだらよいか，事例問題をどのように解いたらよいかについての知識を多く持つとともに，それにもとづいて，的確に，自らの学習や事例問題の解決をモニター，コントロールできる力をもっているといえるように思われる。これに対し，きわめて苦労している学生は，どのように民法を学んだらよいかわからないままに，民法を学んでいるように思われた。このような推測は，民法がよくできる学生に，どのように学んでいるかを聞いてきたが，民法の成績がきわめて良い学生は，認知科学の知見からすると最適なものとはいえないにしても，それなりに的確な自分なりの学び方をもっていて，その学び方にもとづいて民法を学んでいたといえよう。また，ほぼ毎年，司法試験の合格者が在校生に，どのように学んだら良いかのアドバイスを書いた冊子が配布されていたが，民法が得意な修了生のアドバイスは，的確なものが少なくないように思われた。現在でも記憶にあるのは，漫然と問題を解いてはだめで，学ぶ目的を明確にして学ぶことが重要だととの指摘である。また，科目によっては，試験のときに持ち込める「カンニングペーパー」をレポートとして課したことがあったが，簡潔に知識が構造化されているとともに，知識を使う際の注意点も簡単に書かれていたのである。

857）　アンブローズほか（栗田訳）・前掲書（注17）208頁は，次のようにいう。「大学教員はほぼ全員といってよいほど強力なメタ認知スキルを身につけている」が，このことを意識していない。そのため，「学生にもこのスキルがある，あるいは学生は必ず自然にこのスキルを身につけるものだと思いこんでしまう」。そのため，教員は学生のメタ認知能力を過大評価するとともに，このスキルや習慣を教えるにあたっていかに考え抜いた指導を必要とするかについて過小評価する可能性があるという。なお，メタ認知の発達については，藤村宣之「知識の獲得・利用とメタ認知」39-44頁言伸到J・ダロンスキー＝

250

〔注〕

　　J・メトカルフェ（湯川良三・金城光・清水寛之訳）『メタ認知　基礎と応用』222-247頁（北大路書房，2010）参照。それによると，4年生の子どもでも学習において大いに過剰確信であり，効果的な方略を十分に活用しない傾向があるという（同書246頁）。

858）　三宮真智子「学習におけるメタ認知と知能」三宮編・前掲書（注162）28頁。それによると，4年生の子どもでも学習において大いに過剰確信であり，効果的な方略を十分に活用しない傾向があるという（同書246頁）。

859）　米国学術研究推進会議編著（森・秋田監訳）・前掲書（注6）19頁。

860）　米国学術研究推進会議編著（森・秋田監訳）・前掲書（注6）19頁。

861）　OECD教育研究革新センター編著（篠原ほか訳）・前掲書（注475）79頁（フィーンマン教授らのメタ認知教授法を行う上での不可欠な要素として紹介されている）。

862）　その有効性は，物理，作文，数学などの教科において確認されているという（米国学術研究推進会議編著〔森・秋田監訳〕・前掲書〔注6〕）。

863）　米国学術研究推進会議編著（森・秋田監訳）・前掲書（注6）19頁。

864）　米国学術研究推進会議編著（森・秋田監訳）・前掲書（注6）18頁。その有効性は，物理，作文，数学などの教科において確認されているという（同書18頁）。

865）　OECD教育研究革新センター編著（篠原ほか訳）・前掲書（注475）79頁（フィーンマン教授らのメタ認知教授法を行う上での不可欠な要素として紹介）。

866）　三宮・前掲（注162）33-34頁参照。学習におけるメタ認知と知能」三宮編著・前掲書

867）　米国学術研究推進会議編著（森・秋田監訳）・前掲書（注6）17頁。

868）　OECD教育研究革新センター編著（篠原ほか訳）・前掲書（注475）79頁（フィーンマン教授らのメタ認知教授法を行う上での不可欠な要素として紹介）。

869）　日本認知心理学会編・前掲書（注26）361頁（三宮真智子）。

870）　日本認知心理学会編・前掲書（注26）361頁（三宮真智子）。

871）　三宮・前掲（注162）31-32頁参照。学習におけるメタ認知と知能」。協同学習については，日本認知心理学会編・前掲書（注26）361頁（三宮真智子），三宮編著・前掲書

　　他者への教授については，三宮・前掲（注162）31頁参照。

872）　日本認知心理学会編・前掲書（注26）361頁（三宮真智子）。

873）　たとえば，「まず，事例問題を解くにあたり，問題を理解することが重要である。そして，そのためには，問題スキーマを発見するというのが鉄則で

251

Ⅱ　認知科学等の知見

ある。そのためには，設問を最初に見る必要がある。すると，ここでの設問
では，AはBに対して損害賠償請求ができるか，損害賠償請求できるとすれば，
どのような損害の賠償を請求できるかということである。とすれば，事案を
読む際には，まずは，

874）　OECD教育研究革新センター編著（篠原ほか訳）・前掲書（注475）79頁
　　　（フィーンマン教授らのメタ認知教授法を行う上での不可欠な要素として紹
　　　介）。

875）　一生懸命，民法の勉強をしていても，なかなかうまくいかない学生にあっ
　　　ては，学習に関する信念や学習観が適切でない可能性が十分考えられよう。

876）　Anbrose アンブローズほか（栗田訳）・前掲書（注17）185頁。

877）　そのことが明らかになれば，法科大学院の選抜の重要な指標となろう。

Ⅲ　認知科学の知見からみた民法学習のあり方

簡単な振り返りと本稿の目的の確認

　筆者は機会があり，中央大学の法科大学で民法・消費者法を教えることになった。その際，きわめて興味をもった問題は，同じように一生懸命勉強しているのに，どのような理由で一方がよくでき，他方がうまくいかないのかということであった。そこで，学生諸君の学び方に注目し，機会があるたびに，どのように学んでいるのかを聞いたり，観察をしたりした。そして，その当時，まだ十分なものではなかったが，学習に関する認知科学の知見に関する一般書などを読んで，その若干の知識を身に着けたが，当然とはいえ，学生諸君は，それらの知見をほとんど知らないことを知ることとなった。学習に関する認知科学の知見を学び，そこから民法をどのように学習したらよいかを考えることは，簡単ではない。しかし，学習に関する認知科学の知見は近年かなり発展してきており，諸外国では学習や教育に大きな影響を与えてきている。わが国でも，初等中等教育では，それらの知見が参照されているといえよう。しかも，最近，アメリカのロースクールでも法学教育・法学学習において認知科学の知見は注目されてきている。このようなことから，学習に関する認知科学の知見から民法の学び方を考えることは意義のあることだと確信することとなった。しかも，これまで，興味をもって学習に関する認知科学の知見を学び，その視点から，民法の学習のあり方を考えてきたので，最終講義で，そのアウトラインを報告させていただき，時間の余裕のある定年退職後に，論文として完成を目指したのが本稿である。

　本稿では，これまで，民法の事例問題を解けるようになるには何故難しいのかをも考えながら，認知心理学の知見を参考にした民法の学び方を検討してきた。ただ，本稿は，学習に関する認知科学の知見が，本文や注で，その根拠を示すとともに詳細に文献を引用してきたために，きわめて長いものと

Ⅲ　認知科学の知見からみた民法学習のあり方

なってしまった。そこで，認知科学の知見から民法をどのように学んだらよいかについても，関係個所で，やや詳しく論じてきた。そこで，改めて，繰り返しても意味がないと思われるので，それらを簡単にまとめるとともに必要があれば若干の補足をしたい。ただ，その前に，目的の一つでもある，民法の事例問題を解けるようになるのは何故難しいのかにつき，簡単にまとめておこう。

1 民法の事例問題を解けるようになるのは何故難しいのか

われわれの認知機能にはいろいろ制約や特徴がある。たとえば，民法の事例問題を解くために必要な知識を「記憶」しておくには，まずは，集中して，その情報が4項目程度のものにして学ばなければ，短期記憶，つまり，ごく短い時間でも記憶することはできない。だが，必要な知識は長期間記憶される必要があり，そのためには，長期記憶として定着されなければならない。だが，理解せず覚えようとしても定着は困難である。また，たとえ，民法の条文や判例法理に関する知識を長期記憶として定着できたとしても，必ずしも，必要なときに当該知識を思い出せるというものではない。しかも，それらのことが可能となったとしても，事例問題を分析し解決することは，たとえ，その考え方や方法を理解したとしても，宣言的知識と異なり実際に学生自らがやってみなければできるようにならない。さらに，長期記憶にある民法の知識を使って事例問題を分析・解決するというような情報処理はワーキングメモリでなされるが，その容量には厳しい制約がある。その上，民法の事例問題を多く解いて練習をしたとしても，一般に，初心者は，解いたことがない新たな事案の問題を解くことは容易ではない。しかも，民法は，他の法律と比較しても，きわめて多くの条文や判例法理が多く，しかも，民法の構造は複雑である。さらには，事例問題の分析・解決の手順も複雑である。そのため，認知機能の制約や特徴を十分理解して，認知科学等の知見を参考にして，民法を学ぶ際には，できるだけ工夫をして学ぶ必要性が大きい。つまり，民法の学習や民法の事例問題を解くには，メタ認知がきわめて重要な機能を果たしている。だが，これらの知見が十分知られていず，それらの工

夫がなされていないため，民法の事例問題を解けるようになることは，より
難しいものとなっているとみることができよう。

むろん，そのような工夫がなされたとしても，民法の事例問題を解けるよ
うになる難しさがなくなるものではない。認知科学の知見を参考とすれば，
きわめて簡単に学べるようになるというものでもない。民法の事例問題を解
くために必要な知識を関連づけて学び，それらの知識を必要なときに迅速に
使えるように構造化，ネットワーク化するには，かなりの時間がかかる。ま
た，練習して，民法の事例問題の分析・解決できるようになるためにも，相
応の時間がかかるであろう。また，民法の学習や民法の事例問題を解くには
メタ認知が不可欠であるが，メタ認知スキルを身に着けるのは簡単ではなく，
しかも長い間の訓練を要する。つまり，認知科学の知見を参考とすれば，民
法の学習や民法の事例問題を解けるようになるために，不必要な努力をする
ことを回避し，より効果的な学習をなすことができるようになるというに過
ぎない。

２ 認知科学の知見からみた民法学習

では，認知科学の知見からみた民法学習のあり方を整理しておこう。

すでに，やや詳しく述べてきたが，ここでは，4つのポイントに絞ってま
とめることにしたい。

(1) ワーキングメモリの制限に対する工夫

ワーキングメモリの容量は厳しく制約されている。そこで，民法を学ぶ際
には，つねに，できるだけワーキングメモリに負荷をかけないように学ばな
ければならない。情報をまとめる，単純化する。複雑なものは階層構造とす
る。また，あてはめ等の情報処理は，練習してスムーズにできるようにする
必要がある。

(2) 知識の構造化

学んだ知識を長期記憶にするには，自らの多くの既有知識と新たな知識を

Ⅲ　認知科学の知見からみた民法学習のあり方

関係づけて，新たな知識を深く理解することが必要であるが，さらに重要なのは，民法を学ぶ際，その知識は，どのような時，どのような場面で使うのかを考えて，事例問題を解く際に役立つような知識構造をつくることを目指して学ぶ必要がある。

(3)　手続き的知識の自動化

　熟達者がもっているような圧縮された容易に検索可能なスキーマを作っていくためには，典型事例，典型事案を利用するのがよいのではないか。ただ，そのスキーマは，いろいろな事例問題を実際にやってみて，その有効性を検証しなければならない。そして，たえず，再構成していかなければならない。

(4)　メタ認知の意識化

　民法の学習や事例問題をとくためにはメタ認知が極めて重要な機能を果たしている。自らの認知状態を客観視して，コントロールすることは簡単ではないが，メタ認知は学習によって高められることが明らかになっている。メタ認知を意識化するために，自己内対話を促す必要がある。そのためには認知過程の可視化，メタ認知的手がかりの提供，仲間との共同学習などがあげられており，意識的な継続的な努力が必要とされる。

Ⅳ　結　語

　本稿では，民法の学習や民法の事例問題を解けるようになるには，認知科学の知見がきわめて重要なものであることを，おおよそ示すことが出来たのではないかと思う。しかし，実証的研究を要するところも少なくない。私なりに努力はしたが，認知科学の知見につき思わぬ誤りがあるかもしれない。認知科学の知見が発展し，改訂を要する部分が多く現れるかもしれない。さらには，認知科学の知見から民法の学び方をもう少し具体的に論じたいと思ったが，現在はその余裕がない。そこで，これらは，すべて，このような問題に興味をもつ後の研究者に委ねざるを得ない。

執行秀幸先生の認知科学の知見に基づく
民法学習法の要約と解説

加賀山茂

　執行秀幸「民法の事例問題を解けるようになるのは何故難しいのか──認知科学の知見から民法の学び方を考える──」(1)中央ロー・ジャーナル第16巻4号49-74頁, (2)同 第17巻1号47-64頁, (3)同17巻3号23-57頁, (4)同18巻1号29-69頁, (5)同19巻3号65-89頁, (6・完)同19巻4号49-107頁

要　　約

　本書のテーマは, 認知科学 (cognitive science) の学習方法の紹介とその実現方法の解説であるが, そのことは, 同時に, 認知科学的学習方法によって, 学生の能力を民法の事例問題を自力で解くことができるように転移 (transform) させることができるかどうかを問うものとなっている。

　民法を学ぶ際の第一の目標は, 市民生活から生じる具体的な事例問題を解決することであるが, 多くの法学部生はこれを困難と感じている。なぜなら, 事例問題を解くためには, 第1に, 民法の知識 (宣言的知識) を修得することが必要であるが, それだけでは不十分であり, 第2に, これまでの大学では明示的には教えてこなかったものの, 問題を解くための「手続き的な知識」をスキルとして修得する必要があるからである。

　ところが, わが国では民法を学ぶための明確な基準がないため, 学生は科学的な根拠のない伝統的な学習方法 (条文を丸暗記するとか, 教科書やノートを何度も繰り返し読むとか, 論点に関する模範答案を暗記する) とか, 直感や経験とかに頼る傾向が強く, 第1の民法の宣言的知識を構造化して修得することも, ましてや, 問題を解くための手続き的知識をスキルとして習得することも十分にできず, 想起練習や分散学習などの民法学習の効果的な学習方法を知らないまま, 無手勝流で民法学習を行っているというのが一般の学生の

執行秀幸先生の認知科学の知見に基づく民法学習法の要約と解説

現状である。

　しかし，最近の認知科学研究の進展によって，今では，学習そのもののメカニズム（知識の変容・転移）が明らかになってきたことから，これらの知見は，民法を学ぶ学生にも応用できることが明らかになってきている。現に，アメリカのロースクールでは，法律の教育や学習において，最近の認知科学の知見が活用されて，大きな効果を上げつつある。

　残念なことではあるが，日本では，これとは反対に，民法のカリキュラム設計や学習指導の設定において認知科学的な研究がほとんど考慮されてこなかったし，現在もその状態が続いており，日本の法学部の学生や法科大学院の学生の多くは，今なお，非効率的な民法学習を続けている。

　そこで，本書では，認知科学の学習メカニズム，すなわち，短期記憶から長期記憶への蓄積のメカニズム，および，忘れない記憶としての手続き的記憶の実現方法としての熟慮的練習（deliberate practice），並びに，その制御の方法（メタ認知）など，従来よりも効果的な学習方法を紹介するとともに，それらの学習方法をどのように活用すべきかについて，詳しく解説することにした。

　その際，民法の事例を挙げ，民法の事例問題を解くためには，漫然と学習していたのでは何の効果も得られない反面，認知科学によって明らかになってきた学習に伴う困難（ワーキングメモリの制約等），および，その困難を克服する方法（熟慮的練習）をマスターするならば，民法の初学者も，やがて，民法の熟達者と同じように民法の事例問題を解くことができるようになることを明らかにするとともに，それを実現するための効果的な民法学習の戦略的なガイドラインを提案している。

解　　説

　——民法の具体的問題の解決について，ChatGPT 等の生成 AI の回答の間違いを指摘でき，民法学習仲間からも，社会に出てからは，同僚や上司に信頼される人物になるために——

　本書は，著名な民法学者であり，かつ，民法学習について先進的な研究と

260

解　説（加賀山茂）

実践とを続けられ，2022 年 10 月 14 日に逝去された執行秀幸教授（元明治学院大学法学部教授・中央大学法科大学院教授）の遺稿「民法の事例問題を解けるようになるのは何故難しいのか──認知科学の知見から民法の学び方を考える──」(1)中央ロー・ジャーナル第 16 巻 4 号 49-74 頁，(2)同第 17 巻 1 号 47-64 頁，(3)同 17 巻 3 号 23-57 頁，(4)同 18 巻 1 号 29-69 頁，(5)同 19 巻 3 号 65-89 頁，(6・完)同 19 巻 4 号 49-107 頁という論文をまとめて一冊の本にしたものである。

　本書を読み進めてみると，以下に述べる 3 つの特色によって，民法を学ぶことに苦労している学生，および，「誰一人取り残さない」ことを目指しながら，民法をマスターすることができない学生を社会に送り出していることに忸怩たる思いを募らせている大学の教員にとって福音となっていることがわかる。

　本書の特色は，第 1 に，民法学習の第一の目標である民法の事例問題を自力で解けるようになることを目指すためには，2 つのことを実現しなくてならないことを明確にしている点にある。

　第 1 は，民法の宣言的知識を構造化して長期記憶に蓄積することであり，第 2 は，新しい問題に直面した場合に，その問題を解くに必要な知識を長期記憶から取り出し，その知識を問題に適用して問題を解くための手続き的知識をスキルとして習得することであることを明らかにした点にある。

　第 1 の点については，大学では，これまでも，明示的に教育してきたが，思うほどの成果を上げることができなかった。本書は，この作業を劇的に改善するヒントを与えてくれている。

　第 2 の点については，大学では，少人数のゼミの演習を除いて，これまで，ほとんど意識することも，明示的に教育することもなかった点であり，この手続き的知識を習得するための熟慮的練習（deliberate practice）を実践し，教員が熟慮的練習に励む学生を意識的に支援すれば，学生たちの学力が飛躍的に向上することを明らかにしている。

　本書の第 2 の特色は，AI でさえも，昼夜を分かたず長い時間をかけて深層学習をした結果として，初めて質問（プロンプト）に回答できるシステムが完成したように，人間も，法律専門家（熟達者）と同じように事例問題が

261

執行秀幸先生の認知科学の知見に基づく民法学習法の要約と解説

解けるようになるためには，長い時間（通説によれば，1万時間以上，毎日3時間の練習を継続しても10年，毎日6時間の練習を継続しても5年の年月）をかけた限界的練習ともいうべき熟慮的練習が必要であるという事実を明らかにした点にある。

　この点は，「楽をして単位だけ取得すればよい」と考えている学生にとっては，厳しい現実を突きつけていることになる。なぜなら，学生が社会に出る頃には，あらゆる職場に生成AIを組み込んだシステムが装備されることになるが，単位を取るだけの学習しかしてこなかった社会人は，AIを使いこなすことも，AIの誤りを正すこともできない。その結果，AIネイティブの後輩との競争に勝てなくなり，結局，不要な人材との烙印を押されて，生き残ることが困難となることが予想されるからである。

　本書の第3点の特色は，上記の第2の特色にも関係することであるが，著者が2022年10月14日に逝去されているため，本書の原稿は，ChatGPT等の生成AIが登場する以前に脱稿されたものであるにもかかわらず，本書で展開されている学習理論（学習を知識の変容（transformation）とみる考え方）は，驚くべきことに，生成AIが採用している学習理論（深層学習を行うことによって，質問に回答できるtransformerを作成できる）とほとんど同じとなっていることである。したがって，読者が，ここで展開されている学習理論をマスターするならば，意味を理解せずに深層学習を行った生成AIが「平気でつくウソ」を見抜くことができるようになる点が，決定的に有用である。このため，本書の学習方法を採用して実践するならば，生成AIが跋扈する社会においても，生成AIの間違いを的確に指摘できる人材として，重宝されるに違いない。

　本書の読者は，この本の目次に従って，第1に，民法の基本的な知識を短期記憶から長期記憶にいつでも取り出せる知識として構造化して移す努力を行うことが必要である。その際に有効なのは，何も見ずに，その長期記憶を想起できるように構造化することが必要である。

　第2に，新しい事例問題に出会ったときにも，自分の長期記憶に蓄積された記憶を使って，その事例問題を解くことができるように，手続き的記憶をスキルとして身に着けるために，熟慮練習（deliberate practice）を行う必要

解　　説（加賀山茂）

がある。この手続き的記憶がスキルとして身につくと，その記憶は，自転車に乗れるようになったり，泳げるようになったりした時と同じように，いつまでも忘れることのない記憶として蓄積され，しかも，無意識のうちに，その記憶を操作できるようになる。自動車の運転ができるようになると，練習中はできなかった，人と話しながら運転ができるのと同じように，民法の具体的問題をおもしろいように解けるようになる。もちろん，そのためには，1万時間に及ぶとされている上記の熟慮的練習を繰り返さなければならないし，練習の成果は，それまでに長期記憶に蓄積された長期記憶をたゆまず修正し，再構成し続けならないことは，すでに述べた通りである。

　第3に，熟慮練習をする際には，その練習を通じて目標が達成されつつあるのか，誤った練習をしていないかを判断してくれるコーチとか友人とかの助言に耳を傾ける必要がある。ある程度まで練習を積んで，自分自身で，自分自身の練習を客観的に監視できるメタ認知能力がつくようになるまでは，このようなコーチの存在が必要である。

　もっとも，本書に問題点があるとすれば，実際の具体的問題をあげて，その問題を解くために前提となる宣言的知識，その宣言的知識を使って，具体的な問題を解くための手続き的知識の習得法方法が，本書では，過失相殺の事例と，事務管理の事例に限定されている点にあるといえよう。しかし，これ以外の具体的問題を取り上げ始めると，民法の各分野において，数多くの問題を取り上げなくてはならず，何冊もの演習書を執筆せざるを得なくなって，方法論としての本書の範囲を超えてしまうことになる。したがって，読者は，自分の興味のある問題ついて，本書の方法論を適用してみることを通じて，具体的な問題を解くことができるかどうか，出来ないとしたら，自分の知識のうちのどの点が不足しているのかを，友人等の助けを借りながら，本書の記述に即して検証することを勧めたい。

　いずれにせよ，本書のアドバイスに従って，認知科学に基づいた学習方法を継続するならば，そのような学習者は，正解がある場合には，真の意味での正解に達することができるため，ChatGPT 等の生成 AI が深層学習によって獲得した質問（プロンプト）に対する回答を行う際に「平気で間違いを答える」ことになったとしても，その間違いを見抜くことができるようになる。

執行秀幸先生の認知科学の知見に基づく民法学習法の要約と解説

生成 AI が生成する確率的に正しそうな回答と，本書の学習理論によって正解を理解する人間とでは，理解度に大きな違いが出るからである。

　したがって，本書の学習理論によって民法の事例問題を解けるようになった読者は，たとえ，ChatGPT 等の生成 AI が職場に進出してきても，それを使いこなすことができるだけでなく，間違いを正すことができるため，頼りになる人材として，変化し続ける社会においても生き残ることができ，生成 AI とも共存できるようになると思われる。

【執筆者紹介】
1948年生まれ。早稲田大学大学院法学研究科博士課程単位取得退学。国士舘大学法学部教授，明治学院大学法学部教授を経て，中央大学大学院法務研究科教授として定年を迎える。2022年10月没。多くの方々に支えられながら，妻の香保里と二人三脚で法学研究と教育に生涯を捧げた。

【付記】
本書の刊行に際し，加賀山茂先生と信山社の稲葉文子様の多大なるご尽力を賜りました。記して感謝申し上げます。　　　（白井美香保・執行はるる）

民法の事例問題を解けるようになるのは　何故難しいのか
──認知科学の知見から民法の学びを考える──

2025（令和7）年1月25日　第1版第1刷発行
28693:P272 ￥4500E 012-045-005

著　者　執　行　秀　幸
発行者　今井　貴　稲葉文子
発行所　株式会社　信　山　社

〒113-0033 東京都文京区本郷 6-2-9-102
Tel 03-3818-1019　Fax 03-3818-0344
info@shinzansha.co.jp
笠間才木支店 〒309-1611 茨城県笠間市笠間 515-3
Tel 0296-71-9081　Fax 0296-71-9082
笠間来栖支店 〒309-1625 茨城県笠間市来栖 2345-1
Tel 0296-71-0215　Fax 0296-72-5410
出版契約 2025-28693-01012 Printed in Japan

© 執行秀幸, 2025　印刷・製本／ワイズ書籍（M）・牧製本
ISBN978-4-7972-8693-9 C3332 分類324.000

JCOPY 《(社)出版者著作権管理機構 委託出版物》
本書の無断複写は著作権法上での例外を除き禁じられています。複写される場合は，そのつど事前に，(社)出版者著作権管理機構（電話03-5244-5088，FAX03-5244-5089，e-mail: info@jcopy.or.jp）の許諾を得てください。また，本書を代行業者等の第三者に依頼してスキャニング等の行為によりデジタル化することは，個人の家庭内利用であっても，一切認められておりません。

高校生との対話による次世代のための民法学レクチャー

◇学びの基本から学問世界へ◇

民法研究レクチャーシリーズ

不法行為法における法と社会
― JR 東海事件から考える ―

瀬川信久 著

法の世界における人と物の区別
能見善久 著

グローバリゼーションの中の消費者法
松本恒雄 著

所有権について考える
― デジタル社会における財産 ―

道垣内弘人 著

最新刊
憲法・民法関係論と公序良俗論
山本敬三 著

信山社